以史为鉴、开创未来，必须进行具有许多新的历史特点的伟大斗争

敢于斗争是百年大党攻坚克难的锐利武器

马克思主义者的精神底色
我们党不断取得胜利的重要法宝
实现伟大梦想的必由之路

发扬斗争精神，增强斗争本领，不断夺取伟大斗争新胜利

深刻认识新征程上面临的风险挑战，明确斗争主要任务

必须进行捍卫中国共产党领导和我国社会主义制度的斗争，必须进行维护国家主权、安全、发展利益的斗争，必须进行全面深化改革、清除顽瘴痼疾的斗争，必须进行防范化解各种风险挑战的斗争

发扬斗争精神、增强斗争本领，坚持增强忧患意识和保持战略定力相统一，坚持战略判断和战术决断相统一，坚持斗争过程和斗争实效相统一

以史为鉴、开创未来，必须加强中华儿女大团结

汇聚起中华儿女大团结的磅礴力量

统一战线是党的事业取得胜利的重要法宝，加强中华儿女大团结是新时代爱国统一战线的根本任务，为实现中华民族伟大复兴汇聚磅礴力量

新时代统一战线做好团结工作必须遵循的重要原则

毫不动摇坚持党的领导，始终沿着正确政治方向前进
自觉服务党和国家工作大局，充分彰显统一战线法宝作用
正确处理一致性和多样性关系，谋求最广泛的团结联合
着力加强“两支队伍”建设，努力提升履职能力水平

切实加强和促进海内外中华儿女大团结

坚持和完善我国新型政党制度
坚持我国宗教中国化方向为重点做好宗教工作
更好发挥民营经济人士和新的社会阶层人士积极作用
进一步加强港澳台和海外统战工作

以史为鉴、开创未来，必须不断推进党的建设新的伟大工程

继续推进新时代党的建设新的伟大工程意义重大

总结运用国内国际正反两方面经验作出的必然选择
深入推进伟大社会革命的客观要求
马克思主义政党建设和发展的内在需要

坚持全面从严治党永远在路上，确保党不变质不变色不变味

以自我革命精神推进新时代党的建设

坚持把党的政治建设摆在首位
不断提高马克思主义理论水平
进一步严密党的组织体系
建设高素质执政骨干队伍
坚决清除一切侵蚀党的健康肌体的病毒

政治方向要坚如磐石，理想信念要坚贞不渝，组织体系要坚不可摧，正风肃纪要坚持不懈，反腐败斗争要坚定不移

以史为鉴、开创未来，必须坚持和发展中国特色社会主义

实现中华民族伟大复兴的正确道路

近代以来中国社会发展的必然选择
中国共产党百年奋斗得出的历史结论
对中华民族发展史、人类文明发展史的重大贡献

坚持在发展中保障和改善民生

进一步提高居民收入水平
健全多层次社会保障体系
持续推进民生工程、民心工程

坚持和发展中国特色社会主义

必须坚持党的基本理论、基本路线、基本方略，全面贯彻新征程上的新部署新举措，把中国发展进步的命运掌握在自己手中

以史为鉴、开创未来，必须加快国防和军队现代化

加快建设巩固国防和强大军队

科学总结我们党建军治军经验的必然结论
深入把握世界大国崛起规律的历史启示
实现中华民族伟大复兴的必然要求
赢得军事竞争战略优势的深谋远虑

坚持党指挥枪、建设自己的人民军队

党在血与火的斗争中得出的颠扑不破的真理
永葆人民军队性质、宗旨、本色的根本保证
走好中国特色强军之路的命脉所在

加快推进国防和军队现代化建设

坚持党对人民军队的绝对领导，坚定不移走中国特色强军之路，坚决捍卫国家主权、安全、发展利益

以史为鉴、开创未来，必须不断推动构建人类命运共同体

推动构建人类命运共同体是时代要求

顺应世界发展大势
实现和平发展、合作共赢的正确方案
符合世界各国人民根本利益

携手共建人类命运共同体

在相互尊重的基础上通过对话协商探讨解决之道
按照公平公正原则解决纷争问题
推动不同文明交流对话、和谐共生
推动经济全球化朝着更加开放、包容、普惠、平衡、共赢的方向发展

为推动构建人类命运共同体贡献中国力量

拓展全球伙伴关系网，推动建设新型国际关系；奏响互利共赢合奏曲，推动共建“一带一路”高质量发展；谱写多边主义新篇章，推动全球治理体系变革；开创共同发展新境界，引领全球可持续发展合作

以史为鉴、开创未来，必须团结带领中国人民不断为美好生活而奋斗

党的根基在人民、血脉在人民、力量在人民

人民支持是我们党革命、建设、改革取得成功的基本前提
人民拥护是我们党治国理政的最大底气
始终同人民在一起是我们党立党兴党强党的根本所在

全面小康融汇光荣与梦想

党向人民、向历史作出的庄严承诺，是14亿多中国人民的共同期盼
得到人民认可、经得起历史检验，我国脱贫攻坚战取得了全面胜利
综合国力迈上一个新台阶，极大提升了实现中华民族伟大复兴中国梦的能力和信心

为实现人民对美好生活的向往而奋斗

践行以人民为中心的发展思想，把人民对美好生活的向往作为奋斗目标
紧紧依靠人民创造历史，团结带领人民奋进新征程、创造新伟业
坚持党的群众路线，始终同人民群众想在一起、干在一起

以史为鉴、开创未来，必须继续推进马克思主义中国化

归根到底是因为马克思主义行

揭示了人类社会发展规律，照亮了人类探索历史规律和寻求自身解放的道路
深化对共产党执政规律、社会主义建设规律、人类社会发展规律的认识
历史表明不懈推进马克思主义中国化时代化大众化是完全正确的
马克思主义是我们立党立国的根本指导思想，是我们党的灵魂和旗帜

用马克思主义观察时代、把握时代、引领时代

坚持用习近平新时代中国特色社会主义思想
武装头脑、指导实践、推动工作
不断推进实践基础上的理论创新、
进行理论创造
用马克思主义真理的力量激活中华文明

继续推进马克思主义中国化

坚持解放思想、实事求是、
与时俱进、求真务实
充分尊重人民群众实践中的新创造
探索回答时代发展提出的新课题
广泛吸纳人类文明发展的新成果

初心使命★

为中国人民谋幸福、为中华民族谋复兴

创造了新民主主义革命的伟大成就

北伐战争、土地革命战争、抗日战争、解放战争——根本社会条件

创造了社会主义革命和建设的伟大成就

确立社会主义基本制度，推进社会主义建设——根本政治前提和制度基础

创造了改革开放和社会主义现代化建设的伟大成就

确立党在社会主义初级阶段的基本路线，坚定不移推进改革开放——充满新的活力的体制保证和快速发展的物质条件

创造了新时代中国特色社会主义的伟大成就

坚持和完善中国特色社会主义制度、推进国家治理体系和治理能力现代化，坚持依规治党、形成比较完善的党内法规体系——更为完善的制度保证、更为坚实的物质基础、更为主动的精神力量

深刻内涵★

以史为鉴，可以知兴替用历史映照现实、远观未来

以史为鉴、开创未来，必须坚持中国共产党坚强领导

党和国家的根本所在、命脉所在

没有中国共产党，就没有新中国，就没有中华民族伟大复兴
中国共产党领导是中国特色社会主义最本质的特征
充分发挥党总揽全局、协调各方的领导核心作用

中国人民选择中国共产党领导是完全正确的

坚持中国共产党的领导是人民的选择
中国共产党始终代表中国最广大人民的根本利益
中国共产党始终以人格力量凝聚党心民心、感召人民
中国共产党始终得到人民的拥护支持

始终坚持中国共产党坚强领导

把“两个维护”确立为党的领导的最高原则
把党的领导落实到国家治理各领域各方面各环节
坚持党要管党、全面从严治党，不断推进党的建设新的伟大工程

九个必须

以史为鉴 开创未来的行动指南

贯通历史、现实、未来，贯通伟大斗争、伟大工程、伟大事业、伟大梦想；宣示中国共产党将以不负人民、不负民族的初心使命，以敢于斗争、敢于胜利的革命精神，向世人证明，中国共产党是实现中华民族伟大复兴的中流砥柱，是实现世界大同的中坚力量。

历史背景 ★ 面临重大机遇和重要挑战

重大机遇

实现了第一个百年奋斗目标，在中华大地上全面建成了小康社会

正在意气风发向着全面建成社会主义现代化强国的第二个百年奋斗目标迈进

世界百年未有之大变局加速演进，和平与发展仍然是时代主题

我国已转向高质量发展阶段，制度优势显著，治理效能提升，经济长期向好

重要挑战

经济全球化遭遇逆流，世界进入动荡变革期

我国发展不平衡不充分问题仍然突出，重点领域关键环节改革任务仍然艰巨

九个必须

以史为鉴、开创未来的行动指南

人民日报理论部 主编

人民东方出版传媒
東方出版社

图书在版编目（CIP）数据

“九个必须”：以史为鉴、开创未来的行动指南 / 人民日报理论部主编 .
-- 北京：东方出版社，2021.11
ISBN 978-7-5207-1838-7
Ⅰ. ①九… Ⅱ. ①人… Ⅲ. ①中国共产党－党史－学习参考资料
②社会主义建设成就－中国－学习参考资料 Ⅳ. ① D23 ② D619
中国版本图书馆 CIP 数据核字（2021）第 213722 号

“九个必须”：以史为鉴、开创未来的行动指南

JIUGE BIXU: YISHI WEIJIAN、KAICHUANG WEILAI DE XINGDONG ZHINAN

主　　编：人民日报理论部
策　　划：姚　恋
责任编辑：黄彩霞　李志刚
出　　版：東方出版社
发　　行：人民东方出版传媒有限公司
地　　址：北京市西城区北三环中路 6 号
邮　　编：100120
印　　刷：北京联兴盛业印刷股份有限公司
版　　次：2021 年 11 月第 1 版
印　　次：2021 年 11 月第 1 次印刷
开　　本：640 毫米 × 950 毫米　1/16
印　　张：23
字　　数：227 千字
书　　号：ISBN 978-7-5207-1838-7
定　　价：68.00 元
发行电话：（010）85924663　85924644　85924641

目 录

绪　论

“九个必须”，贯通历史、现实、未来，贯通伟大斗争、伟大工程、伟大事业、伟大梦想；宣示中国共产党将以不负人民、不负民族的初心使命，以敢于斗争、敢于胜利的革命精神，向世人证明，中国共产党是实现中华民族伟大复兴的中流砥柱，是实现世界大同的中坚力量。

初心易得，始终难守。以史为鉴，可以知兴替。我们要用历史映照现实、远观未来，从中国共产党的百年奋斗中看清楚过去我们为什么能够成功、弄明白未来我们怎样才能继续成功，从而在新的征程上更加坚定、更加自觉地牢记初心使命、开创美好未来。

——习近平总书记在庆祝中国共产党成立 100 周年大会上的讲话

中国共产党踏上新征程的政治宣言*

* 作者詹成付，民政部党组成员、副部长。

当我们党团结带领人民实现了第一个百年奋斗目标，踏上新征程、意气风发地向着全面建成社会主义现代化强国的第二个百年奋斗目标迈进之际，国内外形势已经发生并继续发生着深刻变化。放眼全球，新一轮科技革命和产业变革深入发展，世界百年未有之大变局加速演进，和平与发展仍然是时代主题，但是新冠肺炎疫情影响广泛深远，经济全球化遭遇逆流，世界进入动荡变革期，单边主义、保护主义、霸权主义对世界和平与发展构成威胁，今后我国将面临更多逆风逆水的外部环境；环顾国内，我国已转向高质量发展阶段，制度优势显著，治理效能提升，经济长期向好，物质基础雄厚，人力资源丰富，市场空间广阔，发展韧性强劲，社会大局稳定，继续发展具有多方面优势和条件，但是我国发展不平衡不充分问题仍然突出，重点领域关键环节改革任务仍然艰巨，创新能力不适应高质量发展要求，农业基础还不稳固，城乡区域发展和收入分配差距较大，生态环境保护任重道远，民生保障存在短板，社会治理还有弱项。综合分析国内外形势，我国具备过去难以比拟的良好发展条件，也面临改革开放以来发展环境最为严峻复杂、安全风险最多最大的困难和挑战。

正是在这样一个具有重大挑战、重大机遇的历史背景下，习近平总书记在庆祝中国共产党成立100周年大会上的重要讲话中，再一次高高举起马克思主义光辉旗帜，秉持《共产党宣言》“共产党人不屑于隐瞒自己的观点和意图”“向全世界公开说明自己的观点、自己的目的、自己的意图”的品格，围绕以史为鉴、开创未来，鲜明提出“九个必须”的根本要求，这是我们党踏上实现第二个百年奋斗目标新的赶考之路的政治宣言，是对全国人民特别是9500多万共产党员的政治动员，展现了以习近平同志为主要代表的中国共产党人强大政治定力和无比理论自信，展现了习近平总书记作为中国共产党领袖的非凡理论勇气、卓越政治才能、强烈使命担当、深厚人民情怀，必将激励全党在新征程上更加坚定、更加自觉地牢记初心使命，开创美好未来。

必须坚持中国共产党坚强领导

这一条事关党和国家的根本领导制度，我们要记于心、践于行。中华民族近代以来180多年的历史、中国共产党成立以来100年的历史、中华人民共和国成立以来70多年的历史都充分证明，没有中国共产党，就没有新中国，就没有中华民族伟大复兴。习近平总书记在庆祝中国共产党成立100周年大会上的重要讲话中强调：“历史和人民选择了中国共产党。中国共产党领导是中国特色社会主义最本质的特征，是中国特色社会主义制度的最大优势，是党和国家的根本所在、命脉所在，是全国各族人民的利益所系、命运所系。”党的十八大以来，党和国家事业之所以能够取得历史性成就、发生历史性变革，最根本的就是形成和确立了习近平总书记党中央的核心、全党的核心地位，坚持了党中央权威和集中统一领导。正因为有习近平总书记作为党中央的核心、全党的核心领航掌舵，有全党全国各族人民团结一心、顽强奋斗，我们才解决了许多长期想解决而没有解决的难题，办成了许多过去想办而没有办成的大事，战胜一系列重大风险挑战，推动党和国家事业不断向前发展。

新征程上，只要我们始终不渝地坚持中国共产党的领导，坚决维护习近平总书记党中央的核心、全党的核心地位，坚决维护党中央权威和集中统一领导，中国特色社会主义就一定能够发挥出越来越大的制度优势，科学社会主义在新时代新征程的中国一定能够焕发出更加强大的生机活力。

必须团结带领中国人民不断为美好生活而奋斗

这一条事关马克思主义政党性质和宗旨，我们要记于心、践于行。为人民而生，因人民而兴，始终同人民在一起，为人民利益而奋斗，是我们党立党兴党强党的根本出发点和落脚点。习近平总书记在庆祝中国共产党成立100周年大会上的重要讲话中强调："江山就是人民、人民就是江山，打江山、守江山，守的是人民的心。中国共产党根基在人民、血脉在人民、力量在人民。中国共产党始终代表最广大人民根本利益，与人民休戚与共、生死相依，没有任何自己特殊的利益，从来不代表任何利益集团、任何权势团体、任何特权阶层的利益。”

新征程上，只要我们始终把人民放在心中最高位置，坚持一切为了人民、一切依靠人民，始终同人民想在一起、干在一起，永远保持同人民群众的血肉联系，永远为人民利益而奋斗，14 亿多中国人民就一定能够凝聚成推动中华民族伟大复兴的磅礴力量，离间党和人民关系的任何图谋都不能得逞。

必须继续推进马克思主义中国化

这一条事关立党立国的根本指导思想，我们要记于心、践于行。一个民族要走在时代前列，就一刻不能没有理论思维，一刻不能没有思想指引。马克思主义是我们认识世界、把握规律、追求真理、改造世界的强大思想武器，是我们党和国家必须始终遵循的指导思想。习近平总书记在庆祝中国共产党成立 100 周年大会上的重要讲话中强调：“中国共产党为什么能，中国特色社会主义为什么好，归根到底是因为马克思主义行！”习近平新时代中国特色社会主义思想是当代中国马克思主义、21 世纪马克思主义，是系统科学的理论体系，是经过实践检验、富有实践伟力的强大武器，是坚持和运用辩证唯物主义和历史唯物主义的光辉典范。

新征程上，只要我们始终不渝地坚持用马克思主义及其创新理论作指导，用马克思主义观察时代、把握时代、引领时代，继续发展当代中国马克思主义、21世纪马克思主义，我们就一定能够不断开辟党和国家事业发展新境界。

必须坚持和发展中国特色社会主义

这一条事关党的全部理论和实践的立足点，我们要记于心、践于行。在从站起来、富起来到强起来的伟大飞跃中，中国共产党开辟了中国特色社会主义道路，形成了中国特色社会主义理论体系，确立了中国特色社会主义制度，发展了中国特色社会主义文化。习近平总书记在庆祝中国共产党成立100周年大会上的重要讲话中强调："中国特色社会主义是党和人民历经千辛万苦、付出巨大代价取得的根本成就，是实现中华民族伟大复兴的正确道路。我们坚持和发展中国特色社会主义，推动物质文明、政治文明、精神文明、社会文明、生态文明协调发展，创造了中国式现代化新道路，创造了人类文明新形态。"中国特色社会主义是不是好，要看事实，要看中国人民的判断，而不是那些戴着有色眼镜的人的主观臆断。

新征程上，只要我们统筹推进“五位一体”总体布局、协调推进“四个全面”战略布局，立足新发展阶段，贯彻新发展理念，构建新发展格局，推动高质量发展，就一定能够让发达资本主义国家的人民认识到，社会主义确实比资本主义好，中国特色社会主义就一定能够焕发超强的感召力、吸引力、说服力。

必须加快国防和军队现代化

这一条事关实现中华民族伟大复兴的战略支撑，我们要记于心、践于行。当前中华民族伟大复兴迎来前所未有的光明前景，也面临前所未有的复杂考验，统筹发展和安全，统筹富国和强军，确保国防和军队现代化进程同国家现代化进程、军事能力和国家战略需求相适应，意义重大。习近平总书记在庆祝中国共产党成立100周年大会上的重要讲话中强调：“强国必须强军，军强才能国安。”“人民军队为党和人民建立了不朽功勋，是保卫红色江山、维护民族尊严的坚强柱石，也是维护地区和世界和平的强大力量。”

新征程上，只要我们全面贯彻习近平强军思想，贯彻新时代军事战略方针，坚持党对人民军队的绝对领导，坚持走中国特色强军之路，全面推进政治建军、改革强军、科技强军、人才强军、依法治军，我们就一定能够把人民军队建设成为世界一流军队，一定能够有更强大的能力、更可靠的手段来捍卫国家主权、安全、发展利益，有力维护地区和世界和平。

必须不断推动构建人类命运共同体

这一条事关正确处理中国和世界的关系问题，我们要记于心、践于行。和平、和睦、和谐是中华民族5000多年来一直追求和传承的理念，中国共产党是为中国人民谋幸福的政党，也是为人类进步事业而奋斗的政党，始终把为人类作出新的更大的贡献作为自己的使命。习近平总书记在庆祝中国共产党成立100周年大会上的重要讲话中强调："中国共产党关注人类前途命运，同世界上一切进步力量携手前进，中国始终是世界和平的建设者、全球发展的贡献者、国际秩序的维护者！"

新征程上，只要我们高举和平、发展、合作、共赢旗帜，奉行独立自主的和平外交政策，弘扬和平、发展、公平、正义、民主、自由的全人类共同价值，坚持走和平发展道路，继续同一切爱好和平的国家和人民一道，坚持合作、不搞对抗，坚持开放、不搞封闭，坚持互利共赢、不搞零和博弈，反对霸权主义和强权政治，推动建设新型国际关系，推动构建人类命运共同体，推动共建“一带一路”高质量发展，以中国的新发展为世界提供新机遇，我们就一定能够赢得世界上一切爱好和平和正义事业的国家、政党和人民更多的理解和支持，我国发展的国际环境也会日趋向好，形成世界人民大团结的局面。

必须进行具有许多新的历史特点的伟大斗争

这一条事关党执政的能力和水平，我们要记于心、践于行。当前，我国发展面临着前所未有的风险挑战，既有国内的也有国际的，既有政治、经济、文化、社会等领域的也有来自自然界的，既有传统的也有非传统的，“黑天鹅”“灰犀牛”还会不期而至，我们要做好较长时间应对外部环境变化的思想准备和工作准备。习近平总书记在庆祝中国共产党成立100周年大会上的重要讲话中强调：“实现伟大梦想就要顽强拼搏、不懈奋斗。今天，我们比历史上任何时期都更接近、更有信心和能力实现中华民族伟大复兴的目标，同时必须准备付出更为艰巨、更为艰苦的努力。”

新征程上，只要我们始终不渝地贯彻总体国家安全观，统筹发展和安全，统筹中华民族伟大复兴战略全局和世界百年未有之大变局，更加自觉地坚持党的领导和我国社会主义制度，坚决反对一切削弱、歪曲、否定党的领导和我国社会主义制度的言行；更加自觉地维护人民利益，坚决反对一切损害人民利益、脱离人民群众的行为；更加自觉地投身改革创新时代潮流，坚决破除一切顽瘴痼疾；更加自觉地维护我国主权、安全、发展利益，坚决反对一切分裂祖国、破坏民族团结和社会和谐稳定的行为；更加自觉地防范各种风险，坚决战胜一切在政治、经济、文化、社会等领域和自然界出现的困难和挑战，我们就一定能够防范化解各种风险挑战，确保中华民族伟大复兴的进程持续平稳进行，直到取得最后的胜利。

必须加强中华儿女大团结

这一条事关人心向背、力量对比的重大问题，我们要记于心、践于行。爱国统一战线是中国共产党团结海内外全体中华儿女实现中华民族伟大复兴的重要法宝，越是处于发展关键期，越是需要进一步做好统一战线工作，越是需要更加广泛地凝聚人心、众志成城。习近平总书记在庆祝中国共产党成立100周年大会上的重要讲话中强调：要“不断巩固和发展最广泛的统一战线，团结一切可以团结的力量、调动一切可以调动的积极因素，最大限度凝聚起共同奋斗的力量”。

新征程上，只要我们正确处理政党关系、民族关系、宗教关系、阶层关系、海内外同胞关系，坚持大团结大联合，广泛凝聚共识，广聚天下英才，努力寻求最大公约数、画出最大同心圆，就一定能够形成海内外全体中华儿女心往一处想、劲往一处使的生动局面，汇聚起实现中华民族伟大复兴的磅礴力量。

必须不断推进党的建设新的伟大工程

这一条事关中国共产党自身建设，我们要记于心、践于行。党要团结带领人民进行伟大斗争、推进伟大事业、实现伟大梦想，必须毫不动摇坚持和完善党的领导，毫不动摇把党建设得更加坚强有力。习近平总书记在庆祝中国共产党成立100周年大会上的重要讲话中强调："勇于自我革命是中国共产党区别于其他政党的显著标志。我们党历经千锤百炼而朝气蓬勃，一个很重要的原因就是我们始终坚持党要管党、全面从严治党，不断应对好自身在各个历史时期面临的风险考验，确保我们党在世界形势深刻变化的历史进程中始终走在时代前列，在应对国内外各种风险挑战的历史进程中始终成为全国人民的主心骨。"

新征程上，只要我们党把自身建设好、建设强，确保党不变质、不变色、不变味，就一定能够引领承载着中国人民伟大梦想的航船破浪前进，胜利驶向光辉的彼岸！

马克思主义认为，党的纲领就是一面公开树立起来的旗帜，人们是从这面公开树立的旗帜来判断党的性质，作出对党的认识。习近平总书记在庆祝中国共产党成立100周年大会上的重要讲话中向世界公开宣示的“九个必须”，贯通历史、现实、未来，贯通伟大斗争、伟大工程、伟大事业、伟大梦想，“九个必须”相互贯通、相辅相成，汇聚成一座闪耀着马克思主义真理光辉的灯塔，照亮了我们的前行之路。“九个必须”宣示中国共产党将以不负人民、不负民族的初心使命，将以敢于斗争、敢于胜利的革命精神，将以无愧于时代、无愧于历史的辉煌业绩，再次向世人证明，中国共产党是实现中华民族伟大复兴的中流砥柱，是实现世界大同的中坚力量；也让越来越多的人认识到，跟着共产党走，人类就一定能够得解放！

牢牢把握“九个必须”*

* 作者系求是网评论员。

以史为鉴、开创未来。

习近平总书记在庆祝中国共产党成立100周年大会上的重要讲话中指出："初心易得，始终难守。以史为鉴，可以知兴替。我们要用历史映照现实、远观未来，从中国共产党的百年奋斗中看清楚过去我们为什么能够成功、弄明白未来我们怎样才能继续成功，从而在新的征程上更加坚定、更加自觉地牢记初心使命、开创美好未来。"

回望历史，是为了更好地前行。中国共产党的百年历史蕴含着丰富的思想和启迪、智慧和营养，为奋进新征程提供了丰厚滋养和强大力量。在庆祝中国共产党成立100周年大会上的重要讲话中，习近平总书记站在实现第一个百年奋斗目标的历史高地，眺望第二个百年奋斗目标雄伟壮丽的新征程，围绕以史为鉴、开创未来提出了"九个必须"的根本要求，并对坚持和完善"一国两制"、推进祖国和平统一进程提出明确要求，对广大青年提出殷切期望。

必须坚持中国共产党坚强领导。100年前，历史和人民选择了中国共产党。中华民族近代以来180多年的历史、中国共产党成立以来100年的历史、中华人民共和国成立以来70多年的历史都一再证明，这一选择是正确的、必然的。在这篇重要讲话中，习近平总书记深刻阐述这个道理，再次强调：办好中国的事情，关键在党；没有中国共产党，就没有新中国，就没有中华民族伟大复兴。新征程上，习近平总书记明确要求，坚持党的全面领导，不断完善党的领导，充分发挥党总揽全局、协调各方的领导核心作用。

必须团结带领中国人民不断为美好生活而奋斗。为人民而生，因人民而兴，始终同人民在一起，为人民利益而奋斗，是我们党立党兴党强党的根本出发点和落脚点。在庆祝中国共产党成立 100 周年大会上的重要讲话中，习近平总书记再次宣示我们党人民至上的根本立场，强调“江山就是人民、人民就是江山，打江山、守江山，守的是人民的心”。总书记特别重申：“中国共产党始终代表最广大人民根本利益，与人民休戚与共、生死相依，没有任何自己特殊的利益，从来不代表任何利益集团、任何权势团体、任何特权阶层的利益。”总书记掷地有声地宣告：“任何想把中国共产党同中国人民分割开来、对立起来的企图，都是绝不会得逞的！9500 多万中国共产党人不答应！14 亿多中国人民也不答应！”新征程上，习近平总书记明确要求，紧紧依靠人民创造历史，践行以人民为中心的发展思想，发展全过程人民民主，推动人的全面发展、全体人民共同富裕取得更为明显的实质性进展。

必须继续推进马克思主义中国化。我们党的历史，就是一部不断推进马克思主义中国化，不断推进理论创新、进行理论创造的历史。在庆祝中国共产党成立 100 周年大会上的重要讲话中，习近平总书记鲜明指出：“马克思主义是我们立党立国的根本指导思想，是我们党的灵魂和旗帜。”“中国共产党为什么能，中国特色社会主义为什么好，归根到底是因为马克思主义行！”新征程上，总书记明确要求，坚持把马克思主义基本原理同中国具体实际相结合、同中华优秀传统文化相结合，用马克思主义观察时代、把握时代、引领时代，继续发展当代中国马克思主义、21世纪马克思主义。

必须坚持和发展中国特色社会主义。中国特色社会主义是党和人民历经千辛万苦、付出巨大代价取得的根本成就，是实现中华民族伟大复兴的正确道路，必须毫不动摇、坚定不移地走下去。在庆祝中国共产党成立100周年大会上的重要讲话中，习近平总书记深刻指出："走自己的路，是党的全部理论和实践立足点，更是党百年奋斗得出的历史结论。"总书记全面总结中国特色社会主义取得的重大成就，指出中国特色社会主义"创造了中国式现代化新道路，创造了人类文明新形态"。这一重大论断，全新概括了中国特色社会主义的重大理论和实践意义，丰富和拓展了"中国式现代化"重大命题。新征程上，习近平总书记明确要求，坚持党的基本理论、基本路线、基本方略，在自己选择的道路上昂首阔步走下去，把中国发展进步的命运牢牢掌握在自己手中。

中华民族拥有在5000多年历史演进中形成的灿烂文明，中国共产党拥有百年奋斗实践和70多年执政兴国经验，走自己的路，具有无比广阔的舞台，具有无比深厚的历史底蕴，具有无比强大的前进定力。习近平总书记在庆祝中国共产党成立100周年大会上的重要讲话中严正宣告："我们积极学习借鉴人类文明的一切有益成果，欢迎一切有益的建议和善意的批评，但我们绝不接受‘教师爷’般颐指气使的说教！”

必须加快国防和军队现代化。强国必须强军，军强才能国安。人民军队为党和人民建立了不朽功勋，是保卫红色江山、维护民族尊严的坚强柱石，也是维护地区和世界和平的强大力量。党指挥枪、坚持党对人民军队的绝对领导，是建军之本、强军之魂。在庆祝中国共产党成立100周年大会上的重要讲话中，习近平总书记深刻指出：“坚持党指挥枪、建设自己的人民军队，是党在血与火的斗争中得出的颠扑不破的真理。”新征程上，习近平总书记明确要求，全面贯彻新时代党的强军思想，坚持党对人民军队的绝对领导，把人民军队建设成为世界一流军队，以更强大的能力、更可靠的手段捍卫国家主权、安全、发展利益。

必须不断推动构建人类命运共同体。100年来，中国共产党为中国人民谋幸福，也为促进人类进步事业而奋斗，为人类文明和进步事业作出了卓越贡献。在庆祝中国共产党成立100周年大会上的重要讲话中，习近平总书记再次强调：“中国共产党关注人类前途命运，同世界上一切进步力量携手前进，中国始终是世界和平的建设者、全球发展的贡献者、国际秩序的维护者！”新征程上，总书记鲜明宣示，高举和平、发展、合作、共赢旗帜，奉行独立自主的和平外交政策，推动建设新型国际关系，推动构建人类命运共同体，推动共建“一带一路”高质量发展，推动历史车轮向着光明的目标前进。

中国人民是崇尚正义、不畏强暴的人民，中华民族是具有强烈民族自豪感和自信心的民族。中国人民不惹事，但也不怕事，有坚决维护和平的强大信心和意志。习近平总书记在庆祝中国共产党成立100周年大会上的重要讲话中誓言铿锵：“中国人民从来没有欺负、压迫、奴役过其他国家人民，过去没有，现在没有，将来也不会有。同时，中国人民也绝不允许任何外来势力欺负、压迫、奴役我们，谁妄想这样干，必将在14亿多中国人民用血肉筑成的钢铁长城面前碰得头破血流！”

必须进行具有许多新的历史特点的伟大斗争。100年来，我们党在斗争中诞生、在斗争中发展、在斗争中壮大。敢于斗争、敢于胜利，是中国共产党不可战胜的强大精神力量。在庆祝中国共产党成立100周年大会上的重要讲话中，习近平总书记再次强调：“实现伟大梦想就要顽强拼搏、不懈奋斗。今天，我们比历史上任何时期都更接近、更有信心和能力实现中华民族伟大复兴的目标，同时必须准备付出更为艰巨、更为艰苦的努力。”新征程上，习近平总书记明确要求，增强忧患意识、始终居安思危，贯彻总体国家安全观，统筹发展和安全，逢山开道、遇水架桥，勇于战胜一切风险挑战。

必须加强中华儿女大团结。统一战线是我们党的一大政治优势，是团结凝聚力量的基本方式。在百年奋斗历程中，中国共产党始终把统一战线摆在重要位置，不断巩固和发展最广泛的统一战线，团结一切可以团结的力量、调动一切可以调动的积极因素，最大限度凝聚起共同奋斗的力量。在庆祝中国共产党成立100周年大会上的重要讲话中，习近平总书记总结我们党统一战线的优良传统，再次强调："爱国统一战线是中国共产党团结海内外全体中华儿女实现中华民族伟大复兴的重要法宝。"新征程上，习近平总书记明确要求，形成海内外全体中华儿女心往一处想、劲往一处使的生动局面，汇聚起实现民族复兴的磅礴力量。

必须不断推进党的建设新的伟大工程。勇于自我革命，从严管党治党，是我们党最鲜明的品格，也是我们党最大的优势。在庆祝中国共产党成立100周年大会上的重要讲话中，习近平总书记深刻总结我们党的历史，指出："我们党历经千锤百炼而朝气蓬勃，一个很重要的原因就是我们始终坚持党要管党、全面从严治党，不断应对好自身在各个历史时期面临的风险考验，确保我们党在世界形势深刻变化的历史进程中始终走在时代前列，在应对国内外各种风险挑战的历史进程中始终成为全国人民的主心骨！"党和人民的事业推进到哪里，党的建设就要跟进到哪里。新征程上，习近平总书记明确要求，牢记打铁必须自身硬的道理，增强全面从严治党永远在路上的政治自觉，确保党在新时代坚持和发展中国特色社会主义的历史进程中始终成为坚强领导核心。

壹

必须坚持中国共产党坚强领导

办好中国的事情，关键在党。中华民族近代以来 180 多年的历史、中国共产党成立以来 100 年的历史、中华人民共和国成立以来 70 多年的历史都充分证明，没有中国共产党，就没有新中国，就没有中华民族伟大复兴。历史和人民选择了中国共产党。中国共产党领导是中国特色社会主义最本质的特征，是中国特色社会主义制度的最大优势，是党和国家的根本所在、命脉所在，是全国各族人民的利益所系、命运所系。

新的征程上，我们必须坚持党的全面领导，不断完善党的领导，增强“四个意识”、坚定“四个自信”、做到“两个维护”，牢记“国之大者”，不断提高党科学执政、民主执政、依法执政水平，充分发挥党总揽全局、协调各方的领导核心作用！

——习近平总书记在庆祝中国共产党成立 100 周年大会上的讲话

党和国家的根本所在命脉所在 *

* 作者谢春涛，中央党校（国家行政学院）副校（院）长、中央党校（国家行政学院）习近平新时代中国特色社会主义思想研究中心副主任。

习近平总书记在庆祝中国共产党成立100周年大会上的重要讲话中，深刻阐述了以史为鉴、开创未来“九个必须”的根本要求，其中，置于首位的是“必须坚持中国共产党坚强领导”。这是对历史经验的深刻总结，是实现全面建成社会主义现代化强国第二个百年奋斗目标、实现中华民族伟大复兴中国梦的根本保证。

没有中国共产党，就没有新中国，就没有中华民族伟大复兴

中华民族有着光辉灿烂的历史，但从1840年鸦片战争开始，中国遭受西方列强的欺凌，逐步成为半殖民地半封建社会。从那时起，实现中华民族伟大复兴，就成为中国人民和中华民族最伟大的梦想。

中国共产党一经成立，就义无反顾肩负起实现中华民族伟大复兴的历史使命，团结带领中国人民创造了新民主主义革命的伟大成就，为实现中华民族伟大复兴创造了根本社会条件。如果没有我们党通过新民主主义革命推翻帝国主义、封建主义、官僚资本主义三座大山，彻底结束了旧中国半殖民地半封建社会的历史，彻底结束了旧中国一盘散沙的局面，彻底废除了列强强加给中国的不平等条约和帝国主义在中国的一切特权，中华民族伟大复兴就无从谈起。

新中国成立后，我们党团结带领中国人民创造了社会主义革命和建设的伟大成就，为实现中华民族伟大复兴奠定了根本政治前提和制度基础。如果没有我们党通过社会主义革命消灭在中国延续几千年的封建剥削压迫制度，确立社会主义基本制度，建立人民代表大会制度、中国共产党领导的多党合作和政治协商制度、民族区域自治制度，建立独立的比较完整的工业体系和国民经济体系，为国家工业化和现代化打下基础，中华民族伟大复兴就缺乏根本政治前提和制度基础，就无法实现一穷二白、人口众多的东方大国大步迈进社会主义社会的伟大飞跃。

改革开放以来，我们党团结带领中国人民创造了改革开放和社会主义现代化建设的伟大成就，为实现中华民族伟大复兴提供了充满新的活力的体制保证和快速发展的物质条件。这种体制保证和物质条件，主要体现为我们党确立党在社会主义初级阶段的基本路线，坚定不移推进改革开放，开创、坚持、捍卫、发展中国特色社会主义，实现了从高度集中的计划经济体制到充满活力的社会主义市场经济体制、从封闭半封闭到全方位开放的历史性转变，实现了从生产力相对落后的状况到经济总量跃居世界第二的历史性突破，实现了人民生活从温饱不足到总体小康、奔向全面小康的历史性跨越。

党的十八大以来，我们党团结带领中国人民创造了新时代中国特色社会主义的伟大成就，为实现中华民族伟大复兴提供了更为完善的制度保证、更为坚实的物质基础、更为主动的精神力量。以习近平同志为核心的党中央坚持和加强党的全面领导，统筹推进“五位一体”总体布局、协调推进“四个全面”战略布局，坚持和完善中国特色社会主义制度、推进国家治理体系和治理能力现代化，坚持依规治党、形成比较完善的党内法规体系，战胜一系列重大风险挑战，实现第一个百年奋斗目标，明确实现第二个百年奋斗目标的战略安排，党和国家事业取得历史性成就、发生历史性变革。

习近平总书记在庆祝中国共产党成立100周年大会上的重要讲话中指出：“一百年来，中国共产党团结带领中国人民进行的一切奋斗、一切牺牲、一切创造，归结起来就是一个主题：实现中华民族伟大复兴。”100年前，中国积贫积弱、饱受列强欺凌，人民苦不堪言。今天，国家富强，人民安康，中华民族以前所未有的姿态屹立于世界民族之林，实现中华民族伟大复兴进入了不可逆转的历史进程。历史充分证明，没有中国共产党，就没有新中国，就没有中华民族伟大复兴。

中国共产党领导是中国特色社会主义最本质的特征

习近平总书记在庆祝中国共产党成立100周年大会上的重要

讲话中深刻指出："中国共产党领导是中国特色社会主义最本质的特征，是中国特色社会主义制度的最大优势，是党和国家的根本所在、命脉所在，是全国各族人民的利益所系、命运所系。"坚持中国共产党坚强领导，既是对党负责，更是对国家、人民和民族负责。

坚持中国共产党领导是历史和人民的选择。从 50 多名党员到 9500 多万名党员，从领导遭受前所未有劫难的中华民族奋起反抗的党到领导着 14 亿多人口大国、具有重大全球影响力的世界第一大执政党……百年来，中国共产党带领中国人民创造了一个又一个伟大成就，根本原因在于广大人民群众始终团结在党的周围，衷心拥护党的领导。习近平总书记强调："谁把人民放在心上，人民就把谁放在心上。"① 民心是最大的政治。中国人民在经过长期历史比较后，郑重选择了中国共产党的领导，这一选择一旦确定了，就始终坚定、从未动摇。人民是我们党执政的最深厚基础和最大底气。

坚持中国共产党领导的正确性不断得到证明。习近平总书记指出："历史和人民选择中国共产党领导中华民族伟大复兴的事业

① 习近平：《在庆祝中国人民解放军建军 90 周年大会上的讲话》，人民出版社 2017 年版，第 11 页。

是正确的，必须长期坚持、永不动摇。”[①] 这一重大论断，具有充分的历史依据、理论依据、现实依据，不断被实践证明。党政军民学，东西南北中，党是领导一切的。我们党能够实现对人大、政府、政协、监察机关、审判机关、检察机关、人民团体、企事业单位、社会组织以及武装力量等各有关方面的统一有效领导；党中央作出的决策，能够在各地区各方面得到切实贯彻执行，党的领导能够实现集中力量办大事……党的十八大以来，中国共产党领导的优势和作用得到越来越充分的彰显。在以习近平同志为核心的党中央的坚强领导下，我们取得新冠肺炎疫情防控的重大战略成果；我们实现了第一个百年奋斗目标，在中华大地上全面建成了小康社会，历史性地解决了绝对贫困问题……广大人民群众从实践中深刻感受到了中国共产党领导的极端重要性。

充分发挥党总揽全局、协调各方的领导核心作用

党的十八大以来，习近平总书记一再强调坚持和加强党的全面领导，把“坚持党对一切工作的领导”作为新时代坚持和发展中国特色社会主义的基本方略的第一条。以习近平同志为核心

---

① 习近平：《在庆祝中国共产党成立 95 周年大会上的讲话》，人民出版社 2016 年版，第 5 页。

的党中央采取一系列措施，大力加强党的领导，不断完善党的领导。

把“两个维护”确立为党的领导的最高原则，确定为党的最高政治原则和根本政治规矩。维护习近平总书记党中央的核心、全党的核心地位，维护党中央权威和集中统一领导，是对马克思主义建党学说的坚持和发展，确保充分发挥党总揽全局、协调各方的领导核心作用。党的十八大以来，以习近平同志为核心的党中央将制度建设摆在更加突出的位置，制定或修订了《中国共产党地方委员会工作条例》《关于新形势下党内政治生活的若干准则》《中国共产党党内监督条例》《中共中央政治局关于加强和维护党中央集中统一领导的若干规定》《中国共产党重大事项请示报告条例》《中国共产党党组工作条例》《中国共产党中央委员会工作条例》等党内法规，为坚持和加强党中央权威和集中统一领导提供制度保证。同时，党中央要求全党必须自觉服从党中央领导，必须严格执行重大问题请示报告制度。中央政治局全体同志每年向党中央和总书记书面述职；中央书记处和中央纪律检查委员会、全国人大常委会党组、国务院党组、全国政协党组、最高人民法院党组、最高人民检察院党组每年向中央政治局常委会、中央政治局报告工作；各地区各部门党委（党组）加强向党中央报告工作。此外，党中央还把维护党中央集中统一领导，牢固树立政治意识、大局意识、核心意识、看齐意识，贯彻落实党的理论和路线方针政策，确保全党令行禁止情况，列为党内监督的主要内容，通过巡视等各种方式加强党内监督，确保党中央的集中统一领导落到实处。

把党的领导落实到国家治理各领域各方面各环节。一是加强党对涉及党和国家事业全局的重大工作的集中统一领导，体现为加强和优化党对深化改革、依法治国、经济、农业农村、纪检监察、组织、宣传思想文化、国家安全、政法、统战、民族宗教、教育、科技、网信、外交、审计等工作的领导。二是强化党的组织在同级组织中的领导地位，在国家机关、事业单位、群团组织、社会组织、企业和其他组织中设立的党委（党组），接受批准其成立的党委统一领导，定期汇报工作，确保党的方针政策和决策部署在同级组织中得到贯彻落实。三是更好发挥党的职能部门作用，优化党的组织、宣传、统战、政法、机关党建、教育培训等部门职责配置，加强归口协调职能，统筹本系统本领域工作。四是统筹设置党政机构，根据坚持党中央集中统一领导的要求，科学设定党和国家机构，准确定位、合理分工、增强合力，防止机构重叠、职能重复、工作重合。五是推进党的纪律检查体制和国家监察体制改革，推进纪检工作双重领导体制具体化、程序化、制度化，强化上级纪委对下级纪委的领导，并组建国家、省、市、县监察委员会，同党的纪律检查机关合署办公，实现党内监督和国家机关监督、党的纪律检查和国家监察有机统一，实现对所有行使公权力的公职人员监察全覆盖。通过采取有效举措把党的领导贯彻到党和国家所有机构履行职责全过程，推动各方面协调行动、增强合力。

我们坚信，在党的坚强领导下，全国各族人民团结奋斗，全面建成社会主义现代化强国的目标一定能够实现，中华民族伟大复兴的中国梦一定能够实现。

中华民族伟大复兴的领路人*

* 作者王韶兴，山东大学教授。

习近平总书记在庆祝中国共产党成立100周年大会上的重要讲话中提出的“以史为鉴、开创未来，必须坚持中国共产党坚强领导”，深刻揭示了实现中华民族伟大复兴进入了不可逆转的历史进程的根本原因，深刻阐明了实现全面建成社会主义现代化强国的第二个百年奋斗目标、实现中华民族伟大复兴中国梦的根本要求。

没有中国共产党，就没有新中国，就没有中华民族伟大复兴，这一历史结论是被中华民族近代以来180多年的历史、中国共产党成立以来100年的历史、中华人民共和国成立以来70多年的历史所充分证明了的。从1921年到2021年，中国共产党谱写了矢志践行初心使命的壮丽史诗，团结带领中国人民创造了新民主主义革命的伟大成就、社会主义革命和建设的伟大成就、改革开放和社会主义现代化建设的伟大成就、新时代中国特色社会主义的伟大成就。从山河破碎到江山如画，从饱受欺凌到自信自强，从衰败凋零到欣欣向荣，100年来，中国共产党团结带领中国人民为实现中华民族伟大复兴不懈奋斗，中华民族迎来了从站起来、富起来到强起来的伟大飞跃，实现中华民族伟大复兴进入了不可逆转的历史进程。历史和现实充分证明：有中国共产党坚强领导，是中国人民之幸、中华民族之幸；坚持中国共产党的领导，是历史的选择、人民的选择，是办好中国的事情的根本政治保证。

从中国共产党的百年奋斗历程中，我们可以看清楚过去我们为什么能够成功，其中最根本的一条就是始终坚持党的坚强领导，这是我们党百年来积累的宝贵经验。毛泽东同志在革命战争年代就提出："要取得中国民主革命的胜利，必须要有共产党的领导。"[①] 邓小平同志强调："从根本上说，没有党的领导，就没有现代中国的一切。"[②] 党的十三大提出，要"总揽全局，真正发挥协调各方的作用"。党的十六大修改党章时，在对党的领导的基本要求中增加了"党必须按照总揽全局、协调各方的原则，在同级各种组织中发挥领导核心作用"。党的十八大以来，以习近平同志为核心的党中央高度重视坚持和加强党的全面领导。习近平总书记强调："党政军民学，东西南北中，党是领导一切的。"[③] 党的十九届四中全会通过的《中共中央关于坚持和完善中国特色社会主义制度、推进国家治理体系和治理能力现代化若干重大问题的决定》提出："健全总揽全局、协调各方的党的领导制度体系。"坚持中国共产党坚强领导，是科学社会主义的基本原则，是历史和人民的必然选择，是党和国家的根本所在、命脉所在，是全国各族人民的利益所系、命运所系。

---

① 《毛泽东文集》第三卷，人民出版社 1996 年版，第 59 页。

② 中共中央文献研究室编：《邓小平思想年编：1975—1997》，中央文献出版社 2011 年版，第 287 页。

③ 《习近平谈治国理政》第三卷，外文出版社 2020 年版，第 16 页。

没有党的领导，民族复兴必然是空想。坚持中国共产党坚强领导，是过去我们能够成功的根本原因，也是未来我们能够继续成功的根本保证，必须一以贯之、毫不动摇。100 年前，一群新青年高举马克思主义思想火炬，在风雨如晦的中国苦苦探寻民族复兴的前途方向，成立了中国共产党；100 年后，中国共产党已经成为拥有 9500 多万名党员、领导着 14 亿多人口大国、具有重大全球影响力的世界第一大执政党。今天，我们比历史上任何时期都更接近、更有信心和能力实现中华民族伟大复兴的目标，我们的信心和能力从根本上说就是源自中国共产党坚强领导。我们实现了第一个百年奋斗目标，正在意气风发向着全面建成社会主义现代化强国的第二个百年奋斗目标迈进。面对复杂形势和艰巨任务，最根本的就是要坚持党的全面领导，不断完善党的领导，增强“四个意识”、坚定“四个自信”、做到“两个维护”，牢记“国之大者”，不断提高党科学执政、民主执政、依法执政水平，充分发挥党总揽全局、协调各方的领导核心作用。只要我们始终坚持中国共产党坚强领导，承载着亿万人民梦想的“中国号”巨轮必将劈波斩浪，胜利驶向光辉彼岸。

历史和人民的正确选择，党的坚强领导必须长期坚持永不动摇*

* 作者王曼倩，北京外国语大学马克思主义学院副教授。

办好中国的事情，关键在党。习近平总书记在庆祝中国共产党成立100周年大会上的重要讲话中指出："以史为鉴、开创未来，必须坚持中国共产党坚强领导。"中国共产党领导是中国特色社会主义最本质的特征，是中国特色社会主义制度的最大优势，是党和国家的根本所在、命脉所在，是全国各族人民的利益所系、命运所系。党的坚强领导必须长期坚持、永不动摇，这是我们党百年奋斗最可宝贵的经验，是历史和人民作出的正确选择。

中华民族拥有悠久的历史和灿烂的文明，是世界上伟大的民族，近代以来却遭受了前所未有的劫难。1840年鸦片战争以后，中国逐步成为半殖民地半封建社会，国家蒙辱、人民蒙难、文明蒙尘。从那时起，实现中华民族伟大复兴，就成为中国人民和中华民族最伟大的梦想。中国共产党的诞生，深刻改变了近代以后中华民族发展的方向和进程，深刻改变了中国人民和中华民族的前途和命运，深刻改变了世界发展的趋势和格局。从此，中国人民就有了主心骨和领路人，中华民族伟大复兴就有了坚强领导核心。100年来，中国共产党为国家、民族所付出的巨大牺牲、作出的伟大贡献，不仅让我们深刻感悟到坚持中国共产党领导对国家和民族的重大意义，也让我们增强了在党的领导下实现中华民族伟大复兴的信心和底气。

习近平总书记指出："只要我们深入了解中国近代史、中国现代史、中国革命史，就不难发现，如果没有中国共产党领导，我们的国家、我们的民族不可能取得今天这样的成就，也不可能具有今天这样的国际地位。”[①] 新民主主义革命时期，我们党团结带领人民浴血奋战、百折不挠，为实现中华民族伟大复兴创造了根本社会条件；社会主义革命和建设时期，我们党团结带领人民，自力更生、发愤图强，为实现中华民族伟大复兴奠定了根本政治前提和制度基础；改革开放和社会主义现代化建设新时期，我们党团结带领人民，解放思想、锐意进取，为实现中华民族伟大复兴提供了充满新的活力的体制保证和快速发展的物质条件；中国特色社会主义进入新时代，我们党团结带领人民，自信自强、守正创新，为实现中华民族伟大复兴提供了更为完善的制度保证、更为坚实的物质基础、更为主动的精神力量。100 年来，中国共产党团结带领人民以“为有牺牲多壮志，敢教日月换新天”的大无畏气概创造了伟大成就，以无可辩驳的事实告诉人们：历史和人民选择中国共产党领导中华民族伟大复兴的事业是完全正确的，必须长期坚持、永不动摇。

习近平总书记指出：“党政军民学，东西南北中，党是领导一切的。”[②]“中国共产党是执政党，党的领导是做好党和国家各项工作的根本保证，是我国政治稳定、经济发展、民族团结、社会稳

---

① 《习近平谈治国理政》第二卷，外文出版社 2017 年版，第 20 页。
② 《习近平谈治国理政》第三卷，外文出版社 2020 年版，第 16 页。

定的根本点，绝对不能有丝毫动摇。”[1] 历史是最好的教科书。党的百年奋斗历程充分表明，坚持党的领导是方向性问题，必须旗帜鲜明、立场坚定。对历史最好的纪念，就是创造新的历史。今天，中华民族正以不可阻挡的步伐迈向伟大复兴，我们党团结带领中国人民踏上了实现第二个百年奋斗目标新的赶考之路。面对新征程上的复杂形势和艰巨任务，在坚持党的领导这个决定党和国家前途命运的重大原则问题上，丝毫不能动摇。越是任务艰巨，越是风险挑战增大，越要坚持中国共产党领导这个中国特色社会主义制度的最大优势。我们要保持高度的思想自觉、政治自觉、行动自觉，坚持党的全面领导，不断完善党的领导，充分发挥党总揽全局、协调各方的领导核心作用。对于广大党员、干部来说，要不断增强“四个意识”、坚定“四个自信”、做到“两个维护”，牢记“国之大者”，不断提高政治判断力、政治领悟力、政治执行力。我们坚信，只要坚持中国共产党坚强领导，紧紧依靠人民团结奋斗，就没有任何困难能够难倒我们，就没有任何力量能够阻挡中华民族实现伟大复兴的铿锵步伐。

---

① 中共中央文献研究室编：《习近平关于社会主义政治建设论述摘编》，中央文献出版社 2017 年版，第 30 页。

中国人民选择中国共产党领导是完全正确的*

* 作者陈理，中央党史和文献研究院学术和编审委员会主任。

习近平总书记指出："中国特色社会主义最本质的特征是中国共产党领导，中国特色社会主义制度的最大优势是中国共产党领导，党是最高政治领导力量。"① 中国共产党的领导地位不是自封的，而是历史的选择，是人民的选择。历史和现实充分证明，中国人民选择中国共产党领导是完全正确的。面向未来，中国共产党将继续通过加强党的建设，更好地担负起领导中国人民实现中华民族伟大复兴的历史使命。

坚持中国共产党的领导是人民的选择

习近平总书记指出："时代是出卷人，我们是答卷人，人民是阅卷人。"② 中国共产党好不好，中国共产党的领导是不是正确，中国人民最有发言权，人民拥护不拥护、赞成不赞成、高兴不高兴、答应不答应是衡量的标准。中国共产党的领导地位，是中国人民经过长期的历史比较后作出的郑重选择。中国共产党从只有 50 多名党员发展成为今天拥有 9500 多万名党员、在世界人口最多的国家长期执政的世界第一大党，团结带领全国人民取得革命、建设、改革的伟大胜利，根本原因在于我们党来自人民，为

---

① 《习近平谈治国理政》第三卷，外文出版社 2020 年版，第 125 页。
② 《习近平谈治国理政》第三卷，外文出版社 2020 年版，第 70 页

人民而生，因人民而兴，人民始终把中国共产党作为自己利益的忠实代表者，始终团结在党的周围，衷心拥护党的领导。

中国共产党始终代表中国最广大人民的根本利益。马克思主义创始人在《共产党宣言》中庄严宣告："过去的一切运动都是少数人的或者为少数人谋利益的运动。无产阶级的运动是绝大多数人的，为绝大多数人谋利益的独立的运动。"代表多数人还是少数人，这是马克思主义政党与其他政党的根本区别。在近百年的奋斗历程中，一代又一代中国共产党人的一切奋斗都是为中国人民谋幸福、为中华民族谋复兴。在革命战争年代，我们党领导人民打土豪、分田地，开展抗日战争、赶走日本侵略者，推翻蒋家王朝、建立新中国，是为人民根本利益而斗争；在和平建设年代，我们党领导人民开展社会主义革命和建设、改变一穷二白的国家面貌，实行改革开放、推进社会主义现代化，是为人民根本利益而斗争；在新时代，我们党领导人民已全面建成小康社会、开启了全面建设社会主义现代化国家新征程，包括决战脱贫攻坚，坚决打赢疫情防控的人民战争、总体战、阻击战，同样是为人民根本利益而斗争。

中国共产党始终以人格力量凝聚党心民心、感召人民。中国共产党作为马克思主义执政党，不仅有强大的真理力量，还有强大的人格力量。无数中国共产党人用他们的人格力量，感召亿万人民群众跟党走，万众一心为中国革命、建设、改革而团结奋斗。

在革命战争年代，长征途中三位红军女战士用半条被子生动诠释了中国共产党是什么、要干什么；在建设时期，焦裕禄“心中装着全体人民，唯独没有他自己”的感人事迹教育了一代又一代人。他们是时代的先锋、民族的脊梁，他们身上焕发着凝聚和激励亿万人民不断前进的强大精神力量。

中国共产党始终得到人民的拥护支持。习近平总书记指出：“谁把人民放在心上，人民就把谁放在心上。”[①] 民心是最大的政治，一个政党的前途命运，取决于人民的选择。“最后一碗米送去做军粮，最后一尺布送去做军装，最后一件老棉袄盖在担架上，最后一个亲骨肉送去上战场。”[②] 在革命战争年代异常艰苦、危险的条件下，人民群众毫无保留地支持中国共产党、拥护中国共产党。今天，人民群众依然毫无保留地拥护支持中国共产党。这是中国共产党执政的最大底气。

始终坚持以人民为中心的中国共产党
必将继续得到人民的衷心拥护

历史和现实充分证明，中国人民选择中国共产党的领导是完

---

① 习近平：《在庆祝中国人民解放军建军 90 周年大会上的讲话》，人民出版社 2017 年版，第 11 页。

② 习近平：《在庆祝中国人民解放军建军 90 周年大会上的讲话》，人民出版社 2017 年版，第 11 页。

全正确的。正是因为有这样一个始终恪守“人民对美好生活的向往，就是我们的奋斗目标”、始终坚持以人民为中心的先进政党的领导，我们的国家、我们的民族才能取得今天这样的成就。面向未来，实践还将进一步证明，中国共产党让人民过上好日子的根本目的是矢志不渝的，中国人民对中国共产党的拥护支持是毫不动摇的。

办好中国的事情，关键在党。坚持以人民为中心，不断满足人民对美好生活的向往，就要坚持和加强党的全面领导。今天，我们比历史上任何时期都更接近、更有信心和能力实现中华民族伟大复兴的目标，也更有信心带领人民不断创造美好生活。但是，行百里者半九十。要实现民族复兴目标，必须准备付出更为艰巨、更为艰苦的努力。从国际环境看，当今世界正经历百年未有之大变局，世界面临的不稳定性不确定性明显增强。从国内发展看，我国正处在实现中华民族伟大复兴的关键时期，改革发展正处在攻坚克难、闯关夺隘的重要阶段。我们在前进道路上面临的风险考验只会越来越复杂，甚至会遇到难以想象的惊涛骇浪。越是接近目标，越是形势复杂；越是任务艰巨，越是要加强党的领导，发挥中国共产党领导的政治优势和中国特色社会主义的制度优势。

我们党所做的一切，就是让中国人民过上美好生活，让老百姓幸福。打铁必须自身硬。我们党要不断把为人民造福的事业推向前进，最重要的是把自身建设得更加坚强有力。党的十八大以来，以习近平同志为核心的党中央勇于面对党面临的重大风险考验和党内存在的突出问题，坚持和加强党的全面领导，坚持党要管党、全面从严治党，以党的自我革命推动党领导人民进行的伟大社会革命。今天的中国共产党，创造力、凝聚力、战斗力显著增强，团结统一更加巩固，党群关系明显改善，党在革命性锻造中更加坚强，焕发出强大生机活力，为全面贯彻落实坚持以人民为中心提供了坚强政治保证。

中国共产党立志于中华民族千秋伟业，百年恰是风华正茂。在新的征程上，中国共产党更加坚定、更加自觉地牢记初心使命，始终走在时代前列，以更加昂扬的姿态，团结带领全国人民实现中华民族伟大复兴的中国梦，不断向历史和人民交出新的更加优异的答卷。

始终坚持中国共产党坚强领导*

* 作者牛君，福建省中国特色社会主义理论体系研究中心特约研究员。

在庆祝中国共产党成立100周年大会上，习近平总书记深情回顾我们党百年奋斗的光辉历程，展望中华民族伟大复兴的光明前景，系统阐述以史为鉴、开创未来必须牢牢把握的“九个必须”，强调“我们要用历史映照现实、远观未来，从中国共产党的百年奋斗中看清楚过去我们为什么能够成功、弄明白未来我们怎样才能继续成功”，为新征程上党和国家各项事业发展指明了方向。

办好中国的事情，关键在党。中国共产党领导是中国特色社会主义最本质的特征，是中国特色社会主义制度的最大优势。历史充分证明，没有中国共产党，就没有新中国，就没有中华民族伟大复兴。今天，我们比历史上任何时期都更接近、更有信心和能力实现中华民族伟大复兴的目标，必须坚持党的全面领导，不断完善党的领导，牢牢把握迈向中华民族伟大复兴的正确航向。

坚持党的坚强领导，是实现中华民族伟大复兴的根本保证。回望党的百年历程，一艘小小红船之所以能够穿越激流险滩，成为领航中国行稳致远的巍巍巨轮，就在于一代代共产党人把为中国人民谋幸福、为中华民族谋复兴确立为自己的初心使命，不畏艰难险阻，无私奉献、接续奋斗，谱写了一部风云激荡的壮丽史诗。100年来，我们党团结带领人民，浴血奋战、百折不挠，创造了新民主主义革命的伟大成就，为实现中华民族伟大复兴创造了根本社会条件；自力更生、发愤图强，创造了社会主义革命和建设的伟大成就，为实现中华民族伟大复兴奠定了根本政治前提和制度基础；解放思想、锐意进取，创造了改革开放和社会主义现代化建设的伟大成就，为实现中华民族伟大复兴提供了充满新的活力的体制保证和快速发展的物质条件；自信自强、守正创新，创造了新时代中国特色社会主义的伟大成就，实现中华民族伟大复兴进入了不可逆转的历史进程。正如习近平总书记在庆祝中国共产党成立 100 周年大会上的重要讲话中强调的："一百年来，中国共产党团结带领中国人民进行的一切奋斗、一切牺牲、一切创造，归结起来就是一个主题：实现中华民族伟大复兴。"

历史和人民选择了中国共产党。新的征程上，我们必须坚持党的全面领导，这是党和国家的根本所在、命脉所在，是全国各族人民的利益所系、命运所系，是实现中华民族伟大复兴的根本保证。

坚持党的坚强领导，必须坚决维护党中央权威和集中统一领导。事在四方，要在中央。四方的事要办好，中央必须有权威。党中央是大脑和中枢，必须有定于一尊、一锤定音的权威。百年党史充分证明，我们这么大一个党，这么大一个国家，只有党中央有权威，才能把全党牢固凝聚起来，进而把全国各族人民紧密团结起来，形成万众一心、无坚不摧的磅礴力量。坚持党中央权威和集中统一领导，是我们最大的政治优势、组织优势、制度优势，这也是我国革命、建设、改革的重要经验。

新的征程上，我们必须坚决维护党中央权威和集中统一领导，把党的领导落实到改革发展稳定、内政外交国防、治党治国治军等各领域各方面各环节，充分发挥党总揽全局、协调各方的领导核心作用，从根本上保障中国特色社会主义各项事业不断向前发展。我们必须坚决维护习近平总书记党中央的核心、全党的核心地位，进一步增强“四个意识”、坚定“四个自信”、做到“两个维护”，牢记“国之大者”，自觉在思想上政治上行动上同以习近平同志为核心的党中央保持高度一致，不断提高政治判断力、政治领悟力、政治执行力，更加扎实地把党中央的各项决策部署落到实处。

坚持党的坚强领导，必须不断推进党的建设新的伟大工程。我们党历经千锤百炼而朝气蓬勃，一个很重要的原因就是我们始终坚持党要管党、全面从严治党，不断提高党科学执政、民主执政、依法执政水平。勇于自我革命是中国共产党区别于其他政党的显著标志。正如习近平总书记指出的：“中国共产党的伟大不在于不犯错误，而在于从不讳疾忌医，敢于直面问题，勇于自我革命，具有极强的自我修复能力。”[①] 从党的百年风雨征程来看，我们党正视问题的自觉来自于认识上的清醒，刀刃向内的勇气来自于自我革命的决心和意志。实践证明，勇于自我革命，从严管党

---

① 中共中央党校（国家行政学院）编：《习近平新时代中国特色社会主义思想基本问题》，人民出版社、中共中央党校出版社 2020 年版，第 396 页。

治党，是我们党最鲜明的品格，也是确保党不变质、不变色、不变味的关键所在。

新的征程上，我们要牢记打铁必须自身硬的道理，增强全面从严治党永远在路上的政治自觉，以党的政治建设为统领，继续推进新时代党的建设新的伟大工程。要坚持问题导向，以自我革命精神，真刀真枪解决问题；运用好监督执纪“四种形态”，持之以恒正风肃纪，坚决清除一切损害党的先进性和纯洁性的因素，清除一切侵蚀党的健康肌体的病毒；夯实管党治党的政治责任，坚持标本兼治、固本培元，在严和实、深和细上下功夫；严密党的组织体系，着力建设德才兼备的高素质干部队伍……总而言之，要思想建党和制度治党同向发力，统筹推进党的各项建设，提升党自我净化、自我完善、自我革新、自我提高的能力，增强党的政治领导力、思想引领力、群众组织力、社会号召力，不断应对好自身在各个历史时期面临的风险考验，确保党在世界形势深刻变化的历史进程中始终走在时代前列，在应对国内外各种风险和考验的历史进程中始终成为全国人民的主心骨，在坚持和发展中国特色社会主义的历史进程中始终成为坚强领导核心。

贰

必须团结带领中国人民不断为美好生活而奋斗

江山就是人民、人民就是江山，打江山、守江山，守的是人民的心。中国共产党根基在人民、血脉在人民、力量在人民。中国共产党始终代表最广大人民根本利益，与人民休戚与共、生死相依，没有任何自己特殊的利益，从来不代表任何利益集团、任何权势团体、任何特权阶层的利益。

新的征程上，我们必须紧紧依靠人民创造历史，坚持全心全意为人民服务的根本宗旨，站稳人民立场，贯彻党的群众路线，尊重人民首创精神，践行以人民为中心的发展思想，发展全过程人民民主，维护社会公平正义，着力解决发展不平衡不充分问题和人民群众急难愁盼问题，推动人的全面发展、全体人民共同富裕取得更为明显的实质性进展！

——习近平总书记在庆祝中国共产党成立 100 周年大会上的讲话

必须团结带领中国人民不断为美好生活而奋斗*

* 作者系中共国务院发展研究中心党组理论学习中心组。

习近平总书记在庆祝中国共产党成立100周年大会上的重要讲话中，鲜明提出“九个必须”的根本要求，为我们在全面建设社会主义现代化国家新征程上以史为鉴、开创未来指明了前进方向、提供了根本遵循。“必须团结带领中国人民不断为美好生活而奋斗”，揭示了我们党的根本宗旨，回答了党和国家事业发展的价值追求，为我们奋进新征程提供了科学指引。

一、江山就是人民、人民就是江山

习近平总书记在庆祝中国共产党成立100周年大会上的重要讲话中指出：“江山就是人民、人民就是江山，打江山、守江山，守的是人民的心。”这一重要论述，深刻揭示了我国社会主义国家的性质、中国特色社会主义的本质，揭示了我们党的根本立场、根本宗旨和初心使命，揭示了党和人民群众的血肉联系、鱼水深情，从理论和实践两个层面，对“必须团结带领中国人民不断为美好生活而奋斗”这一根本要求，作出了深刻诠释。

丰富和发展了马克思主义国家学说，深刻诠释了人民是决定党和国家前途命运的根本力量。历史发展有其规律，国家和政党是人类社会在一定发展阶段上的产物。马克思、恩格斯鲜明指出，“无产阶级的运动是绝大多数人的，为绝大多数人谋利益的独立的运动"[①]"工人阶级一旦取得统治权，就不能继续运用旧的国家机器来进行管理"[②]，必须"以新的真正民主的国家政权来代替"[③]。中国共产党从成立那一刻起，就确立了马克思主义的指导地位。团结带领人民重整山河，经历了血雨腥风的考验，最终建立了工人阶级领导的、以工农联盟为基础的人民民主专政的社会主义国家。新中国成立后，建立了人民当家作主的政治制度，中国人民主体地位得到了前所未有的彰显，中华民族迎来了从站起来、富起来到强起来的伟大飞跃。习近平总书记在庆祝中国共产党成立100周年大会上的重要讲话中指出的"江山就是人民、人民就是江山"，充分说明人民是历史的创造者，是决定党和国家前途命运的根本力量，也充分说明我们国家的一切权力属于人民、人民是国家的主人，是对马克思主义国家学说的进一步丰富和深化。

丰富和发展了马克思主义群众观点，深刻表明了人心向背是党和人民事业成败的关键因素。群众观点是马克思主义政党的根本观点。中国共产党自成立之日起，就把实现人民解放作为孜孜以求的奋斗目标，并在把马克思主义基本原理同中国具体实际相结合、同中华优秀传统文化相结合的过程中，逐步确立了人民

---

① 《马克思恩格斯选集》第一卷，人民出版社2012年版，第411页。
② 《马克思恩格斯全集》第二十九卷，人民出版社2020年版，第237页。
③ 《马克思恩格斯全集》第二十九卷，人民出版社2020年版，第238页。

主体思想和党的群众观点、群众路线。毛泽东同志说："我们的共产党和共产党所领导的八路军、新四军，是革命的队伍。我们这个队伍完全是为着解放人民的，是彻底地为人民的利益工作的。"[①]邓小平同志强调："群众是我们力量的源泉，群众路线和群众观点是我们的传家宝。"[②]习近平总书记心里装着人民、时刻想着人民、讲话贴近人民、奋斗为了人民，这种"无我"状态，彰显了一个大国领袖的责任担当和为民情怀，树立了坚持人民至上、坚持以人民为中心的发展思想的光辉典范。习近平总书记在庆祝中国共产党成立100周年大会上的重要讲话中指出的"打江山、守江山，守的是人民的心"，说明我们党一以贯之把人心向背作为决定党和国家事业兴衰成败的关键，把人民拥护不拥护、赞成不赞成、高兴不高兴、答应不答应作为制定路线方针政策的基本准绳，把团结带领人民不断为美好生活而奋斗作为巩固团结和凝聚人心的最大的政治，进一步发展了马克思主义群众观点。

丰富和发展了马克思主义政党建设理论，深刻宣示了人民立场是中国共产党根本的政治立场。中国共产党作为马克思主义政党，人民性是其鲜明的政治品格。习近平总书记强调："人民立场

① 中共中央文献研究室编：《毛泽东著作专题摘编》下卷，中央文献出版社2003年版，第1883页。

② 习近平：《在纪念邓小平同志诞辰110周年座谈会上的讲话》，人民出版社2014年版，第11页。

是中国共产党的根本政治立场，是马克思主义政党区别于其他政党的显著标志。”[1] 我们党始终坚持以唯物史观洞察历史大势、顺应历史潮流、把握历史主动，加强自身建设，善于把人民群众组织起来，“唤起工农千百万，同心干”，能够凝聚起磅礴力量，不断创造历史伟业。我们党把马克思主义政党建设理论与中国实际相结合，创建了中国历史乃至世界历史上从未有过的政治动员体系与组织体系，书写了彪炳史册的历史奇迹。党的十八大以来，以习近平同志为核心的党中央把人民群众对美好生活的向往作为奋斗目标，历史性地解决了绝对贫困问题，兑现了党向人民、向历史作出的庄严承诺。这充分说明，“江山就是人民、人民就是江山”贯穿着马克思主义唯物史观的基本原理，饱含着我们党“不负人民”的赤子情怀，是马克思主义政党建设理论的进一步升华。

二、党的根基在人民、血脉在人民、力量在人民

历史和现实都告诉我们，我们党之所以能够发展壮大，中国特色社会主义之所以能够不断前进，根本原因就在于我们党始终坚守为中国人民谋幸福、为中华民族谋复兴的初心和使命，始终

① 《习近平谈治国理政》第二卷，外文出版社 2017 年版，第 40 页。

与人民保持血肉联系、与人民心心相印，始终与人民同甘共苦、与人民团结奋斗。人民是我们党的生命之根、执政之基、力量之源、胜利之本。

人民支持是我们党革命、建设、改革取得成功的基本前提。民心是最大的政治，人心向背关乎党的生死存亡。回望百年风雨路，人民支持是我们党领导和推进一切事业取得成功的密码。我们党在建立初期就致力于领导发动和组织工农运动，安源路矿工人大罢工、京汉铁路工人大罢工、海丰农民运动等为掀起全国规模的大革命准备了条件。以毛泽东同志为主要代表的中国共产党人，在人民群众的大力支持下，探索出农村包围城市、武装夺取政权的正确革命道路。抗日战争时期，我们党最广泛地动员、组织人民起来共同抗战，使日本侵略者陷入了人民战争的汪洋大海。解放战争时期，在人民群众全力支援下，党领导人民经过 3 年多时间战争就宣告了国民党反动统治的覆灭。仅淮海战役，就有累计达 543 万名民工向前线运送 1460 多万斤弹药、9.6 亿斤粮食等军需物资。新中国成立后，我们党紧紧依靠人民群众，巩固新生政权，完成了社会主义革命，确立了社会主义基本制度。改革开放以来，我们党继续发扬优良传统，紧紧依靠人民群众的支持，将中国特色社会主义事业不断推向前进，实现了从生产力相对落后的状况到经济总量跃居世界第二的历史性突破，实现了人民生活从温饱不足到全面建成小康社会的历史性跨越，为实现中华民族伟大复兴提供了更为完善的制度保证、更为坚实的物质基础、更为强大的精神力量。

人民拥护是我们党治国理政的最大底气。“民惟邦本，本固邦宁。”14亿多中国人民是国家的真正主人，是国家最坚定坚实坚强的靠山，是推动国家发展进步的力量源泉，也是我们党治国理政的最大底气所在。毛泽东同志曾深刻指出：“我们共产党人好比种子，人民好比土地。我们到了一个地方，就要同那里的人民结合起来，在人民中间生根、开花。”[①]100年来，我们党领导人民历千难而前赴后继、涉万险而勇往直前，在列强侵略时顽强抗争、在山河破碎时浴血奋战、在一穷二白时奋发图强、在改革开放中与时俱进，始终与人民群众想在一起、干在一起，赢得了人民群众的衷心拥护和坚定支持，生动诠释了人民是共和国的坚实根基、人民是我们党执政的最大底气。党的十八大以来，以习近平同志为核心的党中央进一步加强对权力运行的制约和监督，让人民更好地监督权力，让权力在阳光下运行，形成了激浊扬清、干事创业的良好政治生态，有力促进了党员、干部作风转变，赢得了人民群众的真心拥护，让我们党治国理政的底气得到进一步增强。

始终同人民在一起是我们党立党兴党强党的根本所在。习近平

---

① 中共中央文献研究室编：《毛泽东著作专题摘编》上卷，中央文献出版社2003年版，第288页。

总书记指出："为人民而生，因人民而兴，始终同人民在一起，为人民利益而奋斗，是我们党立党兴党强党的根本出发点和落脚点。"[1] 党与人民风雨同舟、生死与共，始终保持血肉联系，是战胜一切困难和风险的根本保证。我们党正是紧紧依靠人民，才由小到大、由弱到强，跨过一道又一道沟坎，取得一个又一个胜利，从最初只有 50 多名党员的小党发展为具有重大全球影响力的世界第一大执政党。100 年来，我们党始终坚持全心全意为人民服务的根本宗旨，始终坚持问政于民、问需于民、问计于民，始终善于从人民群众中汲取智慧和力量，聚焦人民的需要，及时调整经济社会发展的方针政策。在革命、建设、改革中，我们党始终围绕人民的根本利益和福祉，团结带领人民不断为美好生活而奋斗，这正是我们党能够获得人民的支持而发展壮大的根本保证。百年峥嵘岁月，虽然一路荆棘丛生、艰苦卓绝，但我们党用实际行动践行了对人民的庄严承诺，用实际成效证明了人民群众是我们立党兴党强党的根本所在、目的所在、力量所在。

三、为实现人民对美好生活的向往而奋斗

习近平总书记指出："人民对美好生活的向往，就是我们的奋

① 习近平：《在党史学习教育动员大会上的讲话》，人民出版社 2021 年版，第 15 页。

斗目标。”[1]踏上新征程，我们必须践行以人民为中心的发展思想，把人民对美好生活的向往作为奋斗目标，坚持党的群众路线，紧紧依靠人民，始终同人民群众心往一处想、劲往一处使，推动人的全面发展、全体人民共同富裕取得更为明显的实质性进展，让老百姓生活更加富裕、更加幸福。这是我们党的情怀所在，更是使命所系。

践行以人民为中心的发展思想，把人民对美好生活的向往作为奋斗目标。我们党自诞生以来，团结带领人民进行革命、建设、改革，都是为了让人民过上好日子。从 1949 年“进京赶考”以来，我们党带领人民在一场场历史性考试中交出了一份份优异答卷。党的十八大以来，以习近平同志为核心的党中央坚持以人民为中心的发展思想，积极回应人民群众的新期盼，用一项项惠民政策、一件件民生实事彰显使命担当，赢得了人民衷心拥护和坚定支持。迈上新征程，踏上新的赶考路，我们更要践行以人民为中心的发展思想，更加自觉、更加坚定地将人民对美好生活的向往作为奋斗目标，把促进全体人民共同富裕摆在更加重要的位置，着力推进全民共享、全面共享、共建共享、渐进共享，向着这个目标更加积极有为地进行努力，不断取得更为明显的实质性进展。针对当前我国社会主要矛盾已经转化为人民日益增长的美

① 《习近平谈治国理政》第一卷，外文出版社 2018 年版，第 424 页。

好生活需要和不平衡不充分的发展之间的矛盾，推出切实有效的政策措施，拿出管用的实招硬招，着力解决发展不平衡不充分问题和人民群众急难愁盼问题。发展全过程人民民主，健全社会主义民主法治，维护社会公平正义，完善国家行政体系，更好发挥政府作用，提升行政效率和公信力，提高社会治理特别是基层治理水平，不断增强人民群众的获得感、幸福感、安全感。

紧紧依靠人民创造历史，团结带领人民奋进新征程、创造新伟业。习近平总书记指出："人民是历史的创造者，人民是真正的英雄。"[①] 从石库门到天安门，从嘉兴南湖的一条小船到承载着14亿多人民希望的巍巍巨轮，中国共产党之所以能够发展壮大，中国特色社会主义之所以能够不断前进，正是因为始终把人民作为"源"和"本"，深深植根于人民之中。无论遇到任何困难和挑战，只要有人民的支持和参与，就没有越不过的陡坡险峰，就没有渡不过的急流险滩。迈上新征程，我们党更要团结带领人民，不断满足人民对美好生活的向往，推动实现人的自由而全面的发展。增强全面从严治党永远在路上的政治自觉，确保我们党在世界形势深刻变化的历史进程中始终走在时代前列，在应对国内外各种风险挑战的历史进程中始终成为全国人民的主心骨。坚持全心全意为人民服务的根本宗旨，确保我们党永远不忘初心、牢记

---

① 《习近平谈治国理政》第三卷，外文出版社2020年版，第139页。

使命，团结带领中国人民不懈奋斗，朝着第二个百年奋斗目标大步迈进，努力完成更伟大的使命、取得更伟大的胜利、创造更伟大的业绩。

坚持党的群众路线，始终同人民群众想在一起、干在一起。习近平总书记2020年5月22日参加内蒙古代表团审议时深刻指出："我们党要做到长期执政，就必须永远保持同人民群众的血肉联系，始终同人民群众想在一起、干在一起、风雨同舟、同甘共苦。"在我们党的历史上，涌现出千千万万爱民惠民的典范，他们用自己的无私奉献生动诠释着共产党人对人民的深情大爱。党的十八大以来，以习近平同志为核心的党中央紧盯征地拆迁、扶贫帮困、医疗卫生、教育环保、食品药品安全等与群众切身利益相关的领域，坚决防止党和人民群众之间出现无形之墙，时刻与人民群众肩并肩、手挽手、心连心。迈上新征程，我们要坚持以百姓心为心，与人民心心相印，不断厚植为民情怀。始终把群众立场作为不变的要求，把群众路线作为不变的坚守，尊重人民首创精神，拜人民为师，向人民学习。坚决反对形式主义、官僚主义、享乐主义和奢靡之风，坚决防范和纠正人民群众反对和痛恨的做法和作风，永不脱离群众，始终与人民群众保持密切联系。不断深化改革，充分调动最广大人民的积极性、主动性、创造性，推动改革发展成果更多更公平惠及全体人民。坚持与群众有福同享、有难同当，有盐同咸、无盐同淡，始终把人民放在心中最高位置、把人民对美好生活的向往作为奋斗目标，凝聚亿万人民团结奋进的磅礴力量。

“以史为鉴、开创未来，必须团结带领中国人民不断为美好生活而奋斗。”习近平总书记的重要论断，饱含真情、充满担当，字字千钧、掷地有声，指引我们永远保持共产党人的奋斗精神，永远保持共产党人的初心使命，永远保持对人民群众的赤子之心，努力为人民群众创造更美好、更幸福的生活，努力为实现第二个百年奋斗目标和中华民族伟大复兴的中国梦而勠力同心、奋勇向前。

人民对美好生活的向往就是我们的奋斗目标*

* 作者詹成付，民政部副部长。

习近平总书记在庆祝中国共产党成立100周年大会上的重要讲话中强调："以史为鉴、开创未来，必须团结带领中国人民不断为美好生活而奋斗。"习近平总书记在庆祝中国共产党成立100周年大会上的重要讲话，为我们在新征程上更加坚定、更加自觉地牢记初心使命、开创美好未来指明了前进方向，提供了根本遵循。

让人民生活幸福是"国之大者"

为人民而生，因人民而兴，始终同人民在一起，为人民利益而奋斗，是我们党立党兴党强党的根本出发点和落脚点。习近平总书记在庆祝中国共产党成立100周年大会上的重要讲话中指出："中国共产党始终代表最广大人民根本利益，与人民休戚与共、生死相依，没有任何自己特殊的利益，从来不代表任何利益集团、任何权势团体、任何特权阶层的利益。"100年来，为了人民幸福和民族复兴，我们党团结带领中国人民，以"为有牺牲多壮志，敢教日月换新天"的大无畏气概，书写了中华民族几千年历史上最恢宏的史诗，创造了新民主主义革命的伟大成就，创造了社会主义革命和建设的伟大成就，创造了改革开放和社会主义现代化建设的伟大成就，创造了新时代中国特色社会主义的伟大成就。特别是党的十八大以来，中国特色社会主义进入新时代，我们党团结带领中国人民，自信自强、守正创新，统揽伟大斗争、伟大工程、伟大事业、伟大梦想，党和国家事业取得历史性成就、发生历史性变革，中华民族迎来了从站起来、富起来到强起来的伟大飞跃，实现中华民族伟大复兴进入了不可逆转的历史进程！我们的国家从来没有像今天这样欣欣向荣、蒸蒸日上，我们的民族从来没有像今天这样扬眉吐气、自信满怀，我们的人民从来没有像今天这样幸福安康、心情舒畅。

习近平总书记指出："牢记和践行为中国人民谋幸福、为中华民族谋复兴的初心使命，是贯穿我们党百年奋斗史的一条红线。"[①] 从石库门到天安门，从兴业路到复兴路，我们党 100 年来所付出的一切努力、进行的一切斗争、作出的一切牺牲，都是为了实现好、维护好、发展好最广大人民根本利益，都是为了人民幸福和民族复兴。我们党领导人民打土豪、分田地，是为人民根本利益而斗争；领导人民开展抗日战争、赶走日本侵略者，是为人民根本利益而斗争；领导人民推翻三座大山、建立新中国，是为人民根本利益而斗争；领导人民开展社会主义革命和建设、改变一穷二白的国家面貌，是为人民根本利益而斗争；领导人民实行改革开放、推进社会主义现代化、实现中华民族伟大复兴，同

① 《习近平在中共中央政治局第三十一次集体学习时强调 用好红色资源 赓续红色血脉 努力创造无愧于历史和人民的新业绩》，新华网 2021 年 6 月 26 日。

样是为人民根本利益而斗争。总结百年党史，为中国人民谋幸福、为中华民族谋复兴，是我们党始终不变的初心和使命。让人民生活幸福是“国之大者”。在新征程上，我们要坚持一切为了人民、一切依靠人民，始终把人民放在心中最高位置，把人民对美好生活的向往作为奋斗目标，推动改革发展成果更多更公平惠及全体人民，推动共同富裕取得更为明显的实质性进展，把 14 亿多中国人民凝聚成推动中华民族伟大复兴的磅礴力量。

任何想把中国共产党同中国人民分割开来、对立起来的企图，都是绝不会得逞的

100 年来，在党团结带领中国人民实现中华民族伟大复兴的历史进程中，人民群众不仅切身感受到了艰辛历程、巨大变化、辉煌成就，而且不断增进对中国共产党的信赖和拥护，进一步坚定了听党话、跟党走的信心和决心。

历史和现实告诉人们，正是中国共产党团结带领中国人民经过北伐战争、土地革命战争、抗日战争、解放战争，以武装的革命反对武装的反革命，推翻帝国主义、封建主义、官僚资本主义三座大山，建立了中华人民共和国，中国人民才真正成了国家、社会和自己命运的主人。今天，植根于中国大地的民主制度不断完善，人民民主不断发展，创新源泉充分涌流、创造活力竞相进

发，人民群众依法通过民主选举、民主协商、民主决策、民主管理、民主监督等多种形式参与国家和社会事务管理，享受着前所未有的各项权利。

历史和现实告诉人们，正是中国共产党团结带领中国人民在一穷二白的基础上创造了经济社会快速发展奇迹，用几十年时间走完了发达国家几百年走过的工业化历程，国内生产总值从 1952 年的 679.1 亿元跃升至 2020 年的 101.6 万亿元，经济总量稳居世界第二，综合国力、科技实力、国防实力、文化影响力、国际影响力显著提升。今天，中国人民平视世界的经济基础更加坚实，做中国人的志气、骨气、底气更强了。

历史和现实告诉人们，正是中国共产党团结带领中国人民全面建成了小康社会，历史性地解决了绝对贫困问题，实现了人民生活水平大幅提升。我们建成了世界最大的社会保障网，基本医疗保险覆盖超 13.5 亿人，基本养老保险覆盖超 10.1 亿人，义务教育入学率接近 100%，不断推动幼有所育、学有所教、劳有所得、病有所医、老有所养、住有所居、弱有所扶取得新进展。今天，人民群众多样化、多层次的物质文化生活得到极大丰富，公平正义得到极大维护，全国城乡处处呈现出社会和顺、人与自然和谐的景象。

历史和现实告诉人们，正是中国共产党团结带领中国人民创造了社会长期稳定奇迹，我国成为国际社会公认的最有安全感的国家之一。面对百年不遇的新冠肺炎疫情，以习近平同志为核心的党中央坚持把人民生命安全和身体健康放在第一位，团结14亿多中国人民众志成城、万众一心，迅速打响疫情防控的人民战争、总体战、阻击战，从出生仅30多个小时的婴儿到100多岁的老人，都给予全力以赴的救治，不放弃每一位病患者。人民群众从无数事实中深切感受到，中国共产党所具有的无比坚强的领导力，是风雨来袭时中国人民最可靠的主心骨。

历史和现实告诉人们，中国历史上乃至世界历史上任何一种政治力量都没有像中国共产党这样与人民心连心、同呼吸、共命运，为了民族和人民的利益，无怨无悔地作出了巨大奉献和牺牲。井冈山时期，近5万名革命烈士献出了宝贵生命；在红一方面军二万五千里的征途上，平均每300米就有一名红军牺牲；抗美援朝中，19.7万多名英雄儿女为了祖国、为了人民、为了和平献出宝贵生命；脱贫攻坚中，鲜红的党旗始终在脱贫攻坚主战场上高高飘扬，1800多名党员、干部将生命定格在了脱贫攻坚征程上。今天，中华民族正以自信自立自强的傲然姿态屹立于世界民族之林，人民群众无比珍惜无数革命先辈和英雄儿女用鲜血和生命换来的幸福生活。

历史和现实反复证明，中国共产党是一个为了民族复兴、人民幸福始终沿着正确方向不懈奋斗的先进政党，是一个为了民族复兴、人民幸福不怕牺牲、甘于奉献的先进政党，是一个为了民族复兴、人民幸福勇于自我革命、从严管党治党的先进政党。任何想把中国共产党同中国人民分割开来、对立起来的企图，都是绝不会得逞的。

为人民过上更加美好生活而不懈奋斗

全面建设社会主义现代化国家的新征程已经开启，我们要以习近平总书记在庆祝中国共产党成立 100 周年大会上的重要讲话精神为指引，继续为实现人民对美好生活的向往不懈奋斗，努力为党和人民争取更大光荣。

紧紧依靠人民创造历史。我们要树牢人民是历史创造者、是真正英雄的唯物史观，牢记习近平总书记在庆祝中国共产党成立 100 周年大会上的重要讲话中强调的“江山就是人民、人民就是江山，打江山、守江山，守的是人民的心”，坚持尊重社会发展规律和尊重人民历史主体地位的一致性、为崇高理想奋斗和为最广大人民谋利益的一致性、完成党的各项工作和实现人民利益的一致性，充分发挥广大人民群众积极性、主动性、创造性，不断把为人民造福事业推向前进。

坚持全心全意为人民服务的根本宗旨。我们要把人民放在心中最高位置，坚持立党为公、执政为民，坚持权为民所用、情为民所系、利为民所谋，始终把人民对美好生活的向往作为奋斗目标，实现好、维护好、发展好最广大人民根本利益。

站稳人民立场。以最广大人民根本利益为我们一切工作的根本出发点和落脚点，坚持把人民拥护不拥护、赞成不赞成、高兴不高兴、答应不答应作为衡量一切工作得失的根本标准，在任何时候都把群众利益放在第一位，坚决同侵害人民群众利益的行为作斗争。

贯彻党的群众路线。我们要保持党同人民群众的血肉联系，始终做到为了群众、相信群众、依靠群众、引领群众，把尊重民意、汇集民智、凝聚民力、改善民生贯穿党治国理政全部工作之中，既通过提出并贯彻正确的理论和路线方针政策带领人民前进，又从人民实践创造和发展要求中获得前进动力。

尊重人民首创精神。我们要坚持顶层设计和摸着石头过河相结合，处理好尊重客观规律和发挥主观能动性的关系，尊重人民群众在实践活动中所表达的意愿、所创造的经验、所拥有的权利、所发挥的作用，充分激发蕴藏在人民群众中的创造伟力。

践行以人民为中心的发展思想。我们要抓住人民最关心最直接最现实的利益问题，既尽力而为，又量力而行，一件事情接着一件事情办，一年接着一年干，坚持在发展中保障和改善民生，不断满足人民日益增长的美好生活需要，使人民获得感、幸福感、安全感更加充实、更有保障、更可持续。

发展全过程人民民主。我们要坚定不移走中国特色社会主义政治发展道路，健全民主选举、民主协商、民主决策、民主管理、民主监督制度，拓宽民主渠道、丰富民主形式、完善法治保障，确保人民依法享有广泛充分、真实具体、有效管用的民主权利，形成生动活泼、安定团结的政治局面。

维护社会公平正义。我们要健全社会公平正义法治保障制度，坚持有法必依、执法必严、违法必究，加大关系群众切身利益的重点领域执法力度。完善审判制度、检察制度，全面落实司法责任制，完善律师制度，加强对司法活动的监督，确保司法公正高效权威，努力让人民群众在每一个司法案件中感受到公平正义。

着力解决发展不平衡不充分问题和人民群众急难愁盼问题。我们要以保障和改善民生为重点，发展各项社会事业，推动高质量发展，让人民共享经济、政治、文化、社会、生态等各方面发展成果。既要立足眼前，解决群众“急难愁盼”的具体问题；又要着眼长远，完善解决民生问题的体制机制。

推动人的全面发展、全体人民共同富裕取得更为明显的实质性进展。我们要立足新发展阶段，完整、准确、全面贯彻新发展理念，构建新发展格局，推动高质量发展，自觉主动解决地区差距、城乡差距、收入差距等问题，推动社会全面进步和人的全面发展，促进社会公平正义，让人民群众真真切切感受到共同富裕不仅仅是一个口号，而是看得见、摸得着、真实可感的事实。

全面小康
融汇光荣与梦想*

* 作者艾四林，清华大学马克思主义学院院长。

习近平总书记在庆祝中国共产党成立100周年大会上庄严宣告:“经过全党全国各族人民持续奋斗，我们实现了第一个百年奋斗目标，在中华大地上全面建成了小康社会，历史性地解决了绝对贫困问题，正在意气风发向着全面建成社会主义现代化强国的第二个百年奋斗目标迈进。”全面建成小康社会，是中华民族的伟大光荣，是中国人民的伟大光荣，是中国共产党的伟大光荣。千百年来中华民族孜孜以求的小康梦想在中国共产党成立100周年时成为现实，标志着我们党在团结带领人民创造美好生活、实现共同富裕的道路上迈出了坚实的一大步。

全面建成小康社会，是我们党向人民、向历史作出的庄严承诺，是14亿多中国人民的共同期盼。习近平总书记指出:“到建党100周年时，全面建成惠及十几亿人口的更高水平的小康社会，是我们党进入新世纪后，在基本建成小康社会基础上提出的奋斗目标，是对人民的庄严承诺。”①“小康”出自《礼记·礼运》，是中华民族自古以来追求的理想社会状态，使用“小康”这个概念来确立中国的发展目标，既符合中国发展实际，也容易得到最广大人民理解和支持。自改革开放之初党中央提出小康社会的战略构想以来，我们党团结带领人民接续奋斗，在20世纪末实现了总体小康。进入新世纪，党的十六大提出，要在本世纪头20年，

① 《中国共产党第十九届中央委员会第五次全体会议文件汇编》，人民出版社2020年版，第86页。

全面建设惠及十几亿人口的更高水平的小康社会。根据国内外形势新变化，顺应我国经济社会新发展和广大人民群众新期待，党的十八大提出了更具明确政策导向、更加针对发展难题、更好顺应人民意愿的全面建成小康社会新要求。党的十八大以来，中国特色社会主义进入新时代，我们坚持和加强党的全面领导，统筹推进“五位一体”总体布局、协调推进“四个全面”战略布局，坚持和完善中国特色社会主义制度、推进国家治理体系和治理能力现代化，坚持依规治党、形成比较完善的党内法规体系，战胜一系列重大风险挑战，如期全面建成小康社会，向人民、向历史交出了一份优异答卷。千百年来中华民族孜孜以求的小康梦想成为现实，中华民族伟大复兴向前迈出新的一大步。

全面建成小康社会，得到人民认可、经得起历史检验。小康不小康，关键看老乡，关键在贫困的老乡能不能脱贫。改革开放以来，我国总计有 7.7 亿农村贫困人口摆脱贫困，减贫人口占同期全球减贫人口 70% 以上，创造了减贫治理的中国样本。特别是党的十八大以来，以习近平同志为核心的党中央把脱贫攻坚摆在治国理政的突出位置，把脱贫攻坚作为全面建成小康社会的底线任务，组织开展了声势浩大的脱贫攻坚人民战争。即使受到新冠肺炎疫情冲击和世界经济陷入严重衰退形势影响，全党全国坚持以更大决心、更强力度推进脱贫攻坚，如期完成脱贫攻坚目标任务。在打赢脱贫攻坚战的过程中，习近平总书记先后 7 次主持召开中央扶贫工作座谈会，50 多次调研扶贫工作，走遍 14 个集中连片特困地区，了解真扶贫、扶真贫、脱真贫的实际情况。经过全党全国各族人民共同努力，我国脱贫攻坚战取得了全面胜利，现行标准下 9899 万农村贫困人口全部脱贫，832 个贫困县全部摘帽，12.8 万个贫困村全部出列，区域性整体贫困得到解决，完成了消除绝对贫困的艰巨任务，创造了又一个彪炳史册的人间奇迹。[①] 脱贫攻坚战的全面胜利，彰显了全面建成小康社会的成色和底色，人民群众获得感、幸福感、安全感显著提升。

全面建成小康社会，使我国综合国力迈上一个新台阶，极大提升了我们实现中华民族伟大复兴中国梦的能力和信心。2020 年，我国 GDP 突破 100 万亿元大关；人均 GDP 连续两年超过 1 万美元，稳居中等偏上收入国家行列，让世界上人均 GDP 超过 1 万美元的人口数量翻了一番。全面建成小康社会，既是我们党团结带领中国人民百年奋斗的伟大成果，也是向第二个百年奋斗目标进军的新的历史起点。今天，我们党团结带领中国人民开启了全面建设社会主义现代化国家新征程，踏上了实现第二个百年奋斗目标新的赶考之路。新的征程上，我们要始终把满足人民对美好生活的新期待作为发展的出发点和落脚点，团结带领中国人民不断为美好生活而奋斗，紧紧依靠人民创造历史。我们要统筹中

① 《习近平：在全国脱贫攻坚总结表彰大会上的讲话》，新华网 2021 年 2 月 25 日。

华民族伟大复兴战略全局和世界百年未有之大变局，深刻认识我国社会主要矛盾变化带来的新特征新要求，立足新发展阶段，完整、准确、全面贯彻新发展理念，构建新发展格局，推动高质量发展，推动人的全面发展、全体人民共同富裕取得更为明显的实质性进展，不断创造新的历史伟业。

让发展成果更多更公平惠及全体人民*

* 作者系熊若愚。

党的十九大报告指出："从十九大到二十大，是'两个一百年'奋斗目标的历史交汇期。我们既要全面建成小康社会、实现第一个百年奋斗目标，又要乘势而上开启全面建设社会主义现代化国家新征程，向第二个百年奋斗目标进军。"在以习近平同志为核心的党中央坚强领导下，经过全党全国各族人民持续奋斗，我们已经实现了第一个百年奋斗目标，在中华大地上全面建成了小康社会，历史性地解决了绝对贫困问题，正在意气风发向着全面建成社会主义现代化强国的第二个百年奋斗目标迈进。在实现第二个百年奋斗目标新的赶考之路上，我们要坚持以人民为中心的发展思想，把人民对美好生活的向往作为奋斗目标，始终与人民有福同享、有难同当，有盐同咸、无盐同淡，紧紧依靠人民创造历史。

人民立场是中国共产党的根本政治立场，是马克思主义政党区别于其他政党的显著标志。习近平总书记在庆祝中国共产党成立 100 周年大会上的重要讲话中深刻指出："江山就是人民、人民就是江山，打江山、守江山，守的是人民的心。"我们党为人民而生，因人民而兴，一经诞生，就把为中国人民谋幸福、为中华民族谋复兴确立为自己的初心使命。回顾党的历史，为什么我们党能够在那么弱小的情况下逐步发展壮大起来，在腥风血雨中一次次绝境重生，在攻坚克难中不断从胜利走向胜利，根本原因就在于不管是处于顺境还是逆境，我们党始终坚守为中国人民谋幸福、为中华民族谋复兴这个初心和使命，义无反顾向着这个目标前进，从而赢得了人民衷心拥护和坚定支持。人民是我们党领导和执政的力量源泉。同人民风雨同舟、血脉相通、生死与共，是我们党战胜一切困难和风险的根本保证。

在新的赶考之路上，我们要始终坚持人民主体地位，坚持立党为公、执政为民，践行全心全意为人民服务的根本宗旨，把党的群众路线贯彻到党治国理政全部活动之中，把人民对美好生活的向往作为奋斗目标，依靠人民创造新的历史伟业；始终坚持以百姓心为心，倾听人民心声，汲取人民智慧，努力解民忧、办实事，为推动党和国家事业发展汇聚强大力量。不管乱云飞渡、风吹浪打，我们都要紧紧依靠人民，坚持自力更生、艰苦奋斗，以坚如磐石的信心、只争朝夕的劲头、坚韧不拔的毅力，一步一个脚印把前无古人的伟大事业推向前进。

习近平总书记指出："党的十九届五中全会向着更远的目标谋划共同富裕，提出了'全体人民共同富裕取得更为明显的实质性进展'的目标。共同富裕本身就是社会主义现代化的一个重要目标。"[①]共同富裕是社会主义的本质要求，是人民群众的共同期盼。我们推动经济社会发展，归根结底是要实现全体人民共同富裕。

---

① 《习近平在中共中央政治局第二十七次集体学习时强调 完整准确全面贯彻新发展理念 确保"十四五"时期我国发展开好局起好步》，《人民日报》2021年1月30日。

新中国成立以来特别是改革开放以来，我们党团结带领人民向着实现共同富裕的目标不懈努力，人民生活水平不断提高。党的十八大以来，我们把脱贫攻坚作为重中之重，使现行标准下9899万农村贫困人口全部脱贫，促进全体人民共同富裕取得了扎扎实实的重大进展。促进全体人民共同富裕是一项长期任务，我们的目标是，到2035年全体人民共同富裕取得更为明显的实质性进展，到本世纪中叶全体人民共同富裕基本实现。在新的赶考之路上，我们要始终把满足人民对美好生活的新期待作为发展的出发点和落脚点，在实现现代化过程中不断地、逐步地解决好这个问题。着力解决发展不平衡不充分问题和人民群众急难愁盼问题，自觉主动解决地区差距、城乡差距、收入差距等问题，坚持在发展中保障和改善民生，统筹做好就业、收入分配、教育、社保、医疗、住房、养老、扶幼等各方面工作，更加注重向农村、基层、欠发达地区倾斜，向困难群众倾斜，促进社会公平正义，让发展成果更多更公平惠及全体人民，推动人的全面发展、全体人民共同富裕取得更为明显的实质性进展。

站稳“江山就是人民，人民就是江山”的根本立场*

* 作者系任理轩。

人民是历史的创造者，是决定党和国家前途命运的根本力量。习近平总书记指出："历史充分证明，江山就是人民，人民就是江山，人心向背关系党的生死存亡。"① 中国共产党成立 100 年来，始终把人民放在心中最高位置，把人民对美好生活的向往作为奋斗目标，团结带领人民取得革命、建设、改革的辉煌成就。新时代新征程，必须站稳"江山就是人民，人民就是江山"的根本立场，坚持以人民为中心的发展思想，汇聚起全面建设社会主义现代化强国的磅礴力量，夺取新时代中国特色社会主义伟大胜利，实现中华民族伟大复兴的中国梦。

人民立场是中国共产党的根本政治立场

人民性是马克思主义最鲜明的品格。习近平总书记强调："人民立场是中国共产党的根本政治立场，是马克思主义政党区别于其他政党的显著标志。"② 人民立场最核心的含义，就是习近平总书记所阐明的"江山就是人民，人民就是江山"。

江山就是人民，人民是国家的主人。我国是人民当家作主的社会主义国家，工人阶级和广大劳动群众是国家的主人。习近平

① 习近平：《在党史学习教育动员大会上的讲话》，人民出版社 2021 年版，第 15 页。

② 《习近平谈治国理政》第二卷，外文出版社 2017 年版，第 40 页。

总书记强调："共产党打江山、守江山，守的是人民的心，为的是让人民过上好日子。"① 在新民主主义革命时期，我们党百折不挠、浴血奋战，团结带领人民推翻帝国主义、封建主义、官僚资本主义"三座大山"，建立新中国，为人民当家作主提供了根本政治前提。在社会主义革命和建设时期，我们党迎难而上、艰苦奋斗，团结带领人民建立起社会主义基本制度，确立了人民当家作主的国家制度。在改革开放新时期，我们党坚持解放思想、实事求是、与时俱进、开拓创新，团结带领人民开辟中国特色社会主义道路，中国人民迸发出强大创造力量，中华民族大踏步赶上时代，以崭新姿态屹立于世界民族之林。中国特色社会主义进入新时代，我们党不忘初心、牢记使命，团结带领人民奋力夺取全面建成小康社会伟大胜利，开启全面建设社会主义现代化国家新征程，中华民族迎来了从站起来、富起来到强起来的伟大飞跃。就像习近平总书记强调的："为人民而生，因人民而兴，始终同人民在一起，为人民利益而奋斗，是我们党立党兴党强党的根本出发点和落脚点。"②

人民就是江山，人民是我们党执政的最大底气。党与人民风雨同舟、生死与共，始终保持血肉联系，是党战胜一切困难和风

① 曲延春：《永葆初心 永担使命 打江山守江山守的是人民的心》，《人民日报》2021 年 6 月 22 日。

② 习近平：《在党史学习教育动员大会上的讲话》，人民出版社 2021 年版，第 15 页。

险的根本保证。正如毛泽东同志所指出的："中国的命运一经操在人民自己的手里，中国就将如太阳升起在东方那样，以自己的辉煌的光焰普照大地。"① 中国革命博物馆曾展出过一辆轮子上沾满苔藓的手推车，手推车的主人董力生，当年是江苏省赣榆县城头镇董青墩村的妇女救国会主任，是千百万支前民工的一员。在淮海战役中，她用这辆手推车为解放大军运送炮弹、面粉和被服。目睹这一英勇感人场景的陈毅同志满怀深情地说："淮海战役的胜利是人民群众用手推车推出来的。"100 年来，从建党的开天辟地，到新中国成立的改天换地，到改革开放的翻天覆地，再到党的十八大以来取得历史性成就、发生历史性变革，我们党领导人民克服千难万险、不断夺取胜利，靠的是坚持马克思主义人民观、群众观，把群众路线作为党的根本工作路线，始终同人民群众保持血肉联系；靠的是坚持问政于民、问需于民、问计于民；靠的是把人民当作我们党的工作的最高裁决者和最终评判者，努力向历史、向人民交出新的更加优异的答卷。

民心是最大的政治，人心向背关系党的生死存亡。习近平总书记指出："得民心者得天下，失民心者失天下，人民拥护和支持是党执政最牢固的根基。"② 赢得人民信任，得到人民支持，我

---

① 中共中央文献研究室编：《毛泽东著作专题摘编》上卷，中央文献出版社 2003 年版，第 713 页。

② 《习近平谈治国理政》第一卷，外文出版社 2018 年版，第 368 页。

们就能够克服任何困难，就能够无往而不胜。反之，我们将一事无成，甚至走向衰败。党只有始终与人民心连心、同呼吸、共命运，始终依靠人民推动历史前进，才能做到坚如磐石。100年来，中国共产党人历千难而前赴后继、涉万险而勇往直前，在列强侵略时顽强抗争、在山河破碎时浴血奋战、在一穷二白时发愤图强、在改革开放中与时俱进，始终与人民站在一起、干在一起，赢得人民衷心拥护和坚定支持。历史和现实都告诉我们，中国共产党之所以能够发展壮大，中国特色社会主义之所以能够不断前进，正是因为依靠了人民。中国共产党之所以能够得到人民拥护，中国特色社会主义之所以能够得到人民支持，也正是因为造福了人民。只要坚持紧紧依靠人民、一切为了人民，充分激发广大人民的磅礴伟力，我们就能够不断创造中华民族新的历史辉煌。

一切为了人民、一切依靠人民，全心全意为人民服务

我们党来自于人民，党的根基和血脉在人民。站稳“江山就是人民，人民就是江山”的根本立场，要求我们在任何时候都把群众利益放在第一位，同群众同甘共苦，保持最密切的联系。习近平总书记指出：“这就要求我们必须坚持尊重社会发展规律和尊重人民历史主体地位的一致性、为崇高理想奋斗和为最广大人民谋利

益的一致性、完成党的各项工作和实现人民利益的一致性，永不脱离群众，与群众有福同享、有难同当，有盐同咸、无盐同淡。”[①]

坚持尊重社会发展规律和尊重人民历史主体地位的一致性。社会发展有其客观规律，只有按客观规律办事，才能促进经济社会持续健康发展。人民是历史的创造者，只有依靠人民，才能不断推动历史发展和社会进步。尊重社会发展规律和尊重人民历史主体地位紧密联系、高度一致，统一于我们党团结带领人民进行革命、建设、改革的伟大历史进程。在谈到改革开放的成功经验时，邓小平同志指出：“农村搞家庭联产承包，这个发明权是农民的。农村改革中的好多东西，都是基层创造出来，我们把它拿来加工提高作为全国的指导。”[②] 无论革命、建设还是改革，我们党都充分尊重人民历史主体地位，充分发挥人民群众的主观能动性，不断把人民群众创造的成功经验上升为经济社会发展的规律性认识，转化为党的理论和路线方针政策；同时尊重社会主义建设的客观规律，坚持把实践作为检验真理的唯一标准，从实际出发，实事求是，在人民群众的伟大实践中检验党的理论和路线方针政策的正确性、科学性。正是因为始终坚持尊重社会发展规律和尊重人民历史主体地位的一致性，我们党才能正确把握社会历

---

① 习近平：《在党史学习教育动员大会上的讲话》，人民出版社 2021 年版，第 16 页。

② 《邓小平文选》第三卷，人民出版社 1993 年版，第 382 页。

史发展的前进方向，制定和实施科学的路线方针政策，实现好、维护好、发展好最广大人民根本利益。

坚持为崇高理想奋斗和为最广大人民谋利益的一致性。革命理想高于天。我们党作为马克思主义政党，从成立之日起，就把为社会主义、共产主义奋斗确定为自己的纲领。社会主义的本质，是解放生产力，发展生产力，消灭剥削，消除两极分化，最终达到共同富裕。共产主义的美好愿景，是建立“自由人的联合体”，以取代存在着阶级和阶级对立的资产阶级旧社会。社会主义、共产主义的理想追求，概括地说，就是为最广大人民谋利益、求解放。这也是我们党的崇高理想和奋斗目标。1947 年，上海英文刊物《密勒氏评论报》刊出了这样一段文字：“内战战场的真正分界是在这样两种不同的地区中间：在一种地区是农民给自己种地（指解放区）；在另一种地区（指蒋区），是农民给地主种地。”事实证明：是否真心实意为最广大人民谋利益，团结带领人民创造自己的幸福生活，不但决定民心向背、决定国共两党的前途命运，而且最终决定了整个国家的性质和方向、道路和前景。坚持为崇高理想奋斗和为最广大人民谋利益的一致性，是我们党站稳“江山就是人民，人民就是江山”这一根本立场的鲜明体现和重要保障。

坚持完成党的各项工作和实现人民利益的一致性。立党为公、执政为民是我们党的根本执政理念。毛泽东同志要求全党同志必须全心全意为人民服务。邓小平同志要求我们做工作必须考虑群众拥护不拥护、赞成不赞成、高兴不高兴、答应不答应。江泽民同志提出我们党要始终代表中国最广大人民根本利益。胡锦涛同志提出必须把实现好、维护好、发展好最广大人民根本利益作为一切工作的出发点和落脚点。习近平总书记强调："各级党委、政府和干部要把老百姓的安危冷暖时刻放在心上，以造福人民为最大政绩，想群众之所想，急群众之所急，让人民生活更加幸福美满。"①100 年来，我们党的一切工作和全部努力，都是为了实现好、维护好、发展好最广大人民的根本利益。1946 年，美国记者白修德和贾安娜在《中国的惊雷》一书中这样写道："中国共产党并不曾使用什么魔术，他们只不过知道人民所渴望的改变，而他们拥护这些改变。"坚持完成党的各项工作和实现人民利益的一致性，确保了我们党始终和人民心心相印，始终站稳"江山就是人民，人民就是江山"的根本立场。

始终把人民放在心中最高位置，不断实现人民对美好生活的向往

习近平总书记指出："人民对美好生活的向往，就是我们的奋斗目标。"②乐民之乐者，民亦乐其乐；忧民之忧者，民亦忧其忧。

---

① 《习近平主席新年贺词：2014—2018》，人民出版社 2018 年版，第 5 页。
② 《习近平谈治国理政》第一卷，外文出版社 2018 年版，第 424 页。

站稳“江山就是人民，人民就是江山”的根本立场，实现好、维护好、发展好最广大人民的根本利益，要求我们始终把人民放在心中最高位置，不断实现人民对美好生活的向往。

把人民作为党的工作的最高裁决者和最终评判者。习近平总书记指出：“时代是出卷人，我们是答卷人，人民是阅卷人。”[①]“生活过得好不好，人民群众最有发言权。”[②]我们党的执政水平和执政成效，要由人民来评判、来检验。在党的历史上，有过两次著名对话：一次是抗日战争时期毛泽东同志和民主人士黄炎培在延安的“窑洞对”，一次是新中国成立前夕毛泽东同志和周恩来同志在西柏坡的“赶考对”。两段对话的核心意思，就是要以“赶考”的心态，把人民作为党的工作的最高裁决者和最终评判者，跳出“其兴也勃焉，其亡也忽焉”的“历史周期率”，通过长期执政守护好人民的江山。从1949年中国共产党人“进京赶考”到今天，70多年过去了，我们党带领人民在一场场历史性考试中交出了一份份优异答卷。党的十八大以来，以习近平同志为核心的党中央坚持以人民为中心的发展思想，积极回应人民群众的新期盼，不断满足人民群众对美好生活的需要，用一项项惠民政策、一件件民生实事彰显使命担当，赢得了人民衷心拥护和坚定支持。

---

① 《习近平谈治国理政》第三卷，外文出版社2020年版，第70页。

② 习近平：《在深圳经济特区建立40周年庆祝大会上的讲话》，人民出版社2020年版，第11页。

坚持人民至上、人民利益高于一切。我们党自成立之日起，就把“人民”二字铭刻在心，把坚持人民利益高于一切鲜明地写在自己的旗帜上。党领导人民打土豪、分田地，是为人民根本利益而斗争；领导人民开展抗日战争、赶走日本侵略者，是为人民根本利益而斗争；领导人民推翻“三座大山”、建立新中国，是为人民根本利益而斗争；领导人民开展社会主义革命和建设、改变一穷二白的国家面貌，是为人民根本利益而斗争；领导人民实行改革开放、推进社会主义现代化、实现中华民族伟大复兴，同样是为人民根本利益而斗争。党的十八大以来，以习近平同志为核心的党中央团结带领人民坚决打赢脱贫攻坚战，彻底解决绝对贫困问题；决胜全面建成小康社会，使中华民族千年夙愿梦想成真……这些成就的取得，归根到底就在于我们党始终把人民放在心中最高位置，把人民幸福镌刻在通向民族伟大复兴的里程碑上。在抗击新冠肺炎疫情斗争中，从出生仅30多个小时的婴儿到100多岁的老人，我们全力以赴救治患者，不放弃每一位病患者。为了人民，不计成本、不计代价，生动诠释了什么叫人民至上、什么是人民利益高于一切。

推动改革发展成果更多更公平惠及全体人民。习近平总书记指出：“我们推动经济社会发展，归根结底是要实现全体人民共同富裕。"[1] 坚持发展为了人民、发展依靠人民、发展成果由人民共享，是站稳"江山就是人民，人民就是江山"根本立场的必然要求和鲜明体现。从人民日益增长的物质文化需要同落后的社会生产之间的矛盾，到人民日益增长的美好生活需要和不平衡不充分的发展之间的矛盾，我们党对社会主要矛盾的把握和解决，始终聚焦人民群众的新需求新期待，始终致力于满足人民需要、促进全体人民共同富裕。经过长期艰苦奋斗，中国人民生活发生了翻天覆地的变化。据国家统计局公布数据，2020 年，全国居民人均可支配收入增加到 32189 元，中等收入群体持续扩大。到 2020 年底，现行标准下 9899 万农村贫困人口全部脱贫。也应看到，我国发展不平衡不充分问题仍然突出，城乡区域发展和收入分配差距较大。"十四五"规划和 2035 年远景目标纲要把"民生福祉达到新水平"作为"十四五"时期经济社会发展主要目标之一，把"人民生活更加美好，人的全面发展、全体人民共同富裕取得更为明显的实质性进展"列为 2035 年远景目标，并提出一系列政策举措。只要在党的领导下，更加积极有为地进行努力，促进全体人民共同富裕这项长期任务必将不断取得更为明显的实质性进展。

---

① 《中国共产党第十九届中央委员会第五次全体会议文件汇编》，人民出版社 2020 年版，第 84 页。

坚守初心使命，永葆“两个先锋队”本色

中国共产党是中国工人阶级的先锋队，同时是中国人民和中华民族的先锋队。为中国人民谋幸福，为中华民族谋复兴，是中国共产党人的初心和使命。中国特色社会主义进入新时代，我国发展站到了新的历史起点上。站稳“江山就是人民，人民就是江山”的根本立场，必须矢志践行初心使命，永葆“两个先锋队”本色，不断把为人民造福的事业推向前进。

坚持思想建党、理论强党、制度治党。习近平总书记指出：“回顾党的奋斗历程可以发现，中国共产党之所以能够历经艰难困苦而不断发展壮大，很重要的一个原因就是我们党始终重视思想建党、理论强党，使全党始终保持统一的思想、坚定的意志、协调的行动、强大的战斗力。”[①] 作为担当民族复兴重任的时代先锋和民族脊梁，我们党在推动中国历史前进中发挥着无可替代的领导核心作用。现在，我们比历史上任何时期都更接近中华民族伟大复兴的目标，比历史上任何时期都更有信心、有能力实现这个目标。“行百里者半九十。”越是接近民族复兴越不会一帆风顺，越充满风险挑战乃至惊涛骇浪。战胜前进道路上各种艰难险阻，必须坚持用马克思主义中国化最新成果武装头脑、凝心聚魂，以

① 《习近平谈治国理政》第三卷，外文出版社 2020 年版，第 74 页。

理想信念和党性教育固本培元、补钙壮骨，围绕不断增强党的政治领导力、思想引领力、群众组织力、社会号召力加强党的制度建设，确保党始终成为中国特色社会主义事业的坚强领导核心，始终成为风雨来袭时中国人民最可靠的主心骨。

进一步加强党的先进性、纯洁性建设。打铁必须自身硬。先进性和纯洁性是我们党作为“两个先锋队”的鲜明本色，是我们党团结带领人民取得革命、建设、改革伟大成就的重要保障。在百年奋斗历程中，我们党始终注重加强党的先进性、纯洁性建设，通过一系列教育实践活动，使广大党员不断砥砺本色、淬炼成钢。当前，世情国情党情都发生了深刻变化。习近平总书记指出：“越是长期执政，越不能忘记党的初心使命，越不能丧失自我革命精神。”[①] 在日益复杂的国际国内环境下坚持和发展中国特色社会主义，要求我们党在团结带领人民推进伟大社会革命的同时，不断推进党的自我革命，不断增强党自我净化、自我完善、自我革新、自我提高的能力，永葆红船启航的朝气、永存慷慨赴义的豪气、永具革故鼎新的勇气、永凝众望所归的人气。进入新时代，我们党以自我革命精神推进全面从严治党，探索出一条长期执政条件下解决自身问题、跳出历史周期率的成功道路，“两个

---

① 中共中央党史和文献研究院、中央“不忘初心、牢记使命”主题教育领导小组办公室编：《习近平关于“不忘初心、牢记使命”论述摘编》，中央文献出版社、党建读物出版社 2019 年版，第 179 页。

先锋队”的本色更加鲜亮。

不断提高党的领导水平和执政水平。胸怀千秋伟业，恰是百年风华。领导一个14亿多人口的大国实现社会主义现代化，实现中华民族伟大复兴，是人类历史上前所未有的壮举，必然要面对各种可以预见和难以预见的风险挑战。习近平总书记强调："全党要增强紧迫感和责任感，牢牢把握党的建设总要求，不断提高党的领导水平和执政水平。"[①] 面对改革发展稳定中出现的新情况新问题，一些党员领导干部还存在新办法不会用、老办法不管用、硬办法不敢用、软办法不顶用的突出问题。更好肩负起领导改革开放和社会主义现代化建设的繁重任务，需要我们着眼于解决党的建设面临的现实问题，不断提高党的领导水平和执政水平、增强拒腐防变和抵御风险能力，不断提高党把方向、谋大局、定政策、促改革的能力和定力，确保我们党在世界形势深刻变化的历史进程中始终走在时代前列，在应对国内外各种风险和考验的历史进程中始终成为全国人民的主心骨，在坚持和发展中国特色社会主义的历史进程中始终成为坚强领导核心，使我们的党永远不变质、我们的红色江山永远不变色。

① 《习近平谈治国理政》第一卷，外文出版社2018年版，第15页。

叁

必须继续推进马克思主义中国化

马克思主义是我们立党立国的根本指导思想，是我们党的灵魂和旗帜。中国共产党坚持马克思主义基本原理，坚持实事求是，从中国实际出发，洞察时代大势，把握历史主动，进行艰辛探索，不断推进马克思主义中国化时代化，指导中国人民不断推进伟大社会革命。中国共产党为什么能，中国特色社会主义为什么好，归根到底是因为马克思主义行！

新的征程上，我们必须坚持马克思列宁主义、毛泽东思想、邓小平理论、“三个代表”重要思想、科学发展观，全面贯彻新时代中国特色社会主义思想，坚持把马克思主义基本原理同中国具体实际相结合、同中华优秀传统文化相结合，用马克思主义观察时代、把握时代、引领时代，继续发展当代中国马克思主义、21 世纪马克思主义！

——习近平总书记在庆祝中国共产党成立 100 周年大会上的讲话

坚定不移推进马克思主义中国化*

* 作者王伟光，系党史学习教育中央宣讲团成员、中国社会科学院大学教授、南开大学终身教授、21 世纪马克思主义研究院院长。

中国共产党是用马克思主义武装起来的政党，马克思主义是我们立党立国的根本指导思想，是我们党的灵魂和旗帜。这既是由党的性质所决定的，也是由近代以来中国的具体国情、所处的世情、时代的发展大势所决定的，是中国共产党人唯一正确的政治选择。

马克思主义进入中国，既引发了中华文明的深刻变革，也走过了一个逐步中国化的过程。马克思主义中国化，就是把马克思主义基本原理同中国具体实际相结合，吸收古今中外先进思想的精华，用中国特色、中国风格、中国气派的理论话语体系建构中国化的马克思主义。习近平总书记在庆祝中国共产党成立 100 周年大会上的重要讲话中强调："坚持把马克思主义基本原理同中国具体实际相结合、同中华优秀传统文化相结合，用马克思主义观察时代、把握时代、引领时代，继续发展当代中国马克思主义、21 世纪马克思主义！"

中国共产党始终重视把马克思主义基本原理同中国具体实际相结合

早在土地革命战争时期，毛泽东同志就已经从思想路线高度论及马克思主义中国化问题。他在 1930 年的《反对本本主义》中明确指出："马克思主义的'本本'是要学习的，但是必须同我国的实际情况相结合。”在1937年写的《实践论》《矛盾论》中，他科学论证了矛盾的“一般性”和“特殊性”的哲学原理，说明了马克思主义中国化的问题，实质上就是哲学的“一般性”与“特殊性”，即共性与个性的辩证关系问题。马克思主义中国化，就是运用马克思主义的“一般”，即马克思主义的基本原理，它的世界观和方法论，而不是马克思主义的具体结论，去说明和解决中国的“特殊”问题，形成与中国实际相结合的马克思主义，即中国化的马克思主义。毛泽东同志把这一马克思主义的哲学真谛生动地概括为“实事求是”，这就从党的思想路线高度解决了马克思主义中国化的哲学依据问题。

1938年10月，在党的六届六中全会上，毛泽东同志作了题为《论新阶段》的报告，首次对马克思主义中国化问题作出深刻论述，他指出：“马克思主义必须和我国的具体特点相结合并通过一定的民族形式才能实现。马克思列宁主义的伟大力量，就在于它是和各个国家具体的革命实践相联系的。对于中国共产党说来，就是要学会把马克思列宁主义的理论应用于中国的具体的环境……离开中国特点来谈马克思主义，只是抽象的空洞的马克思主义。因此，使马克思主义在中国具体化，使之在其每一表现中带着必须有的中国的特性，即是说，按照中国的特点去应用它，成为全党亟待了解并亟须解决的问题。洋八股必须废止，空洞抽象的调头必须少唱，教条主义必须休息，而代之以新鲜活泼的、为中国老百姓所喜闻乐见的中国作风和中国气派。”[①] 在这里，毛泽东同志明确提出了马克思主义中国化的实质、方法和形式问题。

改革开放以来，我们党开辟了中国特色社会主义道路，形成了中国特色社会主义理论体系，确立了中国特色社会主义制度，发展了中国特色社会主义文化，都是坚持把马克思主义基本原理同中国具体实际相结合的伟大成果。邓小平同志强调："只有结合中国实际的马克思主义，才是我们所需要的真正的马克思主义"[②]，"把马克思主义的普遍真理同我国的具体实际结合起来，走自己的道路，建设有中国特色的社会主义。这就是我们总结长期历史经验得出的基本结论"[③]。100 年来，马克思主义中国化的伟大进程，为党和人民事业发展提供了既一脉相承又与时俱进的科学理论指导，为增进全党全国各族人民团结统一提供了坚实思想基础。

用中国化马克思主义指导实践，
不断推进马克思主义中国化的理论创新

中国共产党成立 100 年来，之所以能够取得伟大成就，不断

---

① 《毛泽东选集》第二卷，人民出版社 1991 年版，第 534 页。
② 《邓小平文选》第三卷，人民出版社 1993 年版，第 213 页。
③ 《邓小平文选》第三卷，人民出版社 1993 年版，第 3 页。

开辟马克思主义发展新境界，归根到底是科学回答了在具体时代和特殊国情下，“如何看待马克思主义、怎样坚持和发展马克思主义”这一核心问题。在推进马克思主义中国化的百年光辉历程中，我们党积累了弥足珍贵的经验启示。

必须始终坚持马克思主义理论指导和理论武装。恩格斯指出，马克思主义政党区别于任何其他政党的根本标志，“就是有一个新的科学的世界观作为理论的基础”[①]。中国共产党自诞生之日起，就将马克思主义写在自己的旗帜上。加强马克思主义理论武装，是我们党的政治优势和优良传统。建党之初，我们党就清醒认识到，在旧中国农民、小资产阶级占大多数、工人阶级数量较少的条件下，要建设坚强的马克思主义政党，坚持马克思主义的指导地位，必须对工人阶级先锋队及人民群众进行全面、深入、系统、从始至终的理论武装。习近平总书记指出：“回顾党的奋斗历程可以发现，中国共产党之所以能够历经艰难困苦而不断发展壮大，很重要的一个原因就是我们党始终重视思想建党、理论强党，使全党始终保持统一的思想、坚定的意志、协调的行动、强大的战斗力。”[②]

理论武装的重点在党的领导干部。毛泽东同志在抗日战争时期就指出：“在担负主要领导责任的观点上说，如果我们党有一百

① 《马克思恩格斯选集》第二卷，人民出版社 2012 年版，第 10 页。
② 《习近平谈治国理政》第三卷，外文出版社 2020 年版，第 74 页。

个至二百个系统地而不是零碎地、实际地而不是空洞地学会了马克思列宁主义的同志，就会大大地提高我们党的战斗力量。”①加强党的理论武装，首要的就要用马克思主义中国化最新成果武装全党。当前，就是坚持不懈用习近平新时代中国特色社会主义思想武装全党、教育人民，做到学思用贯通、知信行统一。只有理论上清醒，政治上才能坚定。坚定的理想信念必须建立在对马克思主义的深刻理解之上，建立在对历史规律的深刻把握之上。只有不断提高马克思主义思想觉悟和理论水平，保持对远大理想和奋斗目标的清醒认知和执着追求，才能牢牢占据推动人类社会进步、实现人类美好理想的道义制高点。只有深入学习马克思主义哲学，掌握马克思主义世界观和方法论，提高运用马克思主义立场、观点、方法说明和解决实际问题的能力，才能不断创新发展中国化的马克思主义，并用以指导中国实践。

必须切实解决好理论联系实际的学风问题。学风问题是对待马克思主义的态度问题，是从本本出发还是从实际出发的问题。坚持好的学风，至关重要的是解决好理论联系实际的问题，做到有的放矢、学以致用。1942年2月1日，毛泽东同志在《整顿党的作风》中指出：“马克思列宁主义理论和中国革命实际，怎样互

① 中共中央文献研究室编：《毛泽东著作专题摘编》上卷，中央文献出版社2003年版，第158页。

相联系呢？拿一句通俗的话来讲，就是‘有的放矢’。”[①] 他形象地说，理论联系实际，就是要用马克思列宁主义之“矢”去射中国革命之“的”。理论是箭，实际是靶子。一个人马克思主义学得如何，要看他运用马克思主义的立场、观点和方法来说明和解决实际问题的程度如何。“如果你能应用马克思列宁主义的观点，说明一个两个实际问题，那就要受到称赞，就算有了几分成绩。被你说明的东西越多，越普遍，越深刻，你的成绩就越大。”[②]

中国共产党人选择了马克思主义作为自己的理论指导，就是要用它来指导工作、改造世界。100 年来，党取得的每一个发展和每一个胜利，都是全党坚持理论联系实际的学风、修好马克思主义同中国实际相结合这门功课的结果。党的十八大以来，以习近平同志为核心的党中央自觉继承和弘扬理论联系实际的优良传统，体现了我们党一脉相承而又与时俱进的马克思主义学风。习近平总书记多次强调：“弘扬理论联系实际的学风，紧密联系党和国家事业发生的历史性变革，紧密联系中国特色社会主义进入新时代的新实际，紧密联系我国社会主要矛盾的重大变化，紧密联系‘两个一百年’奋斗目标和各项任务，自觉运用理论指导实践，使各方面工作更符合客观规律、科学规律的要求，不断

① 《毛泽东选集》第三卷，人民出版社 1991 年版，第 819 页。
② 《毛泽东选集》第三卷，人民出版社 1991 年版，第 815 页。

提高新时代坚持和发展中国特色社会主义的能力。”[1]我们要按照习近平总书记的要求，坚决防止主观主义、教条主义和形式主义，坚持一切从实际出发，把党的创新理论运用于经济社会发展各项工作之中，转化为谋划工作的思路、促进发展的举措和改进工作方法的本领。

必须始终不渝坚持实事求是的思想路线。坚持马克思主义同中国实际相结合，说到底，必须坚持实事求是的思想路线。实事求是是马克思主义活的灵魂，是中国化马克思主义的精髓，也是中国共产党人认识世界、改造世界的根本要求，是我们党的基本思想方法、工作方法、领导方法。不论过去、现在和将来，我们都要坚持实事求是的思想路线，密切联系不断发展的实践，永不脱离实践，不断推进理论创新。

必须不断推进马克思主义中国化的理论创新。马克思主义不是僵硬的教条，而是随着时代发展不断丰富发展的。坚持马克思主义，必须推进马克思主义中国化，不断开创马克思主义理论新境界。习近平总书记高度重视推进马克思主义中国化不断创新发展，反复强调理论创新的重要性。他指出：“马克思主义发展历程、马克思主义中国化发展历程都告诉我们：社会实践是不断发展的，我们的思想认识也必须不断前进，不断根据实践要求进行

① 《习近平谈治国理政》第三卷，外文出版社 2020 年版，第 63—64 页。

创新。世界在变化，时代在前进，实践发展永无止境，我们认识真理、不断进行理论和实践创新、不断开创事业新局面的征程也永无止境。”[1] 习近平总书记要求全党认真学习马克思主义，掌握马克思主义中国化最新成果，用科学理论武装头脑、指导实践、推动工作。

中国共产党的历史性贡献与马克思主义中国化的历史进程紧密相连。在马克思主义中国化进程中，中国共产党人坚持解放思想与实事求是相统一、守正创新与培元固本相统一，不断回答每一时代的重大课题，产生了毛泽东思想、邓小平理论、“三个代表”重要思想、科学发展观等马克思主义中国化的重大理论创新成果。党的十八大以来，以习近平同志为主要代表的中国共产党人，顺应时代发展，从理论和实践结合上系统回答了新时代坚持和发展什么样的中国特色社会主义、怎样坚持和发展中国特色社会主义这个重大时代课题，创立了习近平新时代中国特色社会主义思想。这一思想，坚持运用辩证唯物主义和历史唯物主义世界观和方法论观察世界、引领时代、指导实践，以全新的视野深化了对共产党执政规律、社会主义建设规律、人类社会发展规律的认识，实现了马克思主义中国化的历史性飞跃、创造性升华，开辟了马克思主义的崭新境界，丰富和发展了马克思主义。

① 习近平：《在学习〈胡锦涛文选〉报告会上的讲话》，人民出版社 2016 年版，第 18 页。

站在“两个一百年”奋斗目标的历史交汇点上，我们要始终不渝地坚持马克思主义的指导地位，始终不渝地推进马克思主义中国化，在全面建设社会主义现代化国家新征程上不断取得新成就。

不断开辟马克思主义中国化新境界*

* 作者程恩富、孙绍勇，分别为中国社会科学院习近平新时代中国特色社会主义思想研究中心学术指导委员、西北工业大学教授。

习近平总书记在庆祝中国共产党成立100周年大会上的重要讲话中指出："以史为鉴、开创未来，必须继续推进马克思主义中国化。"我们党的历史，就是一部不断推进马克思主义中国化的历史。100年来，我们党在不断推动马克思主义中国化的进程中，让马克思主义永远闪耀真理光芒、更加彰显真理力量，指引我们走好了过往的奋斗路。走好前方的奋进路，需要继续推进马克思主义中国化，不断开辟马克思主义中国化新境界。

不断推进理论创新、进行理论创造

中国共产党的历史，就是一部不断推进理论创新、进行理论创造的历史。中国共产党之所以能，一个根本原因在于我们党始终注重和不断推进马克思主义中国化时代化，创造性地运用和发展了马克思主义。

1840年鸦片战争以后，中国逐步成为半殖民地半封建社会，国家蒙辱、人民蒙难、文明蒙尘，中华民族遭受了前所未有的劫难。为了拯救民族危亡，中国人民奋起反抗，仁人志士奔走呐喊，太平天国运动、戊戌变法、义和团运动、辛亥革命接连而起，各种救国方案轮番出台，但都以失败而告终，都没有改变旧中国的社会性质。十月革命一声炮响，给中国送来了马克思列宁主义。这犹如黑暗中的一道曙光，给苦苦探求救国救民道路的中国先进分子指明了方向，中国共产党应运而生。我们党自成立以来，始终坚持以马克思主义为指导，坚定社会主义、共产主义的信仰，高度重视并致力于把马克思主义基本原理同中国具体实际相结合、同中华优秀传统文化相结合，坚持解放思想、实事求是、与时俱进、求真务实，不断推进马克思主义中国化时代化。正是在不断推进马克思主义中国化时代化的历史进程中，我们党洞察时代大势，把握历史主动，持续推进伟大社会革命，带领全国各族人民顽强拼搏、艰苦奋斗，战胜各种艰难险阻，推动革命、建设、改革不断从胜利走向胜利。

在不断推进马克思主义中国化时代化的过程中，我们党赋予马克思主义鲜明的中国特色、民族特色、时代特色。1938 年，毛泽东同志在党的六届六中全会上指出：“使马克思主义在中国具体化，使之在其每一表现中带着必须有的中国的特性，即是说，按照中国的特点去应用它。”马克思主义是科学的理论、人民的理论、实践的理论、不断发展的开放的理论，其科学性、人民性、实践性、开放性是建立在客观实际和客观规律基础之上的。只有坚持问题导向，在一定的历史条件下将马克思主义本土化、具体化，才能充分发挥马克思主义的作用，让它迸发出真理的力量。我们党在长期革命、建设、改革的实践中，坚持党的事业每发展一步，党的理论创新就前进一步；党的理论创新每前进一步，党的理论武装就跟进一步，不断推进马克思主义中国化实现历史性飞跃，创立了毛泽东思想、邓小平理论，形成了“三个代表”重要思想、科学发展观，创立了习近平新时代中国特色社会主义思想，为党和人民事业发展提供了科学理论指导，不断赋予马克思主义新的时代内涵。

让科学社会主义在当代中国焕发强大生机活力

习近平总书记指出：“中国特色社会主义，既坚持了科学社会主义基本原则，又根据时代条件赋予其鲜明的中国特色。”① 在推进马克思主义中国化时代化的历史进程中，我们党始终把科学社会主义的基本原则同中国具体实际统一起来，让科学社会主义在当代中国焕发强大的生机活力。

科学社会主义基本原则是中国特色社会主义的理论根基和思想源头，是坚持和发展中国特色社会主义不可动摇的原则。从一般与特殊的关系看，科学社会主义揭示的是人类社会发展的普遍规律，中国特色社会主义是科学社会主义在中国发展的具体形态，是对科学社会主义基本原则的守正创新。把科学社会主

① 中共中央宣传部：《习近平新时代中国特色社会主义思想学习纲要》，学习出版社、人民出版社 2019 年版，第 25 页。

义基本原则同我国具体实际相结合，形成解决中国问题的马克思主义、切合中国实际的社会主义，是我们党团结带领人民取得革命、建设、改革事业伟大成就的重要经验。邓小平同志指出："中国搞社会主义，强调要有中国的特色。我们坚信马克思主义，但马克思主义必须与中国实际相结合。只有结合中国实际的马克思主义，才是我们所需要的真正的马克思主义。"① 中国特色社会主义是在推进马克思主义中国化时代化的过程中产生的，是改革开放以来党的全部理论和实践的主题。

中国特色社会主义的开创和发展，创造性地探索和回答了什么是马克思主义、怎样对待马克思主义，什么是社会主义、怎样建设社会主义等一系列重大理论和实际问题。改革开放以来，我们党不断总结成功经验、坚持正确前进方向，矢志不渝推进马克思主义中国化时代化，开辟了中国特色社会主义道路，形成了中国特色社会主义理论体系，确立了中国特色社会主义制度，发展了中国特色社会主义文化，为推动中国发展进步开拓了广阔前景。我国经济实力、科技实力、综合国力大幅提升，国际地位空前提高，人民生活由温饱不足跨越到全面小康，历史性地解决了绝对贫困问题，正在意气风发向着全面建成社会主义现代化强国的第二个百年奋斗目标迈进。

---

① 《邓小平文选》第三卷，人民出版社 1993 年版，第 213 页。

中国特色社会主义在理论和实践上的伟大创造与伟大成就，深刻改变了中国，也深刻影响了世界，展现出科学社会主义强大生命力，彰显了马克思主义的真理力量，赋予了马克思主义崭新的时代内涵。中国特色社会主义进入新时代，以习近平同志为核心的党中央从理论和实践结合上系统回答了新时代坚持和发展什么样的中国特色社会主义、怎样坚持和发展中国特色社会主义这个重大时代课题，创立了习近平新时代中国特色社会主义思想。习近平新时代中国特色社会主义思想谱写了党的理论创新的新篇章，实现了马克思主义中国化的新飞跃，指导党和国家事业取得历史性成就、发生历史性变革。

坚持用马克思主义观察时代、把握时代、引领时代

习近平总书记在庆祝中国共产党成立100周年大会上的重要讲话中指出：“马克思主义是我们立党立国的根本指导思想，是我们党的灵魂和旗帜。”在新征程上开创美好未来，奋力实现中华民族伟大复兴的中国梦，必须继续推进马克思主义中国化，坚持用马克思主义观察时代、把握时代、引领时代，不断发展当代中国马克思主义、21世纪马克思主义。

坚持用习近平新时代中国特色社会主义思想武装头脑、指导

实践、推动工作。马克思主义是我们党和人民事业不断发展的参天大树之根本，是我们党和人民不断奋进的万里长河之源泉。坚持用马克思主义观察时代、把握时代、引领时代，必须始终坚持马克思主义的根本指导地位。在当代中国，坚持和发展习近平新时代中国特色社会主义思想，就是真正坚持和发展马克思主义。要把系统掌握马克思主义理论作为看家本领，把深入学习贯彻习近平新时代中国特色社会主义思想作为首要政治任务，既原原本本地学，又带着问题学、联系实际学，准确把握其理论逻辑、历史逻辑、实践逻辑，深入领会其精髓要义、历史地位、重大意义。把学懂、弄通、做实有机统一起来，在解决实际问题中坚持和发展马克思主义，坚持不懈用习近平新时代中国特色社会主义思想武装头脑、指导实践、推动工作。

不断推进实践基础上的理论创新。马克思主义不是书斋里的学问，而是为了改变人民历史命运而创立的，是在人民求解放的实践中形成的，也是在人民求解放的实践中丰富和发展的，为人民认识世界、改造世界提供了强大精神力量。坚持用马克思主义观察时代、把握时代、引领时代，就要坚持理论联系实际，结合新的实践不断作出新的理论创造，做到从实践中来、到实践中去，既在实践中检验真理、发展真理，又以理论创新推动新的实践发展变革。在实践基础上不懈探索时代发展的新课题，回答时代性的重大问题，增强理论的前瞻性和预见性，将科学理论更好转化为物质力量，在反映时代性、注重实践性、把握规律性的统一中彰显马克思主义的真理力量。

用马克思主义真理的力量激活中华文明。中华民族有着5000多年源远流长的文明历史，创造了博大精深的中华优秀传统文化，潜移默化地影响着人们的思想方式和行为方式，为中华民族生生不息提供了丰厚滋养，也为马克思主义在中国生根、开花、结果提供了肥沃土壤。马克思主义与中华优秀传统文化相融相通。例如，中国传统“大同社会”理想与社会主义、共产主义远大理想之间，儒家关于经世致用、知行合一、躬行实践的思想与马克思主义实践观之间，都有着契合之处。坚持用马克思主义观察时代、把握时代、引领时代，需要大力传承和弘扬中华优秀传统文化，推动其实现创造性转化和创新性发展，更好把中国的历史经验、民族智慧和民族精神融入马克思主义，让中华优秀传统文化展现新的时代风采，让马克思主义放射出更加耀眼的真理光芒。

归根到底是因为马克思主义行*

* 作者冯鹏志，中央党校（国家行政学院）哲学部主任、教授。

习近平总书记在庆祝中国共产党成立100周年大会上的重要讲话中指出："中国共产党为什么能，中国特色社会主义为什么好，归根到底是因为马克思主义行！"这科学揭示了百年来我们党为什么能够成功，深刻阐发了未来我们怎样才能继续成功，为我们党更加坚定、更加自觉地践行初心使命，带领人民开创美好未来指明了方向、提供了遵循。

马克思主义作为科学的理论，揭示了人类社会发展规律，照亮了人类探索历史规律和寻求自身解放的道路，为人类指明了从必然王国向自由王国飞跃的途径，为人民指明了实现自由和解放的道路。马克思主义作为人民的理论，第一次创立了人民实现自身解放的思想体系，第一次站在人民的立场探求人类自由解放的道路，指明了依靠人民推动历史前进的人间正道。马克思主义作为实践的理论，指引着人民改造世界的行动，为人民认识世界、改造世界提供了强大精神力量。马克思主义作为不断发展的开放的理论，始终站在时代前沿，不断探索时代发展提出的新课题、回应人类社会面临的新挑战。

马克思主义在中国的广泛传播催生了中国共产党，使我们党拥有了科学的世界观和方法论，拥有了认识世界、改造世界的强大思想武器，从而不断深化对共产党执政规律、社会主义建设规律、人类社会发展规律的认识。坚持和发展中国特色社会主义，是我们党把马克思主义基本原理同中国具体实际相结合、同中华优秀传统文化相结合的必然选择。坚持以马克思主义为指导，坚持中国共产党的领导，坚持中国特色社会主义道路，从根本上改变了近代以来中国人民和中华民族的历史命运，为中华民族伟大复兴提供了根本指导、坚强领导和人间正道。我们党坚持马克思主义基本原理，坚持实事求是，从中国实际出发，洞察时代大势，把握历史主动，进行艰辛探索，不断推进马克思主义中国化时代化，领导中国人民不断推进伟大社会革命，取得中国特色社会主义事业伟大成就。没有马克思主义，就没有中国共产党；没有马克思主义中国化时代化，中国这个古老的东方大国就不可能创造人类历史上的发展奇迹。

近代以来中华民族追求民族独立和人民解放的历史进程表明，在近代中国和中华民族最危急的时刻，正是因为找到并接受了马克思主义，应运而生的中国共产党拥有了自己理想信念的灵魂，中华民族开始从精神上由被动转为主动。

100 年来，我们党坚持把马克思主义基本原理同中国具体实际相结合、同中华优秀传统文化相结合，用马克思主义真理的力量激活了中华民族历经几千年创造的伟大文明，使中华文明再次迸发出强大精神力量。马克思主义的命运早已同中国共产党的命运、中国人民的命运、中华民族的命运紧紧连在一起，它的科学性和真理性在中国得到了充分检验，它的人民性和实践性在中国得到了充分贯彻，它的开放性和时代性在中国得到了充分彰显。

历史和人民选择马克思主义是完全正确的，中国共产党把马克思主义写在自己的旗帜上是完全正确的，坚持不懈推进马克思主义中国化、时代化、大众化是完全正确的。中国共产党为什么能，中国特色社会主义为什么好，归根到底是因为马克思主义行。

以史为鉴，可以知兴替。一个民族要走在时代前列，就一刻不能没有理论思维，一刻不能没有思想指引。今天，马克思主义在 21 世纪的中国焕发出旺盛的生机活力，21 世纪中国的马克思主义展现出更强大、更有说服力的真理力量。当前，中华民族伟大复兴正处在关键时期，机遇前所未有，挑战也前所未有。回望过往的奋斗路，眺望前方的奋进路，必须以科学的态度对待科学，以真理的精神追求真理，不断赋予马克思主义新的时代内涵，用马克思主义的真理光芒照耀我们的前行之路。

马克思主义观察时代把握时代引领时代，坚持发展当代中国马克思主义*

* 作者岳奎，华中科技大学马克思主义学院院长、教授。

习近平总书记在庆祝中国共产党成立100周年大会上的重要讲话中强调："用马克思主义观察时代、把握时代、引领时代。"中国化的马克思主义，既坚持马克思主义基本原理，体现马克思主义的立场观点方法，又在实践基础上结合时代发展要求不断创新，讲出新话，彰显了一脉相承、与时俱进的理论品质。

坚持用马克思主义观察时代。马克思主义是科学的理论、人民的理论、实践的理论、不断发展的开放的理论，源于马克思、恩格斯所处的那个时代又超越了那个时代，既是那个时代精神的精华又是整个人类精神的精华。毛泽东同志曾指出："我们的眼力不够，应该借助于望远镜和显微镜。马克思主义的方法就是政治上军事上的望远镜和显微镜。"① 我们党是用马克思主义武装起来的政党，始终坚持运用马克思主义的望远镜和显微镜，观察中国革命、建设、改革的具体实际，正确认识和把握不同历史阶段的社会主要矛盾，部署开展党的各项工作。历史和实践充分表明，坚持运用马克思主义观察时代提出的课题，是中国共产党人正确认识世界、改造世界的成功经验。中国特色社会主义进入新时代，这是我国发展新的历史方位。必须坚持用习近平新时代中国特色社会主义思想这一当代中国马克思主义、21世纪马克思主义武装头脑、指导实践、推动工作，坚持历史与现实、理论与

① 《毛泽东选集》第一卷，人民出版社1991年版，第212页。

实践、国内与国际相结合，以宽广视野深入分析我国社会发展的现实状况、外部条件、变化趋势，既充分认识我国社会主要矛盾的变化，又牢牢把握社会主义初级阶段的基本国情和世界最大发展中国家的实际，全面贯彻党的基本理论、基本路线、基本方略，正确认识发展中存在的短板和不足，有效破解发展中面临的问题。

坚持用马克思主义把握时代。马克思主义从一开始便是时代的产物，它不是书斋里的学问，而是为了改变人民历史命运而创立的，是在人民求解放的实践中形成的，也是在人民求解放的实践中丰富和发展的，为人民认识世界、改造世界提供了锐利思想武器。中国共产党一经诞生，就把马克思主义写在自己的旗帜上，坚持把马克思主义基本原理同中国革命、建设、改革的具体实际结合起来，不断开辟马克思主义新境界，创立了毛泽东思想、邓小平理论，形成了“三个代表”重要思想、科学发展观，创立了习近平新时代中国特色社会主义思想，为党和人民事业发展提供了科学理论指导。我们党既毫不动摇地坚持马克思主义基本原理，又不断推进理论创新、进行理论创造，使马克思主义始终与时代发展同步，体现时代性、把握规律性、富于创造性。进入新时代，改革发展稳定任务之重、矛盾风险挑战之多、治国理政考验之大都是前所未有的，回答和解决这些新问题新矛盾，呼唤新思想新理论。习近平新时代中国特色社会主义思想，立足我国发展新的历史方位，坚持一切从实际出发，勇于破除一切不合时宜的思想观念和体制机制弊端，深刻回答了新时代坚持和发展中国特色社会主义的一系列重大理论和现实问题。在全面建设社会主义现代化国家新征程上，我们必须坚持以习近平新时代中国特色社会主义思想为指导，准确把握新发展阶段，完整、准确、全面贯彻新发展理念，加快构建新发展格局，推动高质量发展，不断提高应对重大挑战、抵御重大风险、克服重大阻力、解决重大矛盾的能力，继续赢得优势、赢得主动、赢得未来。

坚持用马克思主义引领时代。马克思主义博大精深，但并不是自我封闭的理论体系，而是始终站在时代前沿，不断吸收时代发展创造的一切优秀思想文化成果，引领时代发展的潮流。中国共产党成立以来，一代代中国共产党人在马克思主义的科学指引下准确把握时代发展大势，在继往开来中解答时代发展提出的新课题、回应人类社会面临的新挑战，深化了对共产党执政规律、社会主义建设规律、人类社会发展规律的认识。党的十八大以来，以习近平同志为核心的党中央从理论和实践结合上系统回答了新时代坚持和发展什么样的中国特色社会主义、怎样坚持和发展中国特色社会主义这个重大时代课题，创立了习近平新时代中国特色社会主义思想。习近平新时代中国特色社会主义思想洞察时代风云，把握时代脉搏，引领时代潮流，既承载中国共产党人为民族谋复兴的使命，擘画实现民族复兴中国梦的宏伟蓝图，又担当中国共产党人为世界谋大同的责任，饱含对人类发展重大问题的睿智思考和独特创见，为应对全球共同挑战、共同问题提供了中国智慧和中国方案，为推动构建人类命运共同体、维护人类共同利益和共同价值作出了重要贡献。习近平新时代中国特色社会主义思想，是关乎中国前途命运的当代中国马克思主义，是关乎科学社会主义发展前景的21世纪马克思主义，必将在中华民族复兴史上、马克思主义发展史上和人类社会进步史上绽放出更加灿烂的真理光芒。

继续推进马克思主义中国化*

* 作者刘光明，国防大学习近平新时代中国特色社会主义思想研究中心办公室副主任。

我们党的历史，就是一部不断推进马克思主义中国化的历史，就是一部不断推进理论创新、进行理论创造的历史。在庆祝中国共产党成立100周年大会上，习近平总书记强调："以史为鉴、开创未来，必须继续推进马克思主义中国化。"这既是对百年大党理论创新的经验总结，又是推动马克思主义同当代中国发展的具体实际相结合、不断丰富和发展马克思主义中国化最新成果的庄严宣示。习近平总书记在庆祝中国共产党成立100周年大会上的重要讲话，通篇闪耀着马克思主义真理的光辉，是引领我们继续推进中国特色社会主义伟大事业和全面推进党的建设新的伟大工程的纲领性文献。我们要坚持思想建党、理论强党，在实践中大胆探索、在理论上不断突破，让当代中国马克思主义、21世纪马克思主义放射出更加灿烂的真理光芒。

坚持解放思想、实事求是、与时俱进、求真务实

习近平总书记在庆祝中国共产党成立100周年大会上的重要讲话中指出："马克思主义是我们立党立国的根本指导思想，是我们党的灵魂和旗帜。"马克思主义是植根实践的理论，因而能够随着实践发展永葆生机活力。继续推进马克思主义中国化，必须掌握其蕴含的立场观点方法，坚持解放思想、实事求是、与时

俱进、求真务实，努力得出新的结论、形成新的认识、提炼新的理论。

中国共产党人坚持以科学的态度对待科学、以真理的精神追求真理，不断赋予马克思主义新的时代内涵，用发展着的马克思主义指导发展着的实践。毛泽东同志指出："要学会把马克思列宁主义的理论应用于中国的具体的环境""使马克思主义在中国具体化，使之在其每一表现中带着必须有的中国的特性"[①]。100 年来，我们党不断开辟马克思主义新境界，创立了毛泽东思想、邓小平理论，形成了"三个代表"重要思想、科学发展观，创立了习近平新时代中国特色社会主义思想，为党和人民事业发展提供了科学理论指导。这一系列重大理论成果，是中国共产党人在解放思想、实事求是、与时俱进、求真务实中形成和发展的，极大丰富和发展了马克思主义，同时在指导中国革命、建设、改革实践中深刻改变了中国。

面向未来，我们要始终坚持解放思想、实事求是、与时俱进、求真务实，自觉把思想认识从那些不合时宜的观念、做法和体制的束缚中解放出来，从对马克思主义错误的和教条式的理解中解放出来，从主观主义和形而上学的桎梏中解放出来，立足新发展阶段推进党的理论创新，不断深化对共产党执政规律、社会

---

① 《毛泽东选集》第二卷，人民出版社 1991 年版，第 534 页。

主义建设规律、人类社会发展规律的认识。依据深刻变化了的时代条件和中国新的实际，为发展马克思主义作出中国共产党人新的原创性贡献。

充分尊重人民群众实践中的新创造

习近平总书记在庆祝中国共产党成立100周年大会上的重要讲话中指出："中国共产党根基在人民、血脉在人民、力量在人民。"人民是历史的创造者，是真正的英雄。尊重人民实践、从人民的伟大创造中汲取思想营养并上升为理论，是我们党进行理论创新的不竭源泉。继续推进马克思主义中国化，本质上是中国共产党人把人民群众新的意志、主张和智慧体现到马克思主义的理论创新和理论创造中来。从群众中来，到群众中去，是实践、认识、再实践、再认识的螺旋式上升过程，是马克思主义随着实践的发展变化而创新发展的根源所在。

100年来，中国共产党人始终站在人民立场上，把政治智慧的增长、执政本领的增强深深扎根于人民的伟大实践，在推进马克思主义中国化的历史进程中深刻反映和坚定维护人民群众的利益诉求，科学总结和升华人民群众在实践中创造的新鲜经验。比如，改革开放之初，安徽农村搞起了包产到户、包干到户，邓小平同志高度重视。在他的支持下，不过三四年时间，以家庭联产承包责任制为主要内容的农村改革遍及全国，揭开了整个经济体制改革的序幕。党的十四大前夕，邓小平同志在看报告征求意见稿时谈道："改革开放中许许多多的东西，都是由群众在实践中提出来的。"① "农村搞家庭联产承包，这个发明权是农民的。"②

马克思主义中国化的历史告诉我们，处在实践一线的人民群众把握时代脉动最真切、感知实践呼唤最敏锐，能够依据实践的发展，为马克思主义的创新发展提供丰富而鲜活的养料。马克思主义中国化最新成果从实现好、维护好、发展好最广大人民根本利益出发，反映群众愿望、集中群众智慧，因而成为源自广大人民群众的实践创造、贯穿着人民群众首创精神、具有强大生命力和亲和力的科学理论。新时代党员、干部践行初心使命，必须坚持以人民为中心，充分反映人民群众的利益诉求和心声，凝聚人民群众的智慧和创见，推动马克思主义实现新的发展。

探索回答时代发展提出的新课题

习近平总书记在庆祝中国共产党成立100周年大会上的重要

① 习近平：《在纪念邓小平同志诞辰110周年座谈会上的讲话》，人民出版社2014年版，第12页。

② 《邓小平文选》第三卷，人民出版社1993年版，第382页。

讲话中强调：“新的征程上，我们必须坚持马克思列宁主义、毛泽东思想、邓小平理论、‘三个代表’重要思想、科学发展观，全面贯彻新时代中国特色社会主义思想，坚持把马克思主义基本原理同中国具体实际相结合、同中华优秀传统文化相结合，用马克思主义观察时代、把握时代、引领时代，继续发展当代中国马克思主义、21世纪马克思主义！”

100年来，一代又一代中国共产党人把解决革命、建设、改革实践中遇到的重大课题作为理论创新的生长点、突破口，在回答一个又一个“时代之问”中不断推进马克思主义创新发展。我们党成立后，面对的是一个半殖民地半封建的落后农业大国。中国共产党人披荆斩棘、锐意进取，探索出农村包围城市、武装夺取政权的革命道路，创造性地解决了革命进程中一道道极为复杂的难题，引领中国革命航船破浪向前。新中国成立后特别是改革开放以来，中国共产党人应时代之变迁、立时代之潮头、发时代之先声，创造性地探索和回答了什么是马克思主义、怎样对待马克思主义，什么是社会主义、怎样建设社会主义，建设什么样的党、怎样建设党，实现什么样的发展、怎样发展等重大理论和实际问题。党的十八大以来，面对国家由大向强发展、实现中华民族伟大复兴进程中遇到的各种矛盾问题，以习近平同志为核心的党中央从理论和实践的结合上系统回答了新时代坚持和发展什么样的中国特色社会主义、怎样坚持和发展中国特色社会主义这个重大时代课题，把马克思主义中国化推进到新的高度。

实践发展中遇到的新问题层出不穷，理论创新永无止境。我们要以解决问题为理论创新的导向，瞄着问题去，追着问题走，把化解矛盾、破解难题作为推进理论创新和实践创新的着力点。善于透过现象看本质，从繁杂问题中把握事物的规律性，从苗头问题中发现事物的倾向性，从偶然问题中揭示事物的必然性，使我们党的理论创新能够揭示新的规律、引领新的发展。

广泛吸纳人类文明发展的新成果

马克思、恩格斯创立马克思主义，开辟人类思想的新纪元，离不开对人类文明的广采博纳。继续推进马克思主义中国化，必须在坚持马克思主义立场观点方法的基础上，最大限度吸纳人类创造的一切优秀文明成果。

100 年来，一代又一代中国共产党人在推进马克思主义中国化的进程中，既坚持马克思主义基本原理，又广泛吸纳人类优秀文明成果。20 世纪 70 年代末，和平与发展成为时代主题，我们党将马克思主义理论主题转变为建设中国特色社会主义。在新的理论主题统领下，我们党取得一个又一个重大理论突破，形成了许多新认识。比如：社会主义生产关系的发展并不存在一套固定的模式；社会主义不等于计划经济；僵化封闭不能发展社会主义，照搬外国也不能发展社会主义；等等。这种理论主题的转变以及由此带来的理论突破，使中国特色社会主义呈现出新面貌、新气质、新风范。同时，中国共产党人不断增强做中国人的志气、骨气、底气，坚守思想防线，不断巩固马克思主义在意识形态领域的指导地位，巩固全党全国人民团结奋斗的共同思想基础。

当今世界，信息技术日新月异，数字化、网络化、智能化深入发展。面对众多新领域新成果，唯有包容吸纳，才能进一步彰显马克思主义的生机活力。我们要以海纳百川、博采众长的宽广胸襟和恢宏气度，科学借鉴当今时代人类社会创造的一切优秀文明成果，不断学习他人的好东西，把他人的好东西转化成自己的东西。坚持从本国、本民族实际出发，坚持取长补短、择善而从，在不断汲取各种文明养分中丰富和发展中国共产党人的思想理论宝库，使当代中国马克思主义、21 世纪马克思主义彰显更加强大的真理力量和实践力量。

肆

必须坚持和发展中国特色社会主义

走自己的路，是党的全部理论和实践立足点，更是党百年奋斗得出的历史结论。中国特色社会主义是党和人民历经千辛万苦、付出巨大代价取得的根本成就，是实现中华民族伟大复兴的正确道路。我们坚持和发展中国特色社会主义，推动物质文明、政治文明、精神文明、社会文明、生态文明协调发展，创造了中国式现代化新道路，创造了人类文明新形态。

新的征程上，我们必须坚持党的基本理论、基本路线、基本方略，统筹推进“五位一体”总体布局、协调推进“四个全面”战略布局，全面深化改革开放，立足新发展阶段，完整、准确、全面贯彻新发展理念，构建新发展格局，推动高质量发展，推进科技自立自强，保证人民当家作主，坚持依法治国，坚持社会主义核心价值体系，坚持在发展中保障和改善民生，坚持人与自然和谐共生，协同推进人民富裕、国家强盛、中国美丽。

——习近平总书记在庆祝中国共产党成立 100 周年大会上的讲话

实现中华民族伟大复兴的正确道路*

* 作者李捷，中国史学会会长。

习近平总书记在庆祝中国共产党成立100周年大会上的重要讲话中强调："以史为鉴、开创未来，必须坚持和发展中国特色社会主义。"坚持和发展中国特色社会主义，从历史逻辑、理论逻辑、实践逻辑上连通中华民族伟大复兴的历史、现实与未来，深刻揭示过去我们为什么能够成功、未来我们怎样才能继续成功，为在新的征程上更加坚定、更加自觉地牢记初心使命、开创美好未来指明了前进方向。

近代以来中国社会发展的必然选择

习近平总书记在庆祝中国共产党成立100周年大会上的重要讲话中强调："中国特色社会主义是党和人民历经千辛万苦、付出巨大代价取得的根本成就，是实现中华民族伟大复兴的正确道路。"一个国家实行什么样的主义，关键要看这个主义能否解决这个国家面临的历史性课题。中国特色社会主义是历史的选择、人民的选择，是当代中国大踏步赶上时代、引领时代发展的康庄大道，是中国共产党和中国人民团结的旗帜、奋进的旗帜、胜利的旗帜。

从长期奋斗的历史积淀和持续探索积累的宝贵经验看，近代以来中华民族由衰到盛180多年的历史进程、我们党领导中国人民进行伟大社会革命100年的实践都证明，只有马克思主义才能救中国，没有中国共产党，就没有新中国，就没有中华民族伟大复兴。从伟大实践中的伟大创造看，在中华人民共和国成立70多年的持续探索中，在改革开放40多年的成功实践中，我们最终找到了中国特色社会主义这一实现中华民族伟大复兴的正确道路。历史和实践充分证明，只有社会主义才能救中国，只有社会主义才能发展中国，只有坚持和发展中国特色社会主义才能实现中华民族伟大复兴。

中国特色社会主义承载着几代中国共产党人的理想和探索，寄托着无数仁人志士的夙愿和期盼，凝聚着亿万人民的奋斗和牺牲，是近代以来中国社会发展的必然选择。历史和现实已经证明，中国特色社会主义是科学社会主义理论逻辑和中国社会发展历史逻辑的辩证统一，是植根于中国大地、反映中国人民意愿、适应中国和时代发展进步要求的科学社会主义。这条道路不仅走得通，而且是通向中华民族伟大复兴的唯一正确道路。

中国共产党百年奋斗得出的历史结论

习近平总书记在庆祝中国共产党成立100周年大会上的重要讲话中指出："走自己的路，是党的全部理论和实践立足点，更是党百年奋斗得出的历史结论。”道路决定命运。在长期实践探索中，我们党团结带领全国各族人民坚持独立自主走自己的路，开辟了新民主主义革命道路，开辟了社会主义革命和建设道路，开辟了中国特色社会主义道路，推动中国特色社会主义进入新时代，创造了新民主主义革命的伟大成就，创造了社会主义革命和建设的伟大成就，创造了改革开放和社会主义现代化建设的伟大成就，创造了新时代中国特色社会主义的伟大成就，中华民族迎来了从站起来、富起来到强起来的伟大飞跃，实现中华民族伟大复兴进入了不可逆转的历史进程，从根本上改变了中国人民和中华民族的前途命运。

我们党百年来团结带领人民开辟的伟大道路、创造的伟大事业、取得的伟大成就，归结起来就是：开辟了中国特色社会主义道路，形成了中国特色社会主义理论体系，确立了中国特色社会主义制度，发展了中国特色社会主义文化。中国特色社会主义道路是实现社会主义现代化、创造人民美好生活的必由之路，是实现中华民族伟大复兴的必由之路。中国特色社会主义理论体系是指导党和人民实现中华民族伟大复兴的正确理论，是立足时代前沿、与时俱进的科学理论。中国特色社会主义制度是当代中国发展进步的根本制度保障，是具有鲜明中国特色、明显制度优势、强大自我完善能力的先进制度。中国特色社会主义文化源于中华民族5000多年文明历史所孕育的中华优秀传统文化，熔铸于党领导人民在革命、建设、改革中创造的革命文化和社会主义先进文化，植根于中国特色社会主义伟大实践，积淀着中华民族最深沉的精神追求，代表着中华民族独特的精神标志，是激励全党全国各族人民奋勇前进的强大精神力量。

中国特色社会主义道路、理论、制度、文化是紧密结合的，中国特色社会主义道路是实现途径，中国特色社会主义理论体系是行动指南，中国特色社会主义制度是根本保障，中国特色社会主义文化是精神力量，四者统一于中国特色社会主义伟大实践，这是中国特色社会主义最鲜明的特色。坚持和发展中国特色社会主义，就要坚定道路自信、理论自信、制度自信、文化自信，坚持自信自强、守正创新，让中国特色社会主义永葆强大生命力。

对中华民族发展史、人类文明发展史的重大贡献

习近平总书记强调："一个国家、一个民族要振兴，就必须在历史前进的逻辑中前进、在时代发展的潮流中发展。"[①] 中国式现代化新道路和人类文明新形态，是中国特色社会主义在历史前进的逻辑中前进、在时代发展的潮流中发展取得的重大理论和实

① 中共中央宣传部：《习近平新时代中国特色社会主义思想学习纲要》，学习出版社、人民出版社 2019 年版，第 14 页。

践创新成果。创造出中国式现代化新道路，创造出人类文明新形态，是中国特色社会主义对中华民族发展史、人类文明发展史作出的重大贡献，充分彰显中国特色社会主义的优越性。

在历史前进的逻辑中前进，必须深刻认识基本国情和历史方位，坚持一切从实际出发、实事求是。中国式现代化新道路产生于人口众多、物质条件相对匮乏的东方发展中大国。这决定中国式现代化必须具有中国特色、符合中国实际，是人口规模巨大的现代化、全体人民共同富裕的现代化、物质文明和精神文明相协调的现代化、人与自然和谐共生的现代化、走和平发展道路的现代化。历史前进的逻辑表明，只有坚持和发展中国特色社会主义，才能实现全面建成社会主义现代化强国的宏伟目标，才能实现中华民族伟大复兴的中国梦。中国特色社会主义坚持创新发展，能够切实解决创新能力不强问题，把创新作为引领发展的第一动力，把人才作为支撑发展的第一资源，坚持创新在我国现代化建设全局中的核心地位，把科技自立自强作为国家发展的战略支撑；坚持协调发展，能够切实解决发展不平衡问题，牢牢把握中国特色社会主义事业总体布局，正确处理发展中的重大关系，构建高质量发展的国土空间布局和支撑体系，不断增强发展整体性；坚持绿色发展，能够切实解决人与自然和谐问题，牢固树立绿水青山就是金山银山理念，坚持节约资源和保护环境的基本国策，坚定走生产发展、生活富裕、生态良好的文明发展道路，推进美丽中国建设；坚持开放发展，能够切实解决提高对外开放的质量和发展的内外联动性问题，始终坚持对外开放的基本国策，奉行互利共赢的开放战略，发展更高层次的开放型经济，为加快构建以国内大循环为主体、国内国际双循环相互促进的新发展格局作出贡献；坚持共享发展，能够切实解决社会公平正义问题，始终坚持发展为了人民、发展依靠人民、发展成果由人民共享，让发展成果更多更公平惠及全体人民，不断增强人民群众获得感、幸福感、安全感，确保全体人民共同富裕不断取得更为明显的实质性进展。

在时代发展的潮流中发展，必须科学把握历史发展规律和大势，始终掌握党和国家事业发展的历史主动。中国特色社会主义的发展，中国式现代化新道路的形成，离不开中国共产党对共产党执政规律、社会主义建设规律、人类社会发展规律认识的深化与升华。改革开放以来，随着经济社会发展和实践的不断深入，从物质文明、精神文明“两个文明”，到经济建设、政治建设、文化建设“三位一体”，到经济建设、政治建设、文化建设、社会建设“四位一体”，再到经济建设、政治建设、文化建设、社会建设、生态文明建设“五位一体”，这是重大理论和实践创新，更带来了发展理念和发展方式的深刻转变。正是在规律性认识不断深化、理论创新不断推进、实践创新层出不穷的进程中，我们坚持和发展中国特色社会主义，创造出中国式现代化新道路和人类文明新形态，充分彰显了中国特色社会主义道路、理论、制度、文化的优越性。中国式现代化新道路致力于推动物质文明、政治文明、精神文明、社会文明、生态文明协调发展，把我国全面建成富强民主文明和谐美丽的社会主义现代化强国，实现中华民族伟大复兴的中国梦。中国式现代化新道路致力于为中国人民谋幸福、为中华民族谋复兴，同时致力于为解决人类问题贡献中国智慧、中国经验、中国方案，将继续对中华民族发展史、人类文明发展史作出新的重大贡献。

坚定不移走自己的路*

* 作者孙来斌，北京大学教授。

习近平总书记在庆祝中国共产党成立100周年大会上的重要讲话中指出："走自己的路，是党的全部理论和实践立足点，更是党百年奋斗得出的历史结论。"走自己的路，是对党领导人民百年奋斗历史经验的深刻总结。坚持和发展中国特色社会主义，正是坚定不移走自己的路的必然选择和有力证明。

近代以后，中国逐步成为半殖民地半封建社会，国家蒙辱、人民蒙难、文明蒙尘，中华民族遭受了前所未有的劫难。为拯救民族危亡，中国人民奋起反抗，仁人志士奔走呐喊。抗争、失败、寻路，在那个时代反复上演。十月革命一声炮响，给中国送来了马克思列宁主义。中国共产党的成立是开天辟地的大事件，深刻改变了近代以后中华民族发展的方向和进程，深刻改变了中国人民和中华民族的前途和命运，深刻改变了世界发展的趋势和格局。

经济文化相对落后的国家走社会主义道路，是一种艰难的开创性探索。列宁曾形象地将之比喻为"千辛万苦攀登一座未经勘察、人迹未到的高山"，需要英勇无畏的探索精神。在新民主主义革命时期，在深刻总结经验教训的基础上，以毛泽东同志为主要代表的中国共产党人把马克思列宁主义基本原理同中国革命具体实践结合起来，探索出农村包围城市、武装夺取政权的革命道路。走自己的路，保证了新民主主义革命的胜利。新中国成立后，在社会主义革命和建设中，我们党团结带领中国人民继续发扬独立自主的探索和实践精神，迅速改变旧中国一穷二白的落后面貌。党的十二大，我们党基于历史经验和现实需要，明确提出“走自己的路，建设有中国特色的社会主义”的新命题。改革开放以来，我们党不断推进马克思主义中国化、时代化、大众化，开创、坚持、捍卫、发展中国特色社会主义，找到了适合自身特点的现代化道路。实践证明，在中国这样一个人口众多、生产力发展水平相对落后的东方大国干革命、搞建设、抓改革，必须坚持把马克思主义基本原理同中国具体实际相结合、同中华优秀传统文化相结合，坚定不移走自己的路。

中国特色社会主义进入新时代，面对社会主要矛盾变化带来的新特征新要求，面对错综复杂的国际环境带来的新矛盾新挑战，必须坚持和发展中国特色社会主义，推动物质文明、政治文明、精神文明、社会文明、生态文明协调发展，不断拓展中国式现代化新道路。习近平总书记在庆祝中国共产党成立 100 周年大会上的重要讲话中指出：“新的征程上，我们必须坚持党的基本理论、基本路线、基本方略，统筹推进‘五位一体’总体布局、协调推进‘四个全面’战略布局，全面深化改革开放，立足新发展阶段，完整、准确、全面贯彻新发展理念，构建新发展格局，推动高质量发展，推进科技自立自强，保证人民当家作主，坚持依法治国，坚持社会主义核心价值体系，坚持在发展中保障和改善民生，坚持人与自然和谐共生，协同推进人民富裕、国家强盛、中国美丽。”走中国式现代化新道路，并不是关起门来搞建设，而是要从国情出发，从实际出发，坚持以我为主、为我所用，吸收借鉴其他优秀文明成果来发展自己。我们积极学习借鉴人类文明的一切有益成果，欢迎一切有益的建议和善意的批评，但绝不接受“教师爷”般颐指气使的说教。

中华民族能够生生不息、发展壮大，历经坎坷而不气馁，靠的是革故鼎新、求变图强的创新精神。历史经验表明，别人的路，我们搬不来，搬来了也走不通。只有从国情出发，勇于开拓，敢于蹚出别人没走过的路，才能迎来属于自己的光明前景。正是在实践中求真知、在探索中摸规律，我们党才带领人民创造出世所罕见的经济快速发展奇迹和社会长期稳定奇迹，创造了中国式现代化新道路，创造了人类文明新形态。

中国特色社会主义是党和人民历经千辛万苦、付出巨大代价取得的根本成就，是实现中华民族伟大复兴的正确道路。历史和实践已经证明，这条路不仅走得对、走得通，而且走得稳、走得好。继续走稳、走好这条自己的路，必须以更大的决心和力度推进改革创新，更好地把握历史机遇、赢得战略主动，为新时代中国特色社会主义注入强大活力和动力。

坚持在发展中保障和改善民生*

* 作者冯颜利，中国社会科学院哲学所副所长。

习近平总书记在庆祝中国共产党成立100周年大会上的重要讲话中强调："坚持在发展中保障和改善民生。"民生是人民幸福之基、社会和谐之本，增进民生福祉是发展的根本目的。坚持在发展中保障和改善民生，是新时代坚持和发展中国特色社会主义的基本方略之一。

中国共产党作为马克思主义政党，自成立之日起就把为中国人民谋幸福、为中华民族谋复兴作为初心和使命，团结带领中国人民为创造美好生活而不懈奋斗。新民主主义革命时期，毛泽东同志强调："解决群众的穿衣问题，吃饭问题，住房问题，柴米油盐问题，疾病卫生问题，婚姻问题。总之，一切群众的实际生活问题，都是我们应当注意的问题。"[1]我们党团结带领广大农民打土豪、分田地，实行"耕者有其田"，帮助穷苦人翻身得解放，赢得人民群众广泛支持和拥护，夺取了中国革命胜利，建立了中华人民共和国，为摆脱贫困创造了根本政治条件。新中国成立后，我们党组织人民自力更生、发愤图强、重整山河，为摆脱贫困、改善人民生活打下了坚实基础。改革开放以来，我们党团结带领人民实施大规模、有计划、有组织的扶贫开发工作，着力解放和发展社会生产力，着力保障和改善民生，取得了前所未有的伟大成就。

---

① 中共中央文献研究室编：《毛泽东著作专题摘编》下卷，中央文献出版社2003年版，第271页。

中国特色社会主义进入新时代，以习近平同志为核心的党中央高度重视保障和改善民生，坚持以人民为中心的发展思想，出台一系列重大方针政策，推出一系列重大举措，持续推动统筹城乡的民生保障制度建设，覆盖城乡居民的社会保障体系基本建立，人民健康和医疗卫生水平大幅提高。经过全党全国各族人民共同努力，我国脱贫攻坚战取得了全面胜利。习近平总书记在庆祝中国共产党成立100周年大会上的重要讲话中庄严宣告，经过全党全国各族人民持续奋斗，我们实现了第一个百年奋斗目标，在中华大地上全面建成了小康社会，历史性地解决了绝对贫困问题。这生动体现了社会主义的本质要求和党的根本宗旨，充分彰显了发展为了人民、发展依靠人民、发展成果由人民共享的执政理念和方式。

习近平总书记指出："保障和改善民生没有终点，只有连续不断的新起点。"① 增进民生福祉是实现共同富裕和体现社会公平正义的本质要求，是我们党立党为公、执政为民的使命担当。坚持在发展中保障和改善民生，必须坚持把发展作为第一要务，让发展成果更多更公平惠及全体人民。要完整、准确、全面贯彻新发展理念，有效调动经济发展的各种要素，努力实现更高质量、更有效率、更加公平、更可持续、更为安全的发展，为民生建设提

---

① 《习近平谈治国理政》第二卷，外文出版社2017年版，第361页。

供坚实的物质基础。完善收入分配制度是广大人民群众共享发展成果的重要前提，也是社会公平正义的鲜明体现。要不断加强制度建设，加快推进民生领域体制机制创新，促进公共资源向基层延伸、向农村覆盖、向困难群体倾斜，不断缩小收入分配差距，有力促进社会和谐稳定。

进一步提高居民收入水平。习近平总书记强调："满足人民日益增长的物质需求，必须抓好经济社会建设，增加社会的物质财富。"[①] 抓好经济社会建设，不断增加社会物质财富，大力提高人民收入水平和生活水平，才能不断满足人民日益增长的美好生活需要。要强化就业优先政策，坚持经济发展就业导向，实现更加充分更高质量就业；优化收入分配结构，坚持居民收入增长和经济增长基本同步、劳动报酬提高和劳动生产率提高基本同步，持续提高低收入群体收入，扩大中等收入群体，更加积极有为地促进共同富裕。

健全多层次社会保障体系。社会保障是保障和改善民生、维护社会公平、增进人民福祉的基本制度保障，是促进经济社会发展、实现广大人民群众共享改革发展成果的重要制度安排，是治国安邦的大问题。要坚持应保尽保原则，改革完善社会保险制度，优化社会救助和慈善制度，健全退役军人工作体系和保障制

---

① 《习近平谈治国理政》第二卷，外文出版社 2017 年版，第 315 页。

度，加快健全覆盖全民、统筹城乡、公平统一、可持续的多层次社会保障体系，进一步织密社会保障安全网，推动我国社会保障事业高质量发展、可持续发展，为广大人民群众提供更可靠、更充分的保障，不断满足人民群众多层次多样化需求。

持续推进民生工程、民心工程。全面建成小康社会（社会主义现代化国家），要坚持以人民为中心的发展思想，在保持经济增长的同时，想群众之所想、急群众之所急、解群众之所困，在学有所教、劳有所得、病有所医、老有所养、住有所居上持续取得新进展。“十四五”规划和 2035 年远景目标纲要把改善民生放在更加突出的位置，设定的 20 项指标中有 7 个是民生福祉类，占比超过 1/3，覆盖就业、收入、教育、医疗、养老、托育等民生领域。要持之以恒、锲而不舍地办好各项民生事业，持续推进民生工程、民心工程，多谋民生之利、多解民生之忧，始终把人民群众安居乐业、安危冷暖放在心上，让人民群众看到变化、得到实惠，不断满足人民群众日益增长的美好生活需要。

必须坚持和发展中国特色社会主义*

* 作者系中央党校（国家行政学院）习近平新时代中国特色社会主义思想研究中心，执笔秦刚。

在庆祝中国共产党成立100周年大会上的重要讲话中，习近平总书记强调：“以史为鉴、开创未来，必须坚持和发展中国特色社会主义。”中国特色社会主义是实现中华民族伟大复兴的正确道路，坚持和发展中国特色社会主义，必须牢牢把握实现中华民族伟大复兴这个主题，全面贯彻新征程上的新部署新举措，把中国发展进步的命运牢牢掌握在自己手中。

牢牢把握实现中华民族伟大复兴这个主题

习近平总书记在庆祝中国共产党成立100周年大会上的重要讲话中指出：“一百年来，中国共产党团结带领中国人民进行的一切奋斗、一切牺牲、一切创造，归结起来就是一个主题：实现中华民族伟大复兴。”围绕这个主题，党和人民经过长期探索、奋斗和积累，开创了中国特色社会主义，找到了实现中华民族伟大复兴的正确道路。牢牢把握这个主题，才能增强和坚定中国特色社会主义制度自信，更好坚持和发展中国特色社会主义。

中国共产党成立伊始就承担起领导中国人民实现中华民族伟大复兴的历史重任。面对当时中国社会的突出矛盾，中国共产党人用马克思主义考察中国的前途命运和世界发展大势，相继提出了“用社会主义救中国”和“用社会主义发展中国”的鲜明主张，揭示了解决中国问题、实现中华民族伟大复兴的根本出路和根本方向。以毛泽东同志为主要代表的中国共产党人，把马克思列宁主义基本原理同中国革命具体实践结合起来，创立了毛泽东思想，团结带领全党全国各族人民，经过长期浴血奋斗，完成了新民主主义革命，建立了中华人民共和国，确立了社会主义基本制度，成功实现了中国历史上最深刻最伟大的社会变革，为当代中国一切发展进步奠定了根本政治前提和制度基础。在探索过程中，虽然经历了严重曲折，但党在社会主义革命和建设中取得的独创性理论成果和巨大成就，为在新的历史时期开创中国特色社会主义提供了宝贵经验、理论准备、物质基础。

党的十一届三中全会以后，以邓小平同志为主要代表的中国共产党人，团结带领全党全国各族人民，深刻总结我国社会主义建设正反两方面经验，借鉴世界社会主义历史经验，创立了邓小平理论，作出把党和国家工作中心转移到经济建设上来、实行改革开放的历史性决策，深刻揭示社会主义本质，确立社会主义初级阶段基本路线，明确提出走自己的路、建设中国特色社会主义，科学回答了建设中国特色社会主义的一系列基本问题，制定了到 21 世纪中叶分三步走、基本实现社会主义现代化的发展战略，成功开创了中国特色社会主义。

党的十三届四中全会以后，以江泽民同志为主要代表的中国共产党人，团结带领全党全国各族人民，坚持党的基本理论、基本路线，加深了对什么是社会主义、怎样建设社会主义和建设什么样的党、怎样建设党的认识，积累了治党治国新的宝贵经验，形成了“三个代表”重要思想。在国内外形势十分复杂、世界社会主义出现严重曲折的严峻考验面前，中国共产党人捍卫了中国特色社会主义，确立了社会主义市场经济体制的改革目标和基本框架，确立了社会主义初级阶段的基本经济制度和分配制度，开创全面改革开放新局面，推进党的建设新的伟大工程，成功把中国特色社会主义推向21世纪。

党的十六大以后，以胡锦涛同志为主要代表的中国共产党人，团结带领全党全国各族人民，坚持以邓小平理论和“三个代表”重要思想为指导，根据新的发展要求，深刻认识和回答了新形势下实现什么样的发展、怎样发展等重大问题，形成了科学发展观，抓住重要战略机遇期，在全面建设小康社会进程中推进实践创新、理论创新、制度创新，强调坚持以人为本、全面协调可持续发展，形成中国特色社会主义事业总体布局，着力保障和改善民生，促进社会公平正义，推动建设和谐世界，推进党的执政能力建设和先进性建设，成功在新的历史起点上坚持和发展了中国特色社会主义。

全面贯彻新征程上的新部署新举措

党的十八大以来，中国特色社会主义进入新时代，在以习近平同志为核心的党中央坚强领导下，党和国家事业取得历史性成就、发生历史性变革。我们如期实现了第一个百年奋斗目标，开启全面建设社会主义现代化国家新征程。习近平总书记在庆祝中国共产党成立 100 周年大会上的重要讲话，为全面建设社会主义现代化国家确立了新航标，作出了新部署，提出了新举措。

中国特色社会主义是一个持续发展、不断进步的历史进程，具有鲜明的阶段性特征。阶段性的事业、阶段性的目标，反映着中国特色社会主义发展的过程性。在开创、坚持和发展中国特色社会主义过程中，我们党依据社会发展规律、基本国情和人民愿望，逐步确立和完善了反映事业进程的目标体系。这就是：从解决温饱到初步小康，到全面建成小康社会，再到基本实现社会主义现代化，再到建成社会主义现代化强国。开启全面建设社会主义现代化国家新征程，就是在全面建成小康社会的基础上，分两步把我国建成社会主义现代化强国。这样的战略安排表明，我国社会发展步伐快、成就大，超出了预期。同时也表明，我国社会发展潜力依然很大，已具备实现新的更高发展目标的坚实社会基础和丰厚物质条件。

在新的征程上，我们还有许多需要继续解决的问题，还有许多需要持续做好的事情，也会面临着许多新的挑战。习近平总书记在庆祝中国共产党成立100周年大会上的重要讲话中明确提出：“新的征程上，我们必须坚持党的基本理论、基本路线、基本方略，统筹推进‘五位一体’总体布局、协调推进‘四个全面’战略布局，全面深化改革开放，立足新发展阶段，完整、准确、全面贯彻新发展理念，构建新发展格局，推动高质量发展，推进科技自立自强，保证人民当家作主，坚持依法治国，坚持社会主义核心价值体系，坚持在发展中保障和改善民生，坚持人与自然和谐共生，协同推进人民富裕、国家强盛、中国美丽。”习近平总书记提出的新部署新举措，是紧密联系、相互贯通的有机整体，包含着我们党对马克思主义、科学社会主义的坚持和创新发展，体现着我们党对时代特征和发展走向的科学判断，也凝练着我们党对共产党执政规律、社会主义建设规律和人类社会发展规律的深刻认识。全面贯彻落实这些新部署新举措，是我们在新时代坚持和发展中国特色社会主义的必然要求。

当前，我国发展不平衡不充分的问题依然突出，一些重点领域的改革还有待新的突破。我国已把创新摆在国家发展全局的核心位置，但创新能力还不适应高质量发展要求；我国农村近年来发展变化很大，但农村基础设施还比较薄弱，投入不是很足；我国在实现共同富裕方面已经迈出坚实步伐，但城乡区域发展和收入分配差距较大；我国生态文明建设已经取得显著成就，但加强生态环境保护依然面临很大压力；我国已建成世界上规模最大的社会保障体系，但民生保障还存在短板；我国已确立了独具特色的社会治理体系，但社会治理工作还有弱项。与此同时，我国虽然正日益走近世界舞台中央，但也面临着日趋复杂的外部环境，各种可以预见和难以预见的风险明显增多。我们既要解决好改革发展中的问题，实现经济社会更好更稳发展，又要统筹好发展和安全，妥善应对外部环境变化带来的挑战，维护好国家主权、安全、发展利益。全面贯彻落实新部署新举措，才能应对挑战、破解难题，才能更好坚持和发展中国特色社会主义，顺利实现第二个百年奋斗目标。

把中国发展进步的命运掌握在自己手中

中国特色社会主义是党领导人民历经千辛万苦、付出巨大代价取得的根本成就，是实现中华民族伟大复兴的正确道路。它决定着当代中国的发展方向，也决定着当代中国的前途命运。面向未来，只有毫不动摇地坚持和发展中国特色社会主义，才能把中国发展进步的命运牢牢掌握在自己手中。

历史条件的多样性，决定了世界各国发展道路、发展模式的多样性。人类社会的发展进步可以通过不同的文明形式来表达，各个国家的社会理想可以通过不同的发展道路来实现。一个国家最终走上什么样的发展道路，取决于历史的、现实的等多种因素，也是这个国家人民自主选择的结果。任何国家都不该对他国社会制度、发展道路怀有偏见，更不该有同化他国的企图，将本国的社会制度、发展道路和价值观念体系强加到他国头上。中国特色社会主义反映着中国社会发展历程，体现着时代要求，具有深厚的历史渊源和广泛的现实基础，是特色鲜明的国家富强之路、人民幸福之路、民族复兴之路。

在中国这样一个东方大国，坚持和发展中国特色社会主义是一个伟大创举，没有先例可循，也没有可奉为金科玉律的教科书，只能靠我们党和人民在实践中不断探索、不断创新。中国特色社会主义的发展成就巨大，但依然任重道远。在新征程上，我们必须坚持以习近平新时代中国特色社会主义思想为指导，坚定中国特色社会主义道路自信、理论自信、制度自信、文化自信，不断进行新的探索和创新。在这个过程中，我们需要学习借鉴世界各国的有益经验，但必须在学习中不断创新，保持和发挥自己的优势。正如习近平总书记在庆祝中国共产党成立100周年大会上的重要讲话中指出的：“我们积极学习借鉴人类文明的一切有益成果，欢迎一切有益的建议和善意的批评，但我们绝不接受‘教师爷’般颐指气使的说教！中国共产党和中国人民将在自己选择的道路上昂首阔步走下去，把中国发展进步的命运牢牢掌握在自己手中！”

伍

必须加快国防和军队现代化

强国必须强军，军强才能国安。坚持党指挥枪、建设自己的人民军队，是党在血与火的斗争中得出的颠扑不破的真理。人民军队为党和人民建立了不朽功勋，是保卫红色江山、维护民族尊严的坚强柱石，也是维护地区和世界和平的强大力量。

新的征程上，我们必须全面贯彻新时代党的强军思想，贯彻新时代军事战略方针，坚持党对人民军队的绝对领导，坚持走中国特色强军之路，全面推进政治建军、改革强军、科技强军、人才强军、依法治军，把人民军队建设成为世界一流军队，以更强大的能力、更可靠的手段捍卫国家主权、安全、发展利益！

——习近平总书记在庆祝中国共产党成立 100 周年大会上的讲话

加快建设巩固国防和强大军队*

* 作者系国防大学习近平新时代中国特色社会主义思想研究中心，执笔王强。

在庆祝中国共产党成立100周年大会上，中共中央总书记、国家主席、中央军委主席习近平强调“以史为鉴、开创未来，必须加快国防和军队现代化”，为把人民军队建设成为世界一流军队指明了前进方向、提供了根本遵循。新的征程上，我们要深入学习贯彻习主席庆祝中国共产党成立100周年大会上的重要讲话精神，加快建设巩固国防和强大军队，不断书写强军兴军更为辉煌的篇章。

增强加快国防和军队现代化的使命感和紧迫感

习主席在庆祝中国共产党成立100周年大会上的重要讲话中指出：“强国必须强军，军强才能国安。”习主席这一重要论述，深刻揭示了国防和军队现代化建设在党和国家事业全局中的重要地位，科学阐明了新时代统筹发展与安全的重大意义。强国必须强军，军强才能国安，这既是历史的结论，也是时代的昭示。我们一定要站在政治和战略高度统一思想行动，以时不我待的使命感和紧迫感，奋力把国防和军队现代化推向前进。

同国家现代化进程相适应的内在要求。“凡益之道，与时偕行。”国防实力要同国家实力相匹配，经济社会发展到哪一步，国防建设就要推进到哪一步。历史一再表明，军事上的落后一旦形成，对国家安全的影响将是致命的。新中国成立以来，我们党高度重视国防和军队现代化建设，维护了国家的独立、自主、安全、尊严。安不可以忘危，治不可以忘乱。党的十八大以来，党中央和中央军委就加快国防和军队现代化作出一系列战略谋划和部署，引领全军开创了强军事业新局面。在全面建设社会主义现代化国家、实现第二个百年奋斗目标新的征程上，必须把国防和军队建设摆在更加重要的位置，加快建设巩固国防和强大军队。

履行新时代使命任务的紧迫需要。习主席在庆祝中国共产党成立100周年大会上的重要讲话中指出："人民军队为党和人民建立了不朽功勋，是保卫红色江山、维护民族尊严的坚强柱石，也是维护地区和世界和平的强大力量。"这既是对人民军队的高度肯定，也是对我军地位作用的准确界定。当前，世界百年未有之大变局加速演进，新冠肺炎疫情对国际格局产生深刻影响，我国安全形势不稳定性、不确定性增大。实现中华民族伟大复兴，不可避免会面对各种重大挑战、重大风险、重大阻力、重大矛盾，迫切需要以更优策略、更快速度、更高质量推进国防和军队建设，为巩固中国共产党领导和我国社会主义制度提供战略支撑，为捍卫国家主权、统一、领土完整提供战略支撑，为维护我国海外利益提供战略支撑，为促进世界和平与发展提供战略支撑，切实完成好党和人民赋予的新时代使命任务。

全面建成世界一流军队的必然选择。当前，世界新军事革命加速发展，战争形态向具有智能化特征的信息化战争加速演进，各主要国家加紧推进军事转型、重塑军事力量体系，这将对国际政治军事格局产生重大影响。我们要抓住这一机遇，不断缩小我军现代化水平与国家安全需求相比存在的差距、与世界先进军事水平相比存在的差距。党的十九大以来，我们党逐步形成了从2027年实现建军一百年奋斗目标，到2035年基本实现国防和军队现代化，再到本世纪中叶把人民军队全面建成世界一流军队的战略安排，擘画了国防和军队现代化新“三步走”的宏伟蓝图。当前和今后一个时期是国防和军队现代化建设的关键时期，我军必须加快军事理论现代化、军队组织形态现代化、军事人员现代化、武器装备现代化。

保持加快国防和军队现代化的政治清醒和战略定力

习主席在庆祝中国共产党成立100周年大会上的重要讲话把“坚持党指挥枪、建设自己的人民军队”作为“颠扑不破的真理”着重强调，阐明了党对人民军队的绝对领导是建军之本、强军之魂，揭示了建设强大的人民军队是我们党的不懈追求，抓住了加快国防和军队现代化的关键，明确了实现我军现代化建设跨越式发展的根本保证。

党在血与火的斗争中得出的颠扑不破的真理。坚持党指挥枪、建设党领导的人民军队，是我们党历经百年奋斗对建军治军经验的升华凝结、对建军治军规律的深刻揭示。在党面临生死存亡之际，靠着“枪杆子里面出政权”的真理性认识，实现了“工农始有兵”，确保人民军队永远忠诚于党和人民。在风雨如磐的漫长革命道路上，在党的坚强领导下，人民军队边战斗边建设，愈战愈勇、越建越强，逐步发展成为一支强大军队，为党和人民建立了不朽功勋。能够建立不朽功勋，根本原因在于坚持党对人民军队的绝对领导，在于把政治优势转化为推进国防和军队现代化的强大力量，在于以制度创造力赢得发展竞争力。

永葆人民军队性质、宗旨、本色的根本保证。党的领导，是人民军队始终保持强大凝聚力、向心力、创造力、战斗力的根本保证。在革命、建设、改革各个历史时期，我们党领导人民军队一路披荆斩棘，取得一个又一个辉煌胜利，很重要的一条就是牢记初心使命，永葆性质宗旨，在长期实践中培育并坚持了一整套光荣传统和优良作风。实践证明，无论形势如何变化、现代化如何发展，在保持人民军队性质、宗旨、本色这个根本优势上，绝不能有任何动摇和偏移。只有深刻理解把握坚持中国共产党坚强领导这个根本，坚定不移在党的旗帜下铸牢军魂，保持我军永不变色、永不变质，才能把先辈们用鲜血和生命铸就的优良传统一代代传下去，确保人民军队始终是党和人民完全可以信赖的英雄军队。

走好中国特色强军之路的命脉所在。走自己的路，是党的全部理论和实践立足点，更是党百年奋斗得出的历史结论。中国特色强军之路，是中国特色社会主义道路在军事领域的展开，是新时代加快国防和军队现代化的必由之路。党的十八大以来，以习近平同志为核心的党中央着眼于实现“两个一百年”奋斗目标、实现中华民族伟大复兴的中国梦，提出党在新时代的强军目标，与时俱进创新军事战略指导，制定新时代军事战略方针，指引人民军队在中国特色强军之路上迈出了坚实步伐。越是在民族复兴的关键时期，越是在国防和军队现代化的重要节点，越要守护好党指挥枪这个命根子，始终增强“四个意识”、坚定“四个自信”、做到“两个维护”，贯彻军委主席负责制，确保国防和军队现代化建设始终沿着正确方向前进。

为开创强军事业新局面奋力拼搏

习主席在庆祝中国共产党成立100周年大会上的重要讲话中郑重宣示：“任何人都不要低估中国人民捍卫国家主权和领土完整的坚强决心、坚定意志、强大能力”，要求我军“以更强大的能力、更可靠的手段捍卫国家主权、安全、发展利益”。我们要深入领会部署要求，加快国防和军队现代化，奋进强军新征程。

进一步把学习贯彻习近平强军思想引向深入。我党我军的历史证明，越是处在国家和民族的重大关头、越是处在建设和发展的关键时期，越要发挥科学理论的引领作用，凝聚起攻坚克难的强大精神力量。要坚持不懈用习近平新时代中国特色社会主义思想武装全军，进一步牢固确立习近平强军思想在国防和军队建设中的指导地位，坚定不移把习近平强军思想全面贯彻到国防和军队现代化各领域全过程，贯彻新时代军事战略方针，坚持党对人民军队的绝对领导，在中国特色强军之路上迈出新的更大步伐。

进一步推动国防和军队建设高质量发展。推动我军建设高质量发展，是与国防和军队现代化相伴相生的历史进程。当前，我军建设高质量发展已经在路上，最需要的就是坚定战略定力，聚焦矛盾问题，全面推进政治建军、改革强军、科技强军、人才强军、依法治军，加强创新突破，转变发展理念、创新发展模式、增强发展动能。推进高水平科技自立自强，加快关键核心技术攻关，加快战略性、前沿性、颠覆性技术发展，发挥科技创新对我军建设战略支撑作用。适应世界军事发展趋势和我军战略能力发展需求，坚持不懈把国防和军队改革向纵深推进。抓住战略管理这个重点，推进军事管理革命，提高军事系统运行效能和国防资源使用效益。加强战略谋划，创新思路举措，推动军事人员能力素质、结构布局、开发管理全面转型升级，加快壮大人才队伍。

进一步深化练兵备战。“兵不闲习，不可以当敌。”军队是要准备打仗的，必须坚持战斗力这个唯一的根本的标准，在军事斗争实践中强化斗争精神、锤炼硬核能力，成为让党和人民放心的制胜尖刀。始终牢记忘战必危、怠战必败，坚持以战领建，强化战建统筹，做好军事斗争准备，形成战、建、备一体推进的良好局面。深入推进军事训练转型，构建新型军事训练体系，深化实战实训、联战联训、科技强训、依法治训。深入研究现代战争制胜机理，把握军事力量运用的特点和规律，构建一体化国家战略体系和能力，加快提高联合作战能力、全域作战能力，坚决打败一切来犯之敌，坚决捍卫国家主权、安全、发展利益。

坚持党对人民军队的绝对领导*

* 作者傅爱国，国防科技大学政治委员。

习主席在庆祝中国共产党成立100周年大会上的重要讲话中强调，新的征程上，我们必须“坚持党对人民军队的绝对领导”。我军自诞生之日起，就始终在党的领导下行动和战斗，由小到大、由弱变强，不断从胜利走向胜利。我军要如期实现建军一百年奋斗目标、全面建成世界一流军队，就必须把毫不动摇坚持党对人民军队的绝对领导作为建军之本、强军之魂，坚决贯彻党对军队绝对领导的一系列根本原则和制度，确保任何时候任何情况下都坚决听党指挥，绝对忠诚可靠。

深化理论武装，铸牢强军之魂。坚持党对人民军队的绝对领导，首要的是铸牢听党指挥这一军魂，夯实永远听党话、跟党走的思想根基。一是坚持思想引领。坚持用习近平新时代中国特色社会主义思想铸魂育人，全面贯彻习近平强军思想，坚持读原著、学原文、悟原理，坚持全面系统学、及时跟进学、深入思考学、联系实际学，深刻领悟党的创新理论蕴含的理论逻辑、历史逻辑、实践逻辑，把忠诚建立在对科学理论的深刻认同之上，以理论清醒确保政治坚定。二是坚持教育固基。把铸牢军魂作为我军政治工作的核心任务，把军魂教育、忠诚教育纳入政治理论教学主渠道，作为思想政治教育主课程，确保官兵绝对忠诚、绝对纯洁、绝对可靠。三是坚持知史爱党。扎实抓好党史学习教育和“四史”宣传教育，深入学好我军历史这门必修课，广泛开展“学传统、爱传统、讲传统”活动，坚持用红色基因坚定信念、铸牢军魂，使传承红色基因的过程成为培育红色传人的过程。

贯通制度落实，立起强军保证。军委主席负责制，是坚持党对军队绝对领导的根本制度和根本实现形式。首要的是增强贯彻自觉。充分认清贯彻军委主席负责制的历史必然性、极端重要性和现实紧迫性，从党、国家和军队兴旺发达、长治久安的高度来认识和把握这一重大制度，进一步强化理论认同、政治认同、情感认同。根本的是强化核心意识。紧密联系习主席领导和推进治党治国治军的科学决策部署，引导官兵忠诚核心、维护核心、看齐核心，始终沿着习主席擘画的强军方向奋斗前行。关键的是强化法治约束。站在维护党章和宪法权威的高度，把贯彻军委主席负责制作为全面从严治党、全面从严治军的根本要求，完整准确理解、坚决贯彻执行请示报告、督促检查、信息服务工作机制，始终做到听习主席指挥、对习主席负责、让习主席放心。

强化组织建设，锻造强军骨干。坚持党对军队的绝对领导，关键在党的组织，要害在干部队伍。必须抓党建强功能，把强固党对军队绝对领导作为我军加强党的领导和党的建设工作的首要任务，严肃党内政治生活，严明党的政治纪律和政治规矩，把各级党组织建设得更加坚强有力，确保党指挥枪的原则落地生根。必须建队伍正导向，把端正选人用人导向作为根本导向，严格落实党管干部原则，注重从政治上考察和使用干部，全方位考察干部的政治忠诚、政治定力、政治担当、政治能力、政治自律，切实把符合好干部标准的人选拔到各级领导岗位上，把各方面优秀人才集聚到党、国家和军队的事业中来，确保枪杆子牢牢掌握在对党绝对忠诚的人手中。必须强领导作表率，加强对领导干部的教育管理监督，改进党委理论学习中心组学习和领导干部理论轮训，织密扎紧规范权力运行的制度笼子，完善以党内监督为主要形式的监督体系，使军队各级领导干部成为忠诚干净担当的标杆。

聚焦使命任务，彰显强军担当。坚持党对军队的绝对领导，归根到底要体现到履行党所赋予的使命任务上，推动强军兴军的战略部署落到实处。一是落实政治建军要求。政治建军是立军之本，要全面提高我军加强党的领导和党的建设工作质量，把党的政治优势和组织优势转化为制胜优势。二是落实改革强军要求。军事院校要紧贴强军需求深化发展战略研究和顶层设计，对接军事政策制度改革，创新完善建校治校制度机制，加快推动院校建设高质量发展。三是落实科技强军要求。坚持自主创新战略基点，履行高水平科技自立自强使命担当，加快关键核心技术攻关，发挥科技创新对我军建设战略支撑作用。四是落实人才强军要求。贯彻新时代军事教育方针，打造忠于使命、晓于实战、勇于创新的人才方阵，为我军战略能力加速生成提供强有力人才支持。五是落实依法治军要求。强化全军法治信仰和法治思维，加快构建完善中国特色军事法治体系，增强制度贯彻力执行力，推动治军方式根本性转变，提高国防和军队建设法治化水平。

把强军事业不断推向前进，坚持走中国特色强军之路*

* 作者田义伟，作者单位系军事科学院。

习主席在庆祝中国共产党成立100周年大会上的重要讲话中强调，新的征程上，我们必须“坚持走中国特色强军之路”。坚持走中国特色强军之路，揭示了我们党领导和建设强大人民军队的历史经验、内在规律和本质特征，进一步开拓了马克思主义军事理论和当代中国军事实践发展新境界，是实现建军一百年奋斗目标、建设世界一流军队的根本要求，具有重大理论意义和现实意义。

我军从创建初期就注重从中国实际出发探索建军治军之路。在各个历史时期，我们党都根据形势任务的变化，及时提出明确的目标要求，引领我军建设不断向前发展。毛泽东同志领导制定了建设优良的现代化革命军队的总方针，邓小平同志提出了建设一支强大的现代化正规化革命军队的总目标，江泽民同志提出了政治合格、军事过硬、作风优良、纪律严明、保障有力的总要求，胡锦涛同志提出了按照革命化现代化正规化相统一的原则加强军队全面建设的思想。党的十八大以来，习主席着眼实现中华民族伟大复兴的中国梦，围绕新时代建设一支什么样的强大人民军队、怎样建设强大人民军队提出了一系列新思想新观点新论断，形成了习近平强军思想。同时，我们党以前所未有的气魄和决心，全面深化国防和军队改革，实现了人民军队政治生态重塑、组织形态重塑、力量体系重塑、作风形象重塑，人民军队重整行装再出发，沿着中国特色强军之路阔步前行。新的征程上，我们必须坚持走中国特色强军之路。

毫不动摇坚持党对军队的绝对领导。习主席在庆祝中国共产党成立 100 周年大会上的重要讲话中指出："坚持党指挥枪、建设自己的人民军队，是党在血与火的斗争中得出的颠扑不破的真理。"党对人民军队的绝对领导是党和国家的重要政治优势，是建军之本、强军之魂。面对国家安全环境的深刻变化和强国强军的时代要求，我们必须毫不动摇坚持和贯彻党对军队绝对领导的一系列根本原则和制度，进一步牢固确立习近平强军思想在国防和军队建设中的指导地位，增强"四个意识"、坚定"四个自信"、做到"两个维护"，贯彻军委主席负责制，任何时候任何情况下都以党的旗帜为旗帜、以党的方向为方向、以党的意志为意志。始终把思想政治建设摆在军队各项建设首位，全面加强新时代军队党的领导和党的建设工作，始终坚持从思想上政治上建设和掌握部队，培养有灵魂、有本事、有血性、有品德的新时代革命军人，锻造具有铁一般信仰、铁一般信念、铁一般纪律、铁一般担当的过硬部队。

以党在新时代的强军目标统领国防和军队建设全局。习主席指出："党在新时代的强军目标是建设一支听党指挥、能打胜仗、作风优良的人民军队，把人民军队建设成为世界一流军队。"[①] 党在新时代的强军目标总结了我们党建军治军的成功经验，考量了国际战略形势和国家安全环境的发展变化，明确了加强国防和军

---

① 《习近平谈治国理政》第三卷，外文出版社 2020 年版，第 15 页。

队建设的聚焦点和着力点，指明了建设巩固国防和强大军队的前进方向。我们要坚持以党在新时代的强军目标为统领，把强军目标要求贯彻到国防和军队建设各领域全过程。树立全面发展思维，在实现建军一百年奋斗目标、把人民军队建设成为世界一流军队的伟大实践中，切实推动强军目标整体推进、系统落实。按照强军方略要求，全面推进政治建军、改革强军、科技强军、人才强军、依法治军。完整、准确、全面贯彻新发展理念，在精准、精细、精确上下功夫，推进军事管理革命，努力实现更高质量更高效益更可持续的发展。

永葆人民军队的性质宗旨。我国宪法规定：“中华人民共和国的武装力量属于人民。”这阐明了中国人民解放军是人民军队的根本性质，体现了我军全心全意为人民服务的根本宗旨。我军自成立之日起，就始终和人民心连心、同呼吸、共命运，完全彻底为人民奋斗。军队打胜仗，人民是靠山。人民军队的根脉，深扎在人民的深厚大地；人民战争的伟力，来源于人民的伟大力量。当今世界正经历百年未有之大变局，不稳定性不确定性明显增加。面对错综复杂的国际环境带来的新矛盾新挑战，人民军队要始终坚持一切为了人民、一切依靠人民，忠实履行为人民扛枪、为人民打仗的神圣职责；自觉服务于党和国家工作大局，以实际行动为人民造福兴利，坚持全心全意为人民服务的根本宗旨，始终做人民信赖、人民拥护、人民热爱的子弟兵。

加快把国防和军队现代化搞上去*

* 作者系习近平强军思想研究中心，执笔周俊杰。

建设巩固国防和强大军队，是中国共产党自成立以来的不懈追求。习主席在庆祝中国共产党成立 100 周年大会上强调：“以史为鉴、开创未来，必须加快国防和军队现代化。”这一论断思想深刻，内涵丰富。旧中国旧社会，中华民族有国无防、任人宰割的历史殷鉴不远；新时代新征程，实现中华民族伟大复兴，更加离不开巩固国防和强大军队的战略支撑。学习领会和贯彻落实习主席重要讲话精神，我们应站在总结历史、把握时代、引领未来的政治高度和全局高度，深刻认识强国必须强军、军强才能国安，以时不我待的责任感紧迫感，不断奋力推进国防和军队现代化建设。

坚持党对人民军队的绝对领导

无产阶级专政的首要条件就是要建立无产阶级的军队，抓军队建设首先要从政治上看。建党百年来，“坚持党指挥枪、建设自己的人民军队，是党在血与火的斗争中得出的颠扑不破的真理”[①]。新时代新形势下，国防和军队建设的环境发生深刻变化。坚持党对军队绝对领导，面临着国内外敌对势力加紧西化分化的

① 习近平：《在庆祝中国共产党成立 100 周年大会上的讲话》，人民出版社 2021 年版，第 15 页。

严峻挑战，面临着多种社会思潮相互激荡带来的复杂挑战，面临着部队兵员成分结构变化带来的现实挑战，加快国防和军队现代化，必须始终把党对军队绝对领导作为命根子紧抓不放。

狠抓政治引领，铸牢军魂意识。坚持党对军队绝对领导，体现着军队与阶级、政党、国家之间的本质联系，实现了历史唯物论科学性、革命性和实践性的高度统一。习主席指出：“我军之所以能够战胜各种艰难困苦、不断从胜利走向胜利，最根本的就是坚定不移听党话、跟党走。”① 新形势下，各种敌对势力加紧对我实施“政治转基因工程”，极力鼓吹“军队非党化、非政治化”和“军队国家化”等错误政治观点，妄图对我军拔根去魂，把我军从党的旗帜下拉出去。政治引领是最根本的引领。人民军队必须保持高度的政治警觉性，始终绷紧政治这根弦，持续深化习近平新时代中国特色社会主义思想的理论武装，突出抓好习近平强军思想学习，深入开展党史军史学习教育，大力培育当代革命军人核心价值观，引导官兵在大是大非问题上始终站稳正确立场、保持清醒头脑，不断夯实高举旗帜、听党指挥的思想政治根基。

狠抓制度落实，创新实现形式。党对军队绝对领导的一整套制度，是我们党在马克思主义军事理论指导下进行制度创新的

---

① 习近平：《加强党史军史和光荣传统教育 确保官兵永远听党话、跟党走》，《求是》2021年第15期。

科学结晶。这些制度主要包括：人民军队必须置于中国共产党的绝对领导之下，其最高领导权和指挥权属于党的中央委员会和中央军事委员会；团以上部队和相当于团以上部队的单位设立党的委员会、政治委员和政治机关，营和相当于营的单位设立党的基层委员会和政治教导员，连和相当于连的单位设立党支部和政治指导员；党的各级委员会必须坚持民主集中制，贯彻执行党委（支部）统一的集体领导下的首长分工负责制等。在这套制度体系中，军委主席负责制作为宪法和党章规定的重大制度，处于最高层次、居于统领地位，关系党、国家和军队兴旺发达、长治久安。新的历史条件下，不管形势如何变化，不管改革如何发展，党对军队绝对领导的制度必须一以贯之坚持，不能有丝毫动摇和削弱。

狠抓能力提高，强化贯彻执行。革命战争年代，党指向哪，人民军队就坚决打到哪，是听党指挥的直接体现。和平建设时期，检验军队是否坚持党的领导，主要是看贯彻执行党中央、中央军委的决策指示是否坚决有力、严肃认真，能否把党的政治优势和组织优势转化为制胜优势。聚焦强军胜战，要提高各级党组织尤其是高层党委的战略谋划、真打实备、改革创新、科学管理和狠抓落实能力，切实把建设能带兵打仗的党委班子、带出能打胜仗的过硬部队，作为衡量各级能力水平的重要标志。着眼把枪杆子掌握在忠诚于党的可靠人手中，坚持德才兼备、以德为先，增强选人用人的科学性、准确性和公信度，下功夫培养一批“对党忠诚、善谋打仗、敢于担当、实绩突出、清正廉洁”的军队好干部。坚持党要管党、从严治党，认真贯彻党委民主集中制，落实批评与自我批评，以整风精神严肃党内组织生活，不断增强各级党组织发现和解决自身问题的能力。

坚定不移走中国特色强军之路

走自己的路，是我们党的全部理论和实践立足点，是党百年奋斗得出的历史结论。习主席在庆祝中国共产党成立100周年大会上的重要讲话中指出：“中国特色社会主义是党和人民历经千辛万苦、付出巨大代价取得的根本成就，是实现中华民族伟大复兴的正确道路。”中国特色强军之路，是中国特色社会主义道路在军事领域的展开和体现。新时代加快国防和军队现代化，坚持走中国特色强军之路，本质上就是坚持走中国特色社会主义道路。

全面推进强军兴军战略布局。党的十八大以来，习主席坚持把军队建设放在党的事业全局中谋划运筹，多次强调要“全面推进政治建军、改革强军、科技强军、人才强军、依法治军”，阐明强军兴军的根本保证、关键一招、强大动力、战略资源和法治保障，成为新时代党治国理政战略布局的重要组成。能审局者则多胜。加快国防和军队现代化，必须把这些强军擘画设计贯彻好、落实好。推进政治建军，就是要充分发挥政治工作这个看家本领，使人民军队永葆性质宗旨本色。推进改革强军，就是要着眼设计和塑造军队未来，使我军始终充满蓬勃朝气。推进科技强军，就是要坚持向科技创新要战斗力，努力建设创新型人民军队。推进人才强军，就是要坚定实施人才战略工程，努力培养高素质专业化的新型军事人才队伍。推进依法治军，就是要强化法治信仰、法治思维和法治执行，推动治军方式实现根本性转变。

全面推进军队“四个现代化”。军事理论现代化、军队组织形态现代化、军事人员现代化、武器装备现代化，是国防和军队现代化的重要标志和主要任务。离 2035 年基本实现国防和军队现代化，时间越来越近。必须紧跟现代战争演变，前瞻把握智能化战争特点规律，加快研发颠覆传统对抗规则的作战概念，大力发展具有我军特色、符合现代战争规律的先进作战理论，实质性推进军事理论创新。必须进一步加快改革步伐、健全制度机制、畅通管理链路，不断提高军事系统运行效能和国防资源使用效益。必须坚持为战育人、立德树人，抓紧推进军事人员能力素质全面升级、结构布局全面优化。必须深度掌握全球科技发展新方向新应用，聚力国防科技自主创新、原始创新，加快突破关键核心技术，打造更多克敌制胜的战略“铁拳”，加速武器装备升级和智能化武器迭代发展，推动我军武器装备建设实现体系跃升。

全面推进“三化”融合发展。现代化是一个动态性概念，机械化、信息化、智能化代表人类科技文明发展三个重要阶段，也是国防和军队现代化的三个时代特征。当前，我军正处在机械化、信息化、智能化复合发展当口，机械化为信息化、智能化提供物理载体，在基本实现机械化之时，并不意味着往后军队建设就没有机械化任务了；信息化不是机械化的终结，信息化过程中还有一定的机械化；智能化也不是机械化、信息化的终结，智能化过程中还有一定的机械化、信息化。站在新时代新的起点上，把握我军建设的阶段性特征，遵循战斗力生成规律，必须充分发挥人工智能的渗透赋能作用，以机械化、信息化支撑智能化，以智能化牵引机械化、信息化，加强原创性、引领性科技攻关，加快发展战略性、前沿性、颠覆性技术，加快实施国防科技和武器装备重大战略工程，努力在国防军事领域实现高水平科技自立自强。

坚决捍卫国家主权、安全、发展利益

人民军队是保卫红色江山、维护民族尊严的坚强柱石，也是维护地区和世界和平的强大力量。加快国防和军队现代化，归根结底要求国防实力同经济实力相匹配，使经济社会发展到哪一步、国防实力就跟进到哪一步，确保以更强大的能力、更可靠的手段为经济社会发展提供安全保障，确保在党和人民需要时能够上得去、打得赢。

树立强烈忧患意识、危机意识和打仗意识。居安思危、未雨绸缪是中华民族的生存智慧，闪耀着辩证法的光辉。新中国成立后，我们党决定把《义勇军进行曲》作为国歌，让人们记住“中华民族到了最危险的时候”，就是要不断提醒人们时刻保持忧患意识。当今世界，天下并不太平，国际军事竞争蕴含新变局，我国国家安全形势不容乐观，战争危险现实存在。我们必须丢掉幻想、搞好备战。要深刻汲取近代中国落后挨打的历史教训，坚持把全面彻底清除和平积弊作为一项长期任务，引领各级全部心思向打仗聚焦，各项工作向打仗用劲，始终保持全时待战、随时能战的高度戒备。

加快把备战打仗的能力练过硬。军事领域的对抗激烈残酷，战场上只有冠军没有亚军。只有以实战为牵引，抓好实战化军事训练，才能实现作战能力的大幅跃升。要把握实战化是军事训练的根本属性和要求，坚持仗怎么打、兵就怎么练，强化实战实训、联战联训，紧贴作战任务、作战对手、作战环境，大抓体系对抗训练，大抓复杂环境下训练，大抓极限条件下训练，加大科技练兵力度，把战略战术练精，把作战体系练强。军队可恃的利刃，既靠武器装备更靠战斗作风。要从理想信念入手，加强马克思主义战争观和我军根本职能教育，砥砺革命军人一不怕苦、二不怕死的血性胆魄，引导官兵逢敌亮剑，遇强更强。着眼致敌而不致于敌，要坚持不懈研究军事、研究战争、研究打仗，以敌为师、料敌在先，切实把现代战争的发展趋势和制胜机理搞清楚，把对手的政治决心、作战部署、装备性能等研究透。

有效履行新时代军队使命任务。为中国人民谋幸福、为中华民族谋复兴，是我们党的初心使命。进入新时代，为巩固中国共产党领导和我国社会主义制度提供战略支撑，为捍卫国家主权、统一、领土完整提供战略支撑，为拓展我国海外利益提供战略支撑，为促进世界和平与发展提供战略支撑，是党和人民赋予军队的新时代使命任务。军人生来为胜战。当前，我们离中华民族伟大复兴的目标越来越近，但前方的路绝不是平坦大道。把国家命运牢牢掌握在自己手中，坚决粉碎任何分裂势力的图谋，坚决打破任何外来势力侵犯中国人民的妄想，都离不开军队有效履行使命任务。全军官兵必须强化使命担当，抓紧练兵备战，确保以召之即来、来之能战、战之必胜的实际行动，全面展现中国人民“惹不得”的坚强决心、坚定意志、强大能力。

为什么必须加快国防和军队现代化*

* 作者系姜铁军、王忠华。

习近平总书记在庆祝中国共产党成立100周年大会上的重要讲话中，面向开启第二个百年奋斗目标新征程，提出“九个必须”的历史启示和任务要求，特别是把“必须加快国防和军队现代化”单列其中重要一条，这是我们党对建军治军历史规律的科学揭示，是站在新的历史起点向人民军队发出的政治动员令，也是新时代加快国防和军队现代化的行动纲领，必须认真学习、深入领会、坚决贯彻。

科学总结我们党建军治军经验的必然结论

强国必须强军，军强才能国安。近代以后，我国封建统治者夜郎自大、故步自封，错失发展机遇，结果国家积贫积弱、军事上逐渐落后，最后到了被动挨打的地步。从鸦片战争到甲午战争，再到八国联军侵华，我国军事力量薄弱、武器装备落后，尽管广大军民十分勇敢、浴血奋战，但最终还是不堪一击。鉴于无数革命团体、仁人志士救亡图存和大革命失败的经验教训，党在独立领导武装起义、创建新型军队和长期革命斗争实践过程中，确立了思想建党、政治建军的原则，逐步形成了党对人民军队绝对领导的一系列根本原则和制度，探索总结出枪杆子里面出政权、党指挥枪而决不容许枪指挥党、没有人民的军队便没有人民的一切等建军治军科学经验。新中国成立后，正是因为我们党高度重视国防和军队现代化建设，敢于在关键时刻亮剑，才顶住了来自外部的各种压力，维护了国家的独立、自主、安全、尊严。从思想上政治上建设部队，始终是我军建设的一条基本原则，是能打仗、打胜仗的政治保证。过去我们是这么做的，现在也必须这么做。改革开放和现代化建设新时期以来，党对军队的绝对领导是中国特色社会主义的本质特征，是我国的基本军事制度和中国特色社会主义政治制度的重要组成部分，并上升为新时代坚持和发展中国特色社会主义的一条基本方略，这是有深远政治考虑的。历史和实践一再证明，国防和军队建设始终是国家安全的坚强后盾，没有一个巩固的国防，没有一支强大的人民军队，没有党对这支军队的绝对领导，建设现代化强国就难以真正实现，必须加快国防和军队现代化建设。

深入把握世界大国崛起规律的历史启示

我国正处于由大向强发展的关键阶段。今天，我们比历史上任何时期都更接近、更有信心和能力实现中华民族伟大复兴的目标。“木秀于林，风必摧之”。一个国家往往在两个时期面临的外部压力最大，一个是积贫积弱之时，另一个是发展振兴之时。我们越发展壮大，遇到的阻力和压力就会越大，面临的外部风险就会越多，同各种敌对势力的斗争就越激烈，这就是国际力量此消彼长的逻辑；由大向强、将强未强之际往往是国家安全的高风险期，这是历史发展的规律。据统计，欧洲中世纪100多场战争中，崛起大国与守成大国之间发生的战争占半数以上。15世纪以来崛起大国挑战守成大国的案例有16例，其中发生战争的就有12例。军事这一手弱了，国家安全就没有保障。必须加快建立与我国国际地位相称、与国家安全和发展利益相适应的巩固国防和强大军队，才能支撑起建设社会主义现代化强国的第二个百年奋斗目标。

实现中华民族伟大复兴的必然要求

中国共产党一经诞生，就把为中国人民谋幸福、为中华民族谋复兴确立为自己的初心使命。百年来初心不改、矢志不渝。党团结带领中国人民为实现中华民族伟大复兴，创造了“四个伟大成就”。巩固国防和强大人民军队是新时代坚持和发展中国特色社会主义、实现中华民族伟大复兴的战略支撑。国防和军队建设，必须放在实现中华民族伟大复兴这个大目标下来认识和推进，服从和服务于这个国家和民族最高利益。人民军队自成立起，就同中国人民和中华民族的命运紧紧连在了一起，为实现民族独立和人民解放，为维护国家主权、安全、发展利益，为支援国家经济社会建设和保障人民生命安全，建立了彪炳史册的不朽功勋。中华民族走出苦难、中国人民实现解放，有赖于一支英雄的人民军队；中华民族实现伟大复兴，中国人民实现更加美好生活，必须加快国防和军队现代化建设。党和人民所需就是军队使命任务所系。我军必须服从服务于党的历史使命，把握新时代国家安全战略需求，为实现中华民族伟大复兴提供战略支撑。军队必须担当起党和人民赋予的新时代使命任务。我国是中国共产党领导的社会主义国家，政治安全始终是治国安邦的根本，人民军队必须为巩固中国共产党领导和我国社会主义制度提供战略支撑；我国还没有实现祖国完全统一，同周边多个国家存在领土主权和海洋权益争端，人民军队必须为捍卫国家主权、统一、领土完整提供战略支撑；国家利益向全球不断拓展，形成了重大海外利益格局，人民军队必须为拓展我国海外利益提供战略支撑；实现中华民族伟大复兴，要有一个和平的国际环境和周边环境，人民军队必须为促进世界和平与发展提供战略支撑。

赢得军事竞争战略优势的深谋远虑

当前，军事领域发展变化广泛而深刻，国际军事竞争空前激烈，成为世界大发展大变革大调整重要内容。世界新军事革命正在加速推进，这场军事领域发展变化，以信息化为核心，以军事战略、军事技术、作战思想、作战力量、组织体制和军事管理创新为基本内容，以重塑军事体系为主要目标，其速度之快、范围之广、程度之深、影响之大，前所未有。这场世界新军事革命，覆盖了战争和军队建设全部领域，直接影响着国家的军事实力和综合国力，关乎战略主动权。面对军事革命浪潮风起云涌，各主要国家纷纷加快军事变革，抢占军事竞争战略制高点，争夺国际军事竞争新优势。这给我军提供了难得的历史机遇，同时也提出了严峻挑战。机遇稍纵即逝，抓住了就能乘势而上，抓不住就可能错过整整一个时代。加快国防和军队现代化，紧紧扣住世界军事发展时代脉搏，蕴含着抢占21世纪战略主动权的深邃思考。我们必须加快推进中国特色军事变革，缩小同世界强国在军事实力上的差距，努力掌握军事竞争战略主动权。

陆

必须不断推动构建人类命运共同体

和平、和睦、和谐是中华民族 5000 多年来一直追求和传承的理念，中华民族的血液中没有侵略他人、称王称霸的基因。中国共产党关注人类前途命运，同世界上一切进步力量携手前进，中国始终是世界和平的建设者、全球发展的贡献者、国际秩序的维护者！

新的征程上，我们必须高举和平、发展、合作、共赢旗帜，奉行独立自主的和平外交政策，坚持走和平发展道路，推动建设新型国际关系，推动构建人类命运共同体，推动共建“一带一路”高质量发展，以中国的新发展为世界提供新机遇。中国共产党将继续同一切爱好和平的国家和人民一道，弘扬和平、发展、公平、正义、民主、自由的全人类共同价值，坚持合作、不搞对抗，坚持开放、不搞封闭，坚持互利共赢、不搞零和博弈，反对霸权主义和强权政治，推动历史车轮向着光明的目标前进！

——习近平总书记在庆祝中国共产党成立 100 周年大会上的讲话

服务民族复兴，促进人类进步，不断推动构建人类命运共同体 *

* 作者系外交部党委理论学习中心组。

习近平总书记在庆祝中国共产党成立100周年大会上发表的重要讲话，贯穿辩证唯物主义和历史唯物主义的世界观方法论，揭示历史规律，把握时代大势，擘画未来蓝图，提出了一系列新的重大思想、重大观点、重大论断，将我们党对共产党执政规律、社会主义建设规律、人类社会发展规律的认识提升到新高度，为全党全国各族人民向第二个百年奋斗目标迈进指明了前进方向、提供了根本遵循，是习近平新时代中国特色社会主义思想的最新篇章，是闪耀着马克思主义真理光芒的光辉文献。

一

习近平总书记在庆祝中国共产党成立100周年大会上的重要讲话从九个方面深刻总结了中国共产党百年非凡历程的经验启示。关于“以史为鉴、开创未来，必须不断推动构建人类命运共同体”的重要论述，立志民族伟大复兴，胸怀人类前途命运，致力世界和平发展和人类进步事业，深刻阐述了中国特色大国外交的基本主张、总体目标和根本原则，诠释了人类命运共同体理念的丰富内涵和实现路径。这是中华民族伟大复兴进入不可逆转历史进程中的国际宣言，宣示了中国共产党对人类发展进步作出更大贡献、为人类美好未来不懈奋斗的责任担当，为踏上新征程的中国特色大国外交树立了旗帜、明确了方向，具有重大理论价值、重要历史意义和深远世界影响。

构建人类命运共同体是习近平外交思想的核心理念，是党的十八大以来中国外交理论和实践创新成果之集大成，立意高远、思想深邃、内涵丰富，具有以下鲜明特性：

真理性。习近平总书记运用马克思主义的立场观点方法，汲取中华优秀传统文化积淀的中国智慧，洞察世界发展大势，深刻指出："随着世界多极化、经济全球化、社会信息化不断发展，各国利益交融、兴衰相伴、安危与共，形成了你中有我、我中有你的命运共同体。"①"人类只有一个地球，各国共处一个世界。"②"我们生活在同一个地球村，应该牢固树立命运共同体意识。"③人类命运共同体理念是普遍联系的辩证思维在社会历史领域的具体运用，揭示了世界各国相互依存和人类命运紧密相连的客观现实和发展规律，是马克思主义中国化时代化的最新成果之一。

时代性。任何科学思想都是对时代之问的回答。当前，百

---

① 习近平：《在中国国际友好大会暨中国人民对外友好协会成立60周年纪念活动上的讲话》，新华网2014年5月15日。

② 《中国共产党第十八次全国代表大会文件汇编》，人民出版社2012年，第43页。

③ 《习近平谈治国理政》第一卷，外文出版社2018年版，第330页。

年变局和世纪疫情交织叠加，世界进入动荡变革期，不稳定性不确定性不可预测性显著上升，各种新问题新挑战层出不穷。习近平总书记站在历史和时代的高度，从中国与世界共同利益、全人类共同福祉出发，提出构建人类命运共同体的重大倡议，回答了“建设一个什么样的世界，怎样建设这个世界”的时代之问。习近平总书记指出：“要建立平等相待、互商互谅的伙伴关系，营造公道正义、共建共享的安全格局，谋求开放创新、包容互惠的发展前景，促进和而不同、兼收并蓄的文明交流，构筑尊崇自然、绿色发展的生态体系。”[①] 新冠肺炎疫情发生后，习近平总书记多次强调：“疫情再次说明，人类命运休戚与共，各国利益紧密相连，世界是不可分割的命运共同体。”[②] 联合国秘书长古特雷斯呼吁，世界走出疫情只有一种方式，那就是一同走出疫情。在病毒威胁面前，我们必须团结一致，共克时艰。

实践性。推动构建人类命运共同体是中国共产党成功运用辩证唯物主义认识世界、改造世界的伟大实践，是马克思主义实践性在新时代的具体体现和行动指南。党的十八大以来，习近平总书记创造性提出构建人类命运共同体、构建新型国际关系、共

---

① 中共中央宣传部编：《习近平总书记系列重要讲话读本（2016 年版）》，学习出版社、人民出版社 2016 年版，第 265 页。

② 《习近平在亚太经合组织第二十七次领导人非正式会议上的讲话》，人民出版社 2020 年版，第 2 页。

建“一带一路”等一系列外交新理念新主张新倡议，积极倡导中国的国际秩序观、全球治理观、全球安全观、发展观、生态文明观。习近平总书记在疫情发生后进一步提出构建“人类卫生健康共同体”重大倡议，我国发起新中国历史上最大规模的紧急人道主义行动，为支持发展中国家抗疫和恢复经济社会发展提供援助，推动疫苗成为发展中国家用得上、用得起的公共产品。习近平总书记宣布中国力争于2030年前实现碳达峰、2060年前实现碳中和目标，展示了负责任的大国担当。我国积极向广大发展中国家提供无偿援助、优惠贷款、技术支持、人员支持，建成大批经济社会发展和民生改善项目，以实实在在的行动促进各国共同发展。这些都成为人类命运共同体理念的生动实践。

包容性。人类命运共同体理念植根深厚博大的中华文化，是一个生机勃勃、开放包容的体系。习近平总书记在庆祝中国共产党成立100周年大会上的重要讲话中强调：“中国共产党将继续同一切爱好和平的国家和人民一道，弘扬和平、发展、公平、正义、民主、自由的全人类共同价值。”人类命运共同体理念主张不同社会制度、不同意识形态、不同历史文明、不同发展水平的国家求同存异、包容发展、加强合作、谋求共赢，维护和拓展各自正当国家利益，并为推动人类社会发展进步作出应有贡献。各国应利益共享、责任共担，为打造命运共同体提供重要基础，最终实现人类共同根本利益。

二

“大道之行也，天下为公。”党的十八大以来，人类命运共同体实现从理念到实践的跨越，为深入推进中国特色大国外交发挥了引领作用，得到国际社会广泛的理解、支持和认同。

人类命运共同体的理论内涵不断丰富发展。2012 年，党的十八大报告正式提出“倡导人类命运共同体意识”。习近平总书记 2015 年在第七十届联合国大会一般性辩论时提出：“当今世界，各国相互依存、休戚与共。我们要继承和弘扬联合国宪章的宗旨和原则，构建以合作共赢为核心的新型国际关系，打造人类命运共同体。”2017 年在联合国日内瓦总部演讲中进一步提出建设持久和平、普遍安全、共同繁荣、开放包容、清洁美丽的世界。习近平总书记还在联合国、世界卫生大会、二十国集团等会议上提出一系列主张倡议，使这一重要理念的内涵不断丰富拓展。推动构建人类命运共同体已经载入党章和宪法，上升为党和国家的意志。中华民族追求和平、和睦、和谐，中国共产党同世界上一切进步力量携手前进，中国外交高举和平、发展、合作、共赢旗帜，奉行独立自主的和平外交政策，推动建设新型国际关系，推动构建人类命运共同体。这彰显了中国外交在新的历史起点上构建人类命运共同体的坚定意志和不懈追求。

人类命运共同体理念的实践不断取得新进展。近年来，我国已提出同多个发展中国家构建命运共同体倡议，亚洲命运共同体、中非命运共同体、中阿命运共同体、中拉命运共同体等应运而生，建设成就斐然。习近平总书记在信息技术革命日新月异、数字经济蓬勃发展的大背景下提出构建“网络空间命运共同体”倡议，2021 年 4 月出席领导人气候峰会时提出构建“人与自然生命共同体”重大倡议，推动人类命运共同体理念在数字治理、生态环境等领域深入实践。

人类命运共同体理念日益得到广泛认可。构建人类命运共同体理念被写入联合国、上海合作组织等多项多边决议或宣言，在国际社会特别是广大发展中国家产生积极效应和重大影响，凝聚了广泛国际共识。特别是在疫情背景下，不少国家政要、学者公开撰文支持在人类命运共同体理念指引下建立新的全球治理模式，探寻符合人类整体利益的发展之路和治理之道，认为人类命运共同体是关于全球治理的重要思想，为解决人类团结抗疫面临的包括疫苗供应在内的一系列紧迫问题提供了正确方案。

三

伟大的时代产生伟大的思想，伟大的思想引领伟大的实践。推动构建人类命运共同体是习近平总书记向全世界发出的重大倡议，是我们党在迈向第二个百年奋斗目标新征程中必须遵循的根本原则之一。外交战线将以习近平新时代中国特色社会主义思想特别是习近平外交思想为指导，统筹中华民族伟大复兴战略全局和世界百年未有之大变局，心怀“国之大者”，牢牢把握服务民族复兴、促进人类进步这条主线，为推动构建人类命运共同体接续奋斗，努力开创对外工作新局面。

立己达人，展现中国共产党的天下情怀和世界担当。“计利当计天下利。”习近平总书记在庆祝中国共产党成立100周年大会上的重要讲话中强调：“中国共产党关注人类前途命运，同世界上一切进步力量携手前进，中国始终是世界和平的建设者、全球发展的贡献者、国际秩序的维护者。”在2021年7月6日举行的中国共产党与世界政党领导人峰会上，习近平总书记强调“中国共产党将履行大国大党责任，为增进人类福祉作出新贡献”。在中国共产党领导下，中国用几十年时间走完了发达国家几百年走过的工业化历程。中国没有采取殖民他国、阶级压迫、单纯资本驱动等西方国家实现现代化的传统路径，而是依靠自身艰苦卓绝的奋斗走出了一条独立自主、和平发展的新道路。毛泽东同志曾提出：“中国应当对于人类有较大的贡献。”[①] 进入新时代，习近平总书记强调“通过推动中国发展给世界创造更多机遇，通过深化

① 《邓小平文选》第二卷，人民出版社1994年版，第90页。

自身实践探索人类社会发展规律并同世界各国分享”[1]。这样的天下情怀一以贯之。我们要高举人类命运共同体旗帜，团结世界上一切维护和平、支持发展、追求正义的进步力量，共同走和平发展道路，推动构建人类命运共同体的实践走深走实。

合作共赢，大力推动建设新型国际关系。新型国际关系的实质是超越传统国际关系的强权政治、丛林法则，核心内涵是相互尊重、公平正义、合作共赢。习近平总书记在庆祝中国共产党成立 100 周年大会上的重要讲话中提出“坚持合作、不搞对抗，坚持开放、不搞封闭，坚持互利共赢、不搞零和博弈，反对霸权主义和强权政治”。我们要推动各国共同走和平发展之路，积极构建新型国际关系，为构建人类命运共同体铺平道路。深入发展中俄新时代全面战略协作伙伴关系，保持中俄战略协作高水平。管控分歧，聚焦合作，推动中美关系健康稳定发展，同时对美方损害我国利益言行坚决斗争反制。中欧要坚持和平共处，坚持开放合作，坚持多边主义，坚持对话协商，增进互信，妥处分歧，携手育新机、开新局。按照亲诚惠容理念加强同周边国家睦邻友好关系，秉持正确义利观和真实亲诚理念推动同发展中国家友好合作关系迈上新台阶，巩固深化平等、开放、合作为特征的伙伴关系网络。

① 《习近平谈治国理政》第三卷，外文出版社 2020 年版，第 436 页。

开放包容，不懈追求全人类共同价值。习近平总书记在2015年第七十届联合国大会上首次提出和平、发展、公平、正义、民主、自由的全人类共同价值，此后又在多个重要双多边场合进行深刻阐释，体现了中国对全人类共同价值的坚守和践行。全人类共同价值反映各国人民的普遍共识和国际社会的共同追求，是不同国家、不同民族、不同文明的最大公约数。维护和平是每个国家都应该肩负起来的责任，各国要坚决摒弃冷战思维和强权政治，共同维护比金子还珍贵的和平时光。发展是第一要务，各国要同舟共济，推进开放、包容、普惠、平衡、共赢的经济全球化，让发展成果惠及世界各国。公平、正义是改革和完善国际秩序的根本要求，不能搞双重标准，不能“合则用、不合则弃”。民主、自由是全人类的共同追求，并不是少数国家的专利；实现民主的形式丰富多彩，没有固定模式，也不存在标准答案。

汇聚合力，高质量共建“一带一路”。2013年，习近平总书记历史性地提出共建“一带一路”重大倡议，打造了世界上最大的开放合作平台。商务部国际贸易经济合作研究院编撰的《中国“一带一路”贸易投资发展报告2021》显示，截至2021年6月，我国已同140个国家和32个国际组织签署206份共建“一带一路”合作文件。“六廊六路多国多港”建设也在稳步推进。2021年上半年，中欧班列累计开行7377列，发送70.7万标箱，同比分别增长43%、52%，再创新高。[①] 据国家统计局7月15日发布数据，我国国内生产总值同比增长12.7%，对全球经济增长贡献率居世界首位。“预计未来10年累计商品进口额有望超过22万亿美元”[②]，“一带一路”沿线国家可望充分共享中国超大规模市场释放出的巨大潜力。习近平总书记在庆祝中国共产党成立100周年大会上的重要讲话中强调：“以中国的新发展为世界提供新机遇。”我们要贯彻新发展理念，构建新发展格局，以推进开放合作支撑更高水平开放型经济新体制建设。坚持共商共建共享原则，以自身发展引领高质量共建“一带一路”，加快打造健康、数字、绿色丝绸之路等新增长点，为各国共同发展提供更多公共产品。继续推进区域及全球贸易和投资自由化便利化，维护全球产业链供应链开放、安全和稳定。“一带一路”是开放包容的，我们不排斥其他国家提出好的合作计划，希望它们落到实处，多为发展中国家创造就业和福祉。

勇于担当，主动引领全球治理体系改革。当前，逆全球化思潮持续蔓延，民粹主义、保护主义盛行，全球治理面临的困难和挑战上升，迫切需要加强全球治理体系建设和改革。我们应着眼

---

① 《上半年中欧班列累计开行7377列 覆盖范围扩展至欧洲23个国家》，人民网2021年7月10日。

② 《习近平在第三届中国国际进口博览会开幕式上的主旨演讲》，新华网2020年11月4日。

后疫情时代国际秩序调整演变，坚定维护以联合国宪章宗旨和原则为基础的国际关系基本准则，维护以联合国为核心的国际体系和以国际法为基础的国际秩序，维护以世界贸易组织为核心的多边贸易体制。践行真正的多边主义，主动引领全球治理体系变革。我们坚决反对以多边之名行单边之实的“伪多边主义”，反对用少数几个国家制定的所谓“规则”取代普遍认同的国际法，反对任何形式的“新冷战”和意识形态对抗。深入参与应对公共卫生、气候变化、网络安全等领域国际合作，持续推动国际关系民主化，提高发展中国家在国际事务中的代表性和发言权。倡导对话弥合分歧，谈判化解争端，践行中国特色热点问题解决之道。

敢于斗争，坚定捍卫国家利益。习近平总书记在庆祝中国共产党成立100周年大会上的重要讲话中指出：“敢于斗争、敢于胜利，是中国共产党不可战胜的强大精神力量。”新的征程上，必须增强忧患意识、始终居安思危，深刻认识错综复杂的国际环境带来的新矛盾新挑战，敢于斗争、善于斗争，逢山开道、遇水架桥，勇于战胜一切风险挑战，坚定维护国家核心和重大利益。坚决维护国家政治安全，同个别国家攻击抹黑我国政治制度开展针锋相对斗争，坚决挫败其挑拨离间中国共产党同中国人民血肉联系的图谋。在台湾、涉港、涉疆、涉藏、涉海、涉疫、人权等重大问题上，反对任何外部势力干涉中国内政、损害中国合法权益，坚定捍卫国家利益和民族尊严。

“乘势而上开山河，风雨无阻向前进”。站在“两个一百年”历史交汇的关键节点，外交战线将更加深入学习贯彻习近平新时代中国特色社会主义思想特别是习近平外交思想，不断增强“四个意识”、坚定“四个自信”、做到“两个维护”，更加奋发有为地向着全面建成社会主义现代化强国的目标砥砺奋进，为实现中华民族伟大复兴、推动构建人类命运共同体作出更大贡献。

推动历史车轮
向着光明目标前进*

* 作者系习近平外交思想研究中心，执笔徐步。

习近平总书记在庆祝中国共产党成立100周年大会上的重要讲话中指出："以史为鉴、开创未来，必须不断推动构建人类命运共同体。"当前，百年变局和世纪疫情交织叠加，世界进入动荡变革期，人类社会发展面临更多不稳定性、不确定性。习近平总书记准确把握中国与世界关系的历史性变化，积极回应国际社会的共同诉求，强调不断推动构建人类命运共同体，科学回答了人类社会应该向何处去这一重大时代命题。

推动构建人类命运共同体是时代要求

习近平总书记在庆祝中国共产党成立100周年大会上的重要讲话中指出："中国共产党关注人类前途命运，同世界上一切进步力量携手前进，中国始终是世界和平的建设者、全球发展的贡献者、国际秩序的维护者！"推动构建人类命运共同体，是中国共产党顺应时代潮流、担当时代使命，为开创人类美好未来而提出的中国方案。

推动构建人类命运共同体顺应世界发展大势。当前，国际形势深刻复杂演变。同时，和平与发展仍然是当今时代主题，世界多极化趋势没有根本改变，经济全球化展现出新的韧性。各国开放合作的共识进一步加深，对维护多边主义、加强文明交流互鉴的呼声愈发强烈。人类是一个整体，地球是一个家园，面对共同挑战，任何人任何国家都无法独善其身。推动构建人类命运共同体，维护世界和平、促进共同发展，是各国人民的共同期待，也是世界发展的潮流。

推动构建人类命运共同体是实现和平发展、合作共赢的正确方案。习近平总书记指出："我们所处的是一个充满挑战的时代，也是一个充满希望的时代。"[①] 当前，世界的和平、发展、合作正面临严重挑战，多边主义同单边主义激烈博弈，全球治理体系经历前所未有的调整。推动构建人类命运共同体，以睦邻友好超越以邻为壑，以互利合作取代零和博弈，以多边主义战胜单边主义，以交流互鉴避免文明冲突，以绿色发展呵护地球家园，不仅为人类应对挑战提供了可行方案，也为人类走向美好未来擘画了宏伟蓝图。

推动构建人类命运共同体符合世界各国人民根本利益。无论世界怎样改变，各国人民对美好生活的向往不会改变。让和平的薪火代代相传，让发展的动力源源不断，让文明的光芒熠熠生辉，是世界各国人民的共同期待。推动构建人类命运共同体，既维护中国人民利益，也维护世界各国人民利益，回应了各国人民求和平、谋发展、促合作的普遍诉求，为实现各国人民对美好生

---

① 《习近平在博鳌亚洲论坛2021年年会开幕式上发表主旨演讲》，《人民日报》2021年4月21日。

活的向往指明了正确方向。

携手共建人类命运共同体

“大道之行也，天下为公。”人类是荣辱与共的命运共同体。当前，国际社会唯有加强合作、共克时艰，才能推动经济复苏，走上稳定发展的轨道。各国要从人类共同利益出发，把本国人民利益同世界各国人民利益统一起来，携手加强全球治理，共建人类命运共同体，建设持久和平、普遍安全、共同繁荣、开放包容、清洁美丽的世界。

坚持相互尊重。随着世界多极化、经济全球化、社会信息化、文化多样化深入发展，各国之间的相互联系和相互依存日益加深。与此同时，经济全球化遭遇逆流，地区冲突频繁发生，非传统安全威胁持续蔓延。针对人类社会面临的各种挑战，国际社会必须在相互尊重的基础上通过对话协商探讨解决之道。习近平总书记指出：“现代化道路并没有固定模式，适合自己的才是最好的，不能削足适履。每个国家自主探索符合本国国情的现代化道路的努力都应该受到尊重。”[①] 各国人民都有自主选择政治制度

① 习近平：《加强政党合作 共谋人民幸福——在中国共产党与世界政党领导人峰会上的主旨讲话》，新华社 2021 年 7 月 6 日。

的权利，都有自主选择自身发展道路的权利。全球没有放之四海而皆准的制度，任何国家都不应也无权把自身的政治制度强加给别国。每个国家既是国际社会大家庭中的一员，同时也有各自文化传统和现实国情。走什么样的发展道路，只能由各国人民自己决定。

遵循公平正义。在近代以来的国际关系历史中，西方列强曾在全世界实施侵略扩张，20 世纪两场世界大战使人类遭受空前浩劫，美苏冷战又使人类社会长期被战争阴影笼罩。没有公平正义，强权政治就会横行霸道。现行国际体系和国际秩序的核心理念是多边主义。习近平总书记指出："国际规则应该是世界各国共同认可的规则，而不应由少数人来制定。"[①] 中国坚决维护联合国宪章宗旨和原则，倡导国际上的事大家商量着办。中国一贯坚持多边主义，反对以多边主义之名行单边主义之实，坚持国际关系民主化，反对霸权主义和强权政治，反对干涉他国内政，反对把自己的意志强加于人。必须着力改变不公正不合理的国际政治经济秩序，秉持共商共建共享的全球治理观，按照公平公正原则解决纷争问题。坚持国家不分大小、强弱、贫富一律平等，按照事情本身的是非曲直处理问题，推动国际秩序和全球治理体系朝着更加公正合理的方向发展。

---

① 习近平：《加强政党合作 共谋人民幸福——在中国共产党与世界政党领导人峰会上的主旨讲话》，新华社 2021 年 7 月 6 日。

促进交流互鉴。习近平总书记指出："人类文明多样性是世界的基本特征，也是人类进步的源泉。"[①]"文明因多样而交流，因交流而互鉴，因互鉴而发展。"[②]"每一种文明都扎根于自己的生存土壤，凝聚着一个国家、一个民族的非凡智慧和精神追求，都有自己存在的价值。"[③]文明并无高低优劣之分。要秉持平等和尊重，摒弃傲慢和偏见，加深对自身文明和其他文明差异性的认知，以宽广胸怀理解不同文明对价值内涵的认识，尊重不同国家人民对价值实现路径的探索，推动不同文明交流对话、和谐共生，既让本国文明充满勃勃生机，又为他国文明发展创造条件，让世界文明百花园群芳竞艳。

推动合作共赢。习近平总书记指出："从命运与共的角度看，世界是宽广博大的，处处都有合作机遇。"[④]世界和平、发展、稳定和繁荣，既是国际社会广大民众的共同愿望，也是构建人类命运共同体的题中应有之义。要实现构建人类命运共同体目标，必须在合作的过程中坚持共商共建共享的理念。支持多边贸易体制，推动开放型世界经济建设，促进贸易和投资自由化便利化，

---

① 《习近平：共同构建人类命运共同体》，新华网 2021 年 1 月 1 日。

② 习近平：《深化文明交流互鉴 共建亚洲命运共同体——在亚洲文明对话大会开幕式上的主旨演讲》，人民出版社 2019 年版，第 5 页。

③ 习近平：《深化文明交流互鉴 共建亚洲命运共同体——在亚洲文明对话大会开幕式上的主旨演讲》，人民出版社 2019 年版，第 6 页。

④ 习近平：《加强政党合作 共谋人民幸福——在中国共产党与世界政党领导人峰会上的主旨讲话》，新华社 2021 年 7 月 6 日。

推动经济全球化朝着更加开放、包容、普惠、平衡、共赢的方向发展。打造国际合作新平台，努力实现政策沟通、设施联通、贸易畅通、资金融通、民心相通。

为推动构建人类命运共同体贡献中国力量

当前，实现中华民族伟大复兴进入了不可逆转的历史进程，中国共产党正团结带领中国人民向着全面建成社会主义现代化强国的第二个百年奋斗目标迈进。实现中华民族伟大复兴的中国梦，与各国人民的美好梦想息息相通。我们要统筹中华民族伟大复兴战略全局和世界百年未有之大变局，为实现中华民族伟大复兴创造良好外部条件，不断为推动构建人类命运共同体、建设更加美好的世界作出新的更大的贡献。

拓展全球伙伴关系网，推动建设新型国际关系。中国坚定奉行独立自主的和平外交政策，不扩张、不称霸、不谋求势力范围，同一切单边主义和霸凌行径作坚决斗争，坚定维护国际公平正义，为世界和平与发展注入强大正能量。积极维护与大国关系的总体稳定、均衡发展，按照亲诚惠容理念和与邻为善、以邻为伴周边外交方针深化同周边国家关系，秉持正确义利观和真实亲诚理念加强同发展中国家团结合作，不断扩大我国的“朋友圈”。

中国不断拓展对外开放与合作共赢新局面，成为120多个国家和地区的最大贸易伙伴，同26个国家和地区签署了19个自贸协定，以中国的新发展为世界提供新机遇。

奏响互利共赢合奏曲，推动共建“一带一路”高质量发展。中国秉持和平合作、开放包容、互学互鉴、互利共赢的丝路精神，坚持走团结合作、互联互通、共同发展之路，同各方一道建设更加紧密的“一带一路”伙伴关系。目前，已同140个国家和32个国际组织签署了共建“一带一路”合作文件，与“一带一路”合作伙伴贸易额累计超过9.2万亿美元，中国企业在沿线国家直接投资累计超过1300亿美元。[①]“一带一路”已成为当今世界范围最广、规模最大的国际合作平台，开创了同世界各国共同繁荣发展的新前景。

谱写多边主义新篇章，推动全球治理体系变革。中国坚定维护以联合国为核心的国际体系、以国际法为基础的国际秩序，已加入了几乎所有普遍性政府间国际组织。中国秉持共商共建共享的全球治理观，高举多边主义旗帜，是派出国际维和人员最多的安理会常任理事国。中国向多个国家提供抗疫物资援助，迄今已对外提供超过8亿剂新冠疫苗，成为对外提供疫苗最多的国家。2021年全年，中国将努力向全球提供20亿剂疫苗。中国决定向

① 《一带一路，开创共同发展的光明未来》，《人民日报》2021年7月9日。

“新冠疫苗实施计划”捐赠1亿美元，用于向发展中国家分配疫苗，展现出负责任的大国担当。[①]

开创共同发展新境界，引领全球可持续发展合作。中国在历史性解决自身绝对贫困问题的同时，成立中国国际扶贫中心，对多个国家和组织的扶贫工作者进行培训，为加速全球减贫进程贡献中国智慧和中国力量。积极开展南南合作，向160多个发展中国家提供各类援助，开展了大量技术合作和人力资源开发合作项目。秉持绿水青山就是金山银山理念，宣布碳达峰、碳中和具体目标，展现了建设清洁美丽世界的坚定决心。

路虽远，行则将至。构建人类命运共同体顺应时代潮流、顺应各国人民心声，指明了人类社会的美好未来。中国将始终站在历史正确的一边，站在人类进步的一边，携手世界上一切进步力量，推动历史车轮向着光明目标前进。

① 《外交部举行新冠病毒溯源问题驻华使节吹风会》，新华网2021年8月13日。

以中国的新发展为世界提供新机遇*

* 作者朱锋，南京大学国际关系学院教授。

改革开放以来，中国坚持对外开放基本国策，积极融入经济全球化进程，在实现自身发展的同时为世界提供机遇，在与世界的良性互动、互利共赢中开拓发展新境界。

中国在短短几十年时间里发展成为世界第二大经济体、第一大货物贸易国、第一大外资流入国、120多个国家和地区的最大贸易伙伴，连续多年对世界经济增长贡献率达到30%左右。中国经济与世界经济发展相互促进。

中国提出并积极推动共建“一带一路”。几年来，经过多方共同努力，“一带一路”从愿景变为现实、从理念化为行动，成为当今世界范围最广、规模最大的国际合作平台。世界银行报告指出，“一带一路”倡议全面实施将使全球贸易额和全球收入分别增长6.2%和2.9%。共建“一带一路”为参与国家和世界经济增长带来红利、增添动力。

新冠肺炎疫情在全球蔓延，给世界经济带来严重冲击。在世界主要经济体中，中国率先控制疫情、率先实现经济正增长，为世界经济复苏提供强大动力。据国家统计局数据，2020年，中美双边货物贸易总值增长8.8%。据欧盟统计局数据，2020年欧盟对中国的出口同比增长2.2%，进口同比增长5.6%。2021年一季度，中国对“一带一路”沿线国家进出口2.5万亿元，增长

21.4%。[1] 中国经济的巨大活力，为全球经济更快复苏提供重要支撑。同时，中国敞开大门，不断提高对外开放水平，也为世界经济尽快从疫情影响中复苏增添动力。在世界面临更多不稳定性不确定性之时，稳健的中国经济对世界越来越重要。

当前，中国正立足新发展阶段，贯彻新发展理念，构建新发展格局，推动高质量发展。随着中国经济结构不断优化，发展质量和效益进一步提升，中国将为世界提供更多新的发展机遇。

新发展阶段，创新在我国社会主义现代化建设中发挥着越来越重要的作用。随着科技领域开放合作进一步扩大，中国的科技创新成果将会惠及更多国家和人民，中国新产业新业态不断涌现，为世界经济提供新的增长点。中国拥有 14 亿多人口，人均国内生产总值已经突破 1 万美元。人们对生活品质的要求不断提升，我国消费升级态势明显，消费空间和潜力巨大，将为世界各国创造更多市场机会。中国不断优化营商环境，推动贸易和投资自由化便利化，为国外生产者、投资者提供更加广阔的空间、更加优质的营商环境。中国正在有序做好碳达峰、碳中和工作，中国在绿色发展上的努力，将为全球绿色经济发展、全球气候合作提供更多契机和平台。中国推动高质量发展，为世界带来多方面、多领域的机遇，中国的新发展将是与世界融合度更高、为世界共同

① 《国务院新闻办就 2021 年一季度进出口情况举行发布会》，中国政府网 2021 年 4 月 14 日。

繁荣作出更大贡献的发展。

习近平总书记在庆祝中国共产党成立100周年大会上的重要讲话中强调："坚持合作、不搞对抗，坚持开放、不搞封闭，坚持互利共赢、不搞零和博弈。"尽管遭遇逆全球化、贸易保护主义等逆风逆流，中国始终是全球共同开放的重要推动者，促使经济全球化朝着更加开放、包容、普惠、平衡、共赢的方向发展。中国日益走近世界舞台中央，积极推动完善全球治理，为国际社会提供更多更好的公共产品。目前，高质量共建"一带一路"深入推进，在团结应对挑战、释放发展潜力、促进经济社会恢复上展现更大作为。2020年11月15日，区域全面经济伙伴关系协定（RCEP）签署，这是当今世界在区域经济一体化上迈出的重要一步。中国已批准RCEP，正在积极推动RCEP尽快生效实施。中国的这些努力，不仅带来全球经济治理机制的完善、区域经济合作的扩大和深化，更为促进各国友好往来、促进全球互联互通增添了新动能。

同一切爱好和平的国家和人民，一道弘扬全人类共同价值*

* 作者许利平，中国社会科学院亚太与全球战略研究院研究员。

当今世界正经历百年未有之大变局，世界多极化、经济全球化处于深刻变化之中，全球治理体系和国际秩序变革加速推进。同时，百年变局和世纪疫情交织叠加，不稳定性不确定性显著增加，人类社会面临诸多挑战。习近平总书记在庆祝中国共产党成立100周年大会上的重要讲话中强调："中国共产党将继续同一切爱好和平的国家和人民一道，弘扬和平、发展、公平、正义、民主、自由的全人类共同价值。"弘扬全人类共同价值，是着眼各国人民共同尊严与福祉、人类文明发展进步的重大倡议，彰显了我们党对人类前途命运高度负责的态度，让世界充分感受到中国特色大国外交深厚的人民情怀与道义担当。

当前，人类前途命运休戚与共，各国相互联系和彼此依存比过去任何时候都更频繁、更紧密。在全球性挑战此起彼伏的今天，任何国家都难以独善其身，世界各国需要团结合作，共同携手解决全人类面临的难题。共同行动呼唤共同价值。全人类共同价值是人类社会实践的产物，也是人类交流交往的结果。全人类共同价值符合世界各国人民的共同追求，顺应人类发展进步的时代潮流，也为构建人类命运共同体提供了价值基础。共同应对人类面临的挑战，需要以全人类共同价值凝聚各方力量，推动构建人类命运共同体。

2015年，习近平总书记在出席第七十届联合国大会一般性辩论时指出："和平、发展、公平、正义、民主、自由，是全人类的共同价值，也是联合国的崇高目标。”此后，习近平总书记在多个场合提及全人类共同价值。对全人类共同价值的弘扬，彰显了中国负责任大国的担当。

和平与发展仍然是当今时代主题。在和平环境下，各国才能获得发展；各国发展起来，也有助于巩固世界和平。在国际舞台上，中国始终是推动全球和平与发展的重要力量。习近平总书记指出：“前进道路上，我们必须高举和平、发展、合作、共赢的旗帜，恪守维护世界和平、促进共同发展的外交政策宗旨，推动建设相互尊重、公平正义、合作共赢的新型国际关系。”① 从历史和现实来看，中国始终坚持不称霸、不扩张、不谋求势力范围。中国提出和平共处五项原则，倡导共同、综合、合作、可持续的安全观，致力于通过和平方式解决争端，与世界各国人民一道共同维护世界和平。中国积极争取和平的国际环境发展自己，又以自身的发展更好地维护世界和平、促进共同发展。

习近平总书记指出：“公平正义是世界各国人民在国际关系领域追求的崇高目标。”② 维护公平正义，推动国际关系民主化，必须尊重各国主权、安全和领土完整，坚持国家不分大小、强弱、贫富一律平等，反对强加于人、反对干涉内政、反对以强凌弱，

---

① 《习近平谈治国理政》第三卷，外文出版社 2020 年版，第 187 页。

② 习近平：《弘扬和平共处五项原则 建设合作共赢美好世界——在和平共处五项原则发表 60 周年纪念大会上的讲话》，人民网 2014 年 6 月 29 日。

尊重各国人民选择自身发展道路的权利。在全球治理中，倡导共商共建共享理念，促进全球治理体系变革。支持联合国发挥积极作用，支持扩大发展中国家在国际事务中的代表性和发言权。中国坚定维护以联合国为核心的国际体系，坚定维护以国际法为基础的国际秩序，始终做世界和平的建设者、全球发展的贡献者、国际秩序的维护者。

民主和自由是世界各国人民的共同追求。中国将民主和自由作为社会主义核心价值观重要组成部分，中国人民享有广泛而真实的民主和自由。中国发展全过程人民民主，保障国家一切权力属于人民，充分实现民主权利，有效维护和发展人民根本利益，为人类政治文明进步贡献中国智慧和中国方案。

在纷繁复杂的世界中，我们要推动全人类共同价值深入人心，凝聚各国人民力量共同应对挑战。世界各国需要相互学习借鉴、取长补短，深化人文交流，加强相互认知与了解，促进文明交流互鉴，增进对全人类共同价值的认同。我们要坚持合作、不搞对抗，坚持开放、不搞封闭，坚持互利共赢、不搞零和博弈，反对霸权主义和强权政治，把全人类共同价值具体地、现实地体现到实现各国人民利益的实践中。

在人类命运共同体的旗帜下，战胜人类的共同敌人与挑战*

* 作者陈文玲，中国国际经济交流中心总经济师。

21世纪人类取得了前所未有的辉煌成就，也面临着前所未有的艰难挑战。习近平主席指出："我们要担负起引领方向的责任，把握和塑造人类共同未来……大时代需要大格局，大格局呼唤大胸怀。从'本国优先'的角度看，世界是狭小拥挤的，时时都是'激烈竞争'。从命运与共的角度看，世界是宽广博大的，处处都有合作机遇。我们要倾听人民心声，顺应时代潮流，推动各国加强协调和合作，把本国人民利益同世界各国人民利益统一起来，朝着构建人类命运共同体的方向前行。""我们要担负起凝聚共识的责任，坚守和弘扬全人类共同价值。"[①]

世界究竟向何处去？今天我们探讨政党和人类命运共同体，那么，政党在21世纪的历史责任是什么？对于全球化的发展趋势，政党是怎样理解的，是否能够理解人类所创造的辉煌和人类面临的挑战？在现实和虚幻之间，是否有明确的界限？我们不仅要讲旧的故事，新的故事已经开始，人类精彩的一幕，百年未有之大变局的序幕已经拉开。在百年未有之大变局的世界格局下，国家是谁？政党是谁？我们是谁？人在这辈子要做什么？国家之间应该如何相处？生命的价值和意义究竟是什么？百年未有之大变局向我们提出了人类的终极之问。作为政党，首先要研究的就是如何组织人类战胜我们共同的敌人。

---

① 习近平：《加强政党合作 共谋人民幸福——在中国共产党与世界政党领导人峰会上的主旨讲话》，新华社2021年7月6日。

21 世纪人类遇到前所未有的共同挑战

人类有很多敌人，当前最重要的是五大敌人。

人类的第一大敌人是贫困与饥饿。最新统计，230 个国家和地区，78.3 亿人，还有几十亿人每天的生活费不到 2 美元；近 4000 万难民在世界流离失所。根据联合国 7 月 6 日发布的《2021 年可持续发展目标报告》，2020 年，世界极端贫困率从 2019 年的 8.4% 上升到 9.5%，极端贫困的人口达到 7.6 亿人，饥饿的人口比上年增加了 8300 万—1.32 亿人，饥饿人群总数达到了 8 亿人，新增 3600 多万儿童面临饥荒的威胁。非洲还和艾滋病抗争，叙利亚伊拉克还有战争肆虐。21 世纪初的世界饥荒是几千年人类最大的敌人，大多数人仍然生活在生物贫困线的边缘，他们不只是被剥削，还面临更糟的局面，如草芥般，无足轻重。

人类的第二大敌人是瘟疫和传染病。百年不遇的这场新冠肺炎疫情，说明了世界上原来川流不息的人群积聚，使人类生活更加美好的繁华城市，过去是人类文明的产物，现在同时也有可能是疫情滋生和病毒传染的温床。截至 2021 年 9 月 1 日，世界累计确诊新冠肺炎 2.18 亿人，死亡 453.2 万人，这是活生生的生命堆积起来的数字。[①] 在近现代之前，人类曾经认为，生病是因为

① 《数读 8 月 31 日全球疫情：全球日增确诊超 68 万例 累计逾 2.18 亿例 欧盟建议成员国收紧对美旅客入境限制》，海外网 2021 年 9 月 1 日。

空气不佳、恶魔作祟或神灵发怒，这是古代人们对疾病的认识。在当代，一些疾病特别是传染病，包括新冠病毒、埃博拉病毒，人类想也没想到过，是传染病，是政治武器，还是生化武器？我特别欣赏王文院长代表三家智库，于8月9日发布的《“美国第一”？！美国抗疫真相》的2.3万字的檄文，这篇文章揭示了美国疫情肆虐背后的黑幕，美国力图引导世界把矛头指向中国，现在各国却纷纷怀疑美国，连美国一些媒体也把矛头指向了德特里克堡。

人类的第三大敌人是生态危机和科技颠覆。包括气候变暖，臭氧层破坏，森林砍伐过度，水资源极端贫乏，各种污染如噪声污染、废物质污染、水污染、空气污染、土壤污染等。我们看到，格陵兰岛的冰层加快融化，一些地方火山喷发，飓风拍案，洪水滔天。

大数据是一种思维方式和方法。全社会全世界范围内的互联互通，是所有数据全过程、全链路、全能量在更大范围的互联互通、有效整合。数字经济以数字化的知识和信息作为关键生产要素，从原始数据中提炼出信息，并将其作为关键生产要素，提升生产效率。数字技术与实体经济的深度融合，不断提高数字化、网络化、智能化水平，虚拟集群助力双循环，加速重构新型经济形态。但是人工智能和生物技术也让人类在拥有重塑和重新设计生命能力的同时，有人会恶意使用这股力量，并非拯救全球生态系统，而是形成以破坏性创新为基础的霸权。

人类第四大敌人是信仰危机和方向茫然。在当今世界，几乎所有的意识形态都遭到了人们的质疑，包括历史上曾经的法西斯主义的崩溃，共产主义受挫，现在则是西方自由主义的落体。所以，世界究竟走向何方？人类究竟走向何方？现在的世界和过去的世界，信仰危机和方向茫然完全不同，过去的世界关联度没这么高，经济联系没有这么紧密，这是美国贸易战之所以打不赢的关键。现在物理学在经济联系中的应用——“熵”理论正在变为现实，“蝴蝶效应”无所不在，一个微小的危机可以传递到远方，一个政客无聊、茫然或者错误的举动，可能会导致世界失序或者大乱。所以，某些方面会发生出乎所有人们预料的全球性事件，发生数亿人难以想象的灾难场景。近 500 年以来，西方主导世界发展的规则、秩序、思想、道理，首次受到系统性质疑，有识之士或一些精英正在陷入反思，或者是震惊，或者是茫然，只有少数是警醒。近些年，我们看到了美国战略家福山，最资深的战略家基辛格，桥水集团 CEO 达里奥，美国经济学家斯蒂芬·罗奇对当前世界的深刻担忧。当然，也包括世界各国政要、学者、企业家和人民的觉醒。

人类的第五大敌人是偏见和歧视。这是从这场疫情中我们看得最清楚的事情，由于偏见和歧视，西方对中国进行刻意打压，对于中国为世界争取了两个月的时间不珍惜，导致这场疫情形成全球性蔓延。2020 年 2 月 2 日，美国从中国武汉撤离大使馆的时候，美国国内才有几例确诊病例，美国从隔岸观火到惹火烧身，据实时统计数据，截至美国东部时间 2021 年 8 月 31 日下午 6 点，3916 万多例确诊病例，死亡人数接近 64 万人。[①]谁导致的？歧视、偏见、反智。是纯粹的东西方文明的对抗吗？还不完全是，西方政客对中国的遏制、围堵、打压，把病毒政治化和极化，导致了美国自身的引火烧身。在 20 世纪民族解放运动风起云涌，这有非常重要的政治意义，但这些运动除了将世界划分为许多独立的民族国家之外，并没有形成对世界未来的一致意愿。应允许每个国家根据自己国情和人民选择，走出一条不同的独特道路，一些霸权国家应该休息一下，别老想着主宰这个世界。

人类关于生命意义的辩论已经有数千年之久，不可能让这场辩论无限期地延续下去，因为经济危机、政治危机、公共卫生危机、生态危机、生物战争危机和大规模杀伤性武器的威胁迫在眉睫。一些国家任疫情无限期发展，这可能是对满足人们最基本生存需求物资制造或者供给能力的巨大破坏。世界各国应在人类命运共同体的旗帜下团结起来，形成超越所谓西方价值观的普世价值，创造属于未来和自己的共同价值。全球面临着共同的敌人，所以，政党的责任是组织人民战胜我们面临的共同挑战，战胜我

---

① 《美国新冠确诊超 3916 万例，日均死亡病例超千例》，中国网直播 2021 年 9 月 1 日。

们共同的敌人。

中国道路的成功对解决人类面临的共同挑战提供了借鉴

习近平主席提出构建人类命运共同体——21 世纪的人类文明观，这是中华民族 5000 多年来一直追求的理念。中华民族的血液中没有侵略他人、称王称霸的基因，中国共产党关注人类的命运，同世界上一切进步的力量携手前进，中国始终是世界和平的建设者、全球发展的贡献者、国际秩序的维护者。中国共产党的根基在于人民、血脉在于人民、力量在于人民。

中国共产党经历了百年历史，回顾以往，我们深刻地认识到，中国共产党代表了中国的未来，代表着中国最广大人民的根本利益。中国共产党与人民休戚与共、生死相依，没有任何自己特殊的利益，从来不代表任何利益集团、任何权势团体、任何特权阶层的利益，这就是中国执政党和其他政党的根本区别。

习近平主席指出："世界上的问题错综复杂，解决问题的出路是维护和践行多边主义，推动构建人类命运共同体。""人类面临的所有全球性问题，任何一国想单打独斗都无法解决，必须开展全球行动、全球应对、全球合作。”①

中国发展的巨大成就已经向世界诠释，中国是开放的中国，中国也在推动建设开放的世界。2021 年是中国恢复联合国合法席位 50 周年。50 年以来，中国始终参与联合国的事务，捍卫联合国的地位，推进联合国宪章的宗旨和原则，中国践行真正的多边主义，加入几乎所有普遍性政府间国际组织，签署了 600 多项国际公约。在世界银行、国际货币基金组织投票权份额升至第三位。从呼吁加强世界卫生组织作用，健全全球疾病防控体系，到推动恢复世界贸易组织上诉机构正常运转，维护多边贸易体制的权威性和有效性，中国用实际行动为弥补全球治理赤字持续注入源源不断的动力。作为联合国安理会常任理事国和最大的维和出兵国，中国迄今已经参与了 30 多项联合国维和行动，已经向海外派出维和军事人员 4 万余人。中国致力于政治解决热点问题，在阿富汗、缅甸、朝鲜半岛核、巴以冲突、伊朗核等问题上积极斡旋、主持正义，发挥建设性作用。中国设立中国—联合国和平发展基金、南南合作援助基金，提出“一带一路”倡议，发起成立亚洲基础设施投资银行、金砖国家新开发银行，“一带一路”已经真正成为当今世界范围最广、规模最大的国际合作平台，得到了 140 个国家和 32 个国际组织的响应，签署了 206 份“一带一

① 习近平：《让多边主义的火炬照亮人类前行之路——在世界经济论坛“达沃斯议程”对话会上的特别致辞》，新华社 2021 年 1 月 25 日。

路”合作文本。

对于西方国家而言，对于全球各个政党而言，唯一明智的选择是接受这样一个事实，即中国和中国共产党在满足人民群众对幸福生活的追求方面已经相当成功，建设一个从一穷二白到世界第二大经济体的国家已经相当成功。西方国家在这方面理应做得更好，而不是诋毁中国的成就，而不是阻止中国前行的步伐。与中国真诚地进行合作，不冲突、不对抗，相互尊重，互利共赢，世界各国也可以从中获得解决当前危机和未来长周期矛盾和问题的重大转机。

人类命运共同体必将成为21世纪人类的新文明

人道不孤，德必有邻。生活在地球上的人们，虽然不断探索，但其深入海底不过水平面以下5英里处，飞机在空中飞行也只能低于4英里，正如第七十一届联合国大会主席彼得·汤姆森感叹的，人类命运共同体是人类在这个星球上唯一的未来。

大约在2.5万年或3万年前，人类开始使用船只。大约公元前7000年，在海上航行的只有少数的商船和海盗船。从过去5000年人类文明发展史来看，人类的全球互联互通从公元前3000年就开始了；在公元前500年前后，古希腊和古罗马的商队沿着欧亚丝绸之路留下了许多连接点，在互联互通的道路上，财富和文化文明朝着四周传播，当今世界各种文化体系相互激荡。

在人类命运共同体的总体目标下，全球性互联互通的革命已经开启，未来建成的人们互联互通的基础设施要远远超过造成人们分割的设施，如中国古代的万里长城和今天的美墨墙。全球目前基础设施全幅图景中有长约6400千米的高速公路，200万千米的油气管道，120万千米的铁路以及148万千米的海底光缆，这些设施将全球主要人口及聚集区和经济中心连接在一起，人类在未来40年要建设的基础设施将比此前4000年的总和还要多。世界不再是国与国的拼图，而是由基础设施连接形成的网络体系和畅通的共享的经济走廊。

世界潮流，浩浩荡荡，顺之者昌，逆之者亡，构建人类命运共同体是21世纪人类新文明。正如习近平主席指出的："世界经济的大海，你要还是不要，都在那儿，是回避不了的。想人为切断各国经济的资金流、技术流、产品流、产业流、人员流，让世界经济的大海退回到一个一个孤立的小湖泊、小河流，是不可能的，也是不符合历史潮流的。"①

世界正处于一个历史的十字路口，世界经济格局已经并将继续发生调整和演化。各国到了与全球同频共振的时代，认识这个

① 《习近平谈治国理政》第二卷，外文出版社2017年版，第478页。

充满矛盾的时代，认识这个充满希望的时代，站在人类道德道义的制高点上，坚定不移地举起人类命运共同体的旗帜，推进“一带一路”建设，让经济全球化的正面效应更多释放出来，让不同国家、不同阶层、不同人群共享经济全球化的好处，共同推动建立以合作共赢为核心的新型国际关系，迎接人类更加美好的明天。不要忘记，10 万年前，人类不过只是非洲角落一个毫不起眼的族群；250 万年前，我们生活的星球才已经出现了类似现代人类的动物。

柒

必须进行具有许多新的历史特点的伟大斗争

敢于斗争、敢于胜利，是中国共产党不可战胜的强大精神力量。实现伟大梦想就要顽强拼搏、不懈奋斗。今天，我们比历史上任何时期都更接近、更有信心和能力实现中华民族伟大复兴的目标，同时必须准备付出更为艰巨、更为艰苦的努力。

新的征程上，我们必须增强忧患意识、始终居安思危，贯彻总体国家安全观，统筹发展和安全，统筹中华民族伟大复兴战略全局和世界百年未有之大变局，深刻认识我国社会主要矛盾变化带来的新特征新要求，深刻认识错综复杂的国际环境带来的新矛盾新挑战，敢于斗争，善于斗争，逢山开道、遇水架桥，勇于战胜一切风险挑战！

——习近平总书记在庆祝中国共产党成立100周年大会上的讲话

必须进行具有许多新的历史特点的伟大斗争*

* 作者系中共国家发展改革委党组理论学习中心组。

习近平总书记在庆祝中国共产党成立100周年大会上强调:“以史为鉴、开创未来，必须进行具有许多新的历史特点的伟大斗争。”中共国家发展改革委党组认真学习领会习近平总书记重要讲话精神，深刻认识到，中国共产党的百年奋斗史就是一部伟大斗争史，我们党在斗争中诞生、发展、壮大，斗争精神已深深融入中国共产党人的血脉。新中国史、改革开放史、社会主义发展史，也都是伟大斗争史。新时代坚持和发展中国特色社会主义是前无古人的开创性事业，越是接近中华民族伟大复兴，越是充满风险挑战乃至惊涛骇浪。新的征程上，我们必须发扬斗争精神、增强斗争本领，勇于战胜前进道路上的一切风险挑战，推动中国这艘巍巍巨轮行稳致远。

党团结带领人民进行艰苦卓绝的斗争，实现中华民族伟大复兴进入了不可逆转的历史进程

中国共产党自成立之日起，就把为中国人民谋幸福、为中华民族谋复兴确立为自己的初心和使命，团结带领中国人民成功应对重大挑战、抵御重大风险、克服重大阻力、解决重大矛盾，跨过一道又一道沟坎，取得一个又一个胜利，书写了中华民族几千年历史上最恢宏的史诗。

我们党团结带领人民浴血奋战、百折不挠，创造了新民主主

义革命的伟大成就。我们党领导工人运动和农民运动，创建发展红军和革命根据地，完成震撼世界、彪炳史册的长征，战胜日本军国主义侵略者，结束了国民党的反动统治。经过艰苦卓绝的伟大斗争，推翻了帝国主义、封建主义、官僚资本主义三座大山，建立了新中国，实现了几代中国人梦寐以求的民族独立、人民解放，为实现中华民族伟大复兴创造了根本社会条件。

我们党团结带领人民自力更生、发愤图强，创造了社会主义革命和建设的伟大成就。新中国成立后，我们战胜帝国主义、霸权主义的颠覆破坏和武装挑衅，完成对农业、手工业和资本主义工商业的社会主义改造，确立社会主义制度，推进社会主义建设，建立起独立的比较完整的工业体系和国民经济体系，研制成功“两弹一星”，成为在世界上有重要影响的大国。经过艰苦卓绝的伟大斗争，实现了中华民族有史以来最为广泛而深刻的社会变革，实现了古老东方大国大步迈进社会主义社会的伟大飞跃，为实现中华民族伟大复兴奠定了根本政治前提和制度基础。

我们党团结带领人民解放思想、锐意进取，创造了改革开放和社会主义现代化建设的伟大成就。党的十一届三中全会作出实行改革开放的历史性决策，我们坚定不移推进改革开放，战胜了来自各方面的风险挑战，开创了中国特色社会主义道路，用几十年时间走完了发达国家几百年走过的发展历程，经济实力、科技实力、综合国力和人民生活水平显著提升。经过艰苦卓绝的伟大斗争，中国发展大踏步赶上了时代，为实现中华民族伟大复兴提供了充满新的活力的体制保证和快速发展的物质条件。

我们党团结带领人民自信自强、守正创新，创造了新时代中国特色社会主义的伟大成就。党的十八大以来，以习近平同志为核心的党中央统筹推进“五位一体”总体布局，协调推进“四个全面”战略布局，战胜一系列重大风险挑战，有力应对美国对我国的打压阻遏，维护了国家主权、安全、发展利益，夺取了抗击新冠肺炎疫情重大战略成果，决战决胜脱贫攻坚，历史性解决了困扰中华民族几千年的绝对贫困问题，在中华大地上全面建成了小康社会。经过艰苦卓绝的伟大斗争，党和国家事业取得历史性成就、发生历史性变革，实现了第一个百年奋斗目标，为实现中华民族伟大复兴提供了更为完善的制度保证、更为坚实的物质基础、更为主动的精神力量。

百年风雨、百年征程，艰难困苦、玉汝于成。正是经过一代代中国共产党人前赴后继、百折不挠的斗争，我们党历经百年而风华正茂、饱经磨难而生生不息，攻克了一个又一个看似不可攻克的难关，创造了一个又一个彪炳史册的人间奇迹。我们党从建党之初只有 50 多名党员的党成长为今天拥有 9500 多万名党员的世界最大执政党，国家面貌实现了由积贫积弱、一穷二白到世界第二大经济体的沧桑巨变，人民生活实现了从饥寒交迫到解决温饱、到总体小康、再到全面小康的历史性跨越，中华民族迎来了从站起来、富起来到强起来的伟大飞跃，以更加昂扬的姿态屹立于世界民族之林。所有这些伟大成就，是无数革命先烈用鲜血铸就的，是广大党员干部用汗水浇灌的，是全国各族人民用奋斗得来的，为乘势而上开启全面建设社会主义现代化国家新征程奠定了坚实物质基础、积累了宝贵历史经验、凝聚了强大精神力量、提供了坚强制度保障。

立足新发展阶段，
准确把握我国发展环境面临的深刻复杂变化

习近平总书记强调："当前和今后一个时期，我国发展仍然处于重要战略机遇期，但机遇和挑战都有新的发展变化。"[①]机遇和挑战之大都前所未有，总体上机遇大于挑战。我们必须牢牢把握正确斗争方向，做到在各种重大斗争考验面前"不畏浮云遮望眼""乱云飞渡仍从容"，准确识变、科学应变、主动求变，奋力夺取社会主义现代化建设新胜利。

深刻认识我国社会主要矛盾变化带来的新特征新要求。我国已转向高质量发展阶段，在全面建成小康社会的基础上，开启

① 《中共中央关于制定国民经济和社会发展第十四个五年规划和二〇三五年远景目标的建议（2020 年 10 月 29 日中国共产党第十九届中央委员会第五次全体会议通过）》，新华社 2020 年 11 月 3 日。

新征程、实现新目标具备许多有利条件。我们有以习近平同志为核心的党中央坚强领导，有习近平新时代中国特色社会主义思想的科学指引，有中国特色社会主义制度和国家治理体系的显著优势。我们有长期发展形成的雄厚物质基础，已成为世界第二大经济体、第一大工业国、第一大货物贸易国、第一大外汇储备国，同时基础设施完善、产业体系齐全、人力资源丰富、创新能力提升、市场空间广阔，经济发展前景长期向好。我们有高度的中国特色社会主义文化自信，有中华优秀传统文化，能够凝聚起亿万人民心往一处想、劲往一处使，战胜前进道路上一切困难挑战的强大精神力量。我们有以人民为中心的发展思想，坚持民之所望就是施政所向，着力促进人的全面发展，将推动经济繁荣发展和社会全面进步。我们有绿水青山就是金山银山的发展理念，坚持不懈推动绿色发展，促进经济社会全面绿色低碳转型，将走出一条生产发展、生活富裕、生态良好的文明发展道路。在看到有利条件和机遇的同时也要清醒认识到，我国经济社会发展仍存在不少短板弱项，重点领域关键环节改革任务仍然艰巨。这就要求我们围绕建设社会主义现代化强国目标，紧扣社会主要矛盾变化，着力解决发展不平衡不充分问题和人民群众急难愁盼问题，加快推进质量变革、效率变革、动力变革，协同推进人民富裕、国家强盛、中国美丽。

深刻认识错综复杂的国际环境带来的新矛盾新挑战。当今世界正经历百年未有之大变局，我国日益走近世界舞台中央，有能力也有责任在全球事务中发挥更大作用。当前，全球治理体系和国际秩序变革加速推进，新兴市场和发展中国家快速崛起，我国已连续15年成为世界经济增长的最大贡献者。新一轮科技革命和产业革命加快演进，为生产力进步和经济社会发展开辟了新天地，为解决和应对全球性发展难题和挑战提供了新路径。和平与发展仍然是时代主题，各国相互联系、相互依存、相互影响，各国人民求和平、求发展的愿望强烈，人类命运共同体理念深入人心。在看到有利条件和机遇的同时也要清醒认识到，国际环境日趋复杂，不稳定性不确定性明显增加，新冠肺炎疫情影响广泛深远，经济全球化遭遇逆流，世界进入动荡变革期，我国将面对更多逆风逆水的外部环境。这就要求我们既要坚定发展信心，也要做好应对更为复杂严峻风险挑战的准备，坚持以我为主，观大势、谋长远、善运筹，集中力量办好自己的事，在新一轮全球竞争合作中把握主动、赢得未来。

从百年党史中汲取智慧和力量，在新的征程上不断夺取伟大斗争新胜利

习近平总书记在庆祝中国共产党成立100周年大会上的重要讲话中强调：“敢于斗争、敢于胜利，是中国共产党不可战胜的强

大精神力量。”面对前进道路上的机遇和挑战，必须全面贯彻党的基本理论、基本路线、基本方略，统筹国内国际两个大局，办好发展、安全两件大事，时刻保持警醒，敢于斗争，善于斗争，不断开创党和国家事业发展新局面，努力实现中华民族伟大复兴的中国梦。

坚持党的领导。党的百年奋斗历程启示我们，中国共产党领导是中国特色社会主义最本质的特征，是中国特色社会主义制度的最大优势，是党和国家的根本所在、命脉所在，是全国各族人民的利益所系、命运所系。只要毫不动摇坚持党的领导、毫不动摇维护党中央权威，不断增强党的政治领导力、思想引领力、群众组织力、社会号召力，就一定能从容应对各种复杂局面和风险挑战。站在新的历史起点上，必须增强“四个意识”、坚定“四个自信”、做到“两个维护”，充分发挥党总揽全局、协调各方的领导核心作用。要切实把党的领导落实到改革发展稳定、内政外交国防、治党治国治军等各领域各方面各环节，始终同以习近平同志为核心的党中央保持高度一致。要不断提高政治判断力、政治领悟力、政治执行力，在大是大非面前旗帜鲜明，在风浪考验面前无所畏惧，在各种诱惑面前立场坚定，持续提升立足新发展阶段，完整、准确、全面贯彻新发展理念，构建新发展格局，推动高质量发展的政治能力、战略眼光、专业水平，牢记“国之大者”，深刻领会党中央决策部署的政治意图、战略谋划和实践要求，创造性地转化为推进工作的具体措施。要坚持巩固和发展最广泛的爱国统一战线，形成团结奋斗的强大力量。要不断推进党的建设新的伟大工程，深化全面从严治党，坚定不移推进党风廉政建设和反腐败斗争，坚决清除一切损害党的先进性和纯洁性的因素。

坚持创新理论指导。党的百年奋斗历程启示我们，理论是行动的先导，理论上清醒，政治上才能坚定，斗争起来才有底气、才有力量。中国共产党之所以能够完成近代以来各种政治力量不可能完成的艰巨任务，带领人民取得革命、建设、改革的辉煌成就，就在于坚持用马克思主义中国化最新成果武装全党，使全党始终保持统一的思想、坚定的意志、协调的行动、强大的战斗力。站在新的历史起点上，必须坚持以习近平新时代中国特色社会主义思想为指导，提高马克思主义理论水平和运用能力，丰富发展党的创新理论，使各项工作更好体现时代性、把握规律性、富于创造性。要完整、准确、全面贯彻新发展理念，加快构建以国内大循环为主体、国内国际双循环相互促进的新发展格局，推动实现更高质量、更有效率、更加公平、更可持续、更为安全的发展。要坚持深化改革开放，加强国家治理体系和治理能力现代化建设，破除制约高质量发展、高品质生活的体制机制障碍，强化有利于提高资源配置效率、有利于调动全社会积极性的重大改革开放举措。要坚持稳中求进工作总基调，坚持系统观念，抓住主要矛盾和矛盾的主要方面，平衡好各方面关系，调动一切积极因素，实现发展质量、结构、规模、速度、效益、安全相统一。

坚持人民至上。党的百年奋斗历程启示我们，中国共产党根基在人民、血脉在人民、力量在人民。只要紧紧依靠人民、一切为了人民，就一定能够充分激发广大人民群众的积极性主动性创造性，战胜一切艰难险阻。站在新的历史起点上，必须坚持全心全意为人民服务的根本宗旨，践行以人民为中心的发展思想，把人民对美好生活的向往作为始终不渝的奋斗目标。要认真落实党中央各项惠民政策，用心用情用力解决好人民最关心最直接最现实的利益问题，在就业、收入、教育、社保、医保、医药卫生、住房等方面不断取得实实在在的成果，逐步实现全体人民共同富裕，让群众有更多、更直接、更实在的获得感、幸福感、安全感。要更加注重维护社会公平正义，促进人的全面发展和社会全面进步。要完善共建共治共享的社会治理制度，建设人人有责、人人尽责、人人享有的社会治理共同体。

坚持办好自己的事。党的百年奋斗历程启示我们，落后就要挨打，发展才能自强，大国竞争某种程度上讲是科技实力的比拼。防范化解各类风险隐患，特别是解决关键核心技术受制于人问题，关键在于办好自己的事，增强国家科技实力、综合实力、抗风险能力。站在新的历史起点上，必须把创新摆在国家发展全局的核心位置，大力实施创新驱动发展战略，加快创新型国家建设。要坚持科技自立自强，充分发挥集中力量办大事的制度优势，打好关键核心技术攻坚战，依托超大规模市场和完备产业体系，加快新技术大规模应用和迭代升级，持续提高经济创新发展能力。要坚持深度参与全球科技合作，努力构建合作共赢的伙伴关系，主动布局和积极利用国际创新资源，在更高起点上推进自主创新。要坚持供给侧结构性改革这条主线，扭住扩大内需这个战略基点，全面优化升级产业结构，使生产、分配、流通、消费更多依托国内市场，推动形成需求牵引供给、供给创造需求的更高水平动态平衡。

坚持底线思维。党的百年奋斗历程启示我们，我们党要巩固执政地位，要团结带领人民坚持和发展中国特色社会主义，保证国家安全是头等大事。前进的道路不可能一帆风顺，越是前景光明，越是要统筹发展和安全，增强忧患意识，做到居安思危，全面认识和有力应对重大风险挑战。站在新的历史起点上，必须坚持政治安全、人民安全、国家利益至上有机统一，善于在危机中育先机、于变局中开新局。要确保经济社会平稳健康发展，保持政策连续性稳定性可持续性，稳定优化产业链供应链，确保粮食、能源和战略性矿产资源安全，精准有序处置金融风险，防止资本无序扩张，守好就业收入、民生保障、生态环境、安全生产等底线。要加强科学预判，做好应对预案，提升处突能力，对各种风险挑战做到分类施策、果断出手、精准拆弹，及时阻断不同领域风险的转化通道，有效掌控局势、化解危机。要加强抗疫国际合作，与国际社会携手应对气候变化、网络安全、生物安全、核扩散等全球性挑战，积极塑造于我有利的外部发展环境。

在新的伟大斗争中赢得胜利*

* 作者系中共中国社会科学院党组。

习近平总书记在庆祝中国共产党成立100周年大会上的重要讲话中指出："以史为鉴、开创未来，必须进行具有许多新的历史特点的伟大斗争。"我们要深入学习贯彻习近平总书记关于进行伟大斗争的一系列重要论述，敢于斗争、善于斗争，发扬斗争精神，提高斗争本领，勇于战胜一切风险挑战，奋力夺取全面建成社会主义现代化强国、实现中华民族伟大复兴的新胜利。

敢于斗争、敢于胜利，是中国共产党不可战胜的强大精神力量

社会是在矛盾运动中前进的，有矛盾就会有斗争。实现伟大梦想的过程充满矛盾和斗争，必须顽强拼搏、不懈奋斗。中国共产党的百年奋斗史表明，敢于斗争、敢于胜利，是中国共产党不可战胜的强大精神力量。

没有斗争就没有胜利。习近平总书记指出："马克思主义产生和发展、社会主义国家诞生和发展的历程充满着斗争的艰辛。建立中国共产党、成立中华人民共和国、实行改革开放、推进新时代中国特色社会主义事业，都是在斗争中诞生、在斗争中发展、在斗争中壮大的。"[①] 中国共产党是敢于并善于领导人民百折不挠

① 《习近平谈治国理政》第三卷，外文出版社2020年版，第225页。

开展斗争并在斗争中不断取得胜利的党。无论弱小还是强大，无论顺境还是逆境，我们党都初心不改、矢志不渝，团结带领人民历经千难万险、付出巨大牺牲，攻克了一个又一个看似不可攻克的难关，创造了一个又一个彪炳史册的人间奇迹。没有斗争，就没有胜利，就没有今天的一切。坚持斗争、不懈斗争、顽强斗争，勇于和善于在斗争中前进，是中国共产党人的本色，也是我们党克敌制胜的法宝。

斗争是有方向、有立场、有原则的。习近平总书记指出："共产党人的斗争是有方向、有立场、有原则的，大方向就是坚持中国共产党领导和我国社会主义制度不动摇。"[①] 我们讲的斗争，不是为了斗争而斗争，也不是为了一己私利而斗争，而是为了实现人民对美好生活的向往、实现中华民族伟大复兴知重负重、苦干实干、攻坚克难。斗争从来都是奔着矛盾问题、风险挑战去的。党领导人民干革命、搞建设、抓改革，从来都是为了解决中国的现实问题，勇于直面矛盾，在解决矛盾的过程中推动事物发展。进行具有许多新的历史特点的伟大斗争，要始终牢记中国共产党的性质宗旨、初心使命。坚守以人民为中心的根本政治立场，与人民风雨同舟、生死与共，始终保持血肉联系，是党战胜一切困难和风险的根本保证。只有头脑特别清醒、立场特别坚定，牢牢把

① 《习近平谈治国理政》第三卷，外文出版社 2020 年版，第 226 页。

握正确斗争方向，始终坚守斗争基本原则，才能做到在各种重大斗争考验面前“不畏浮云遮望眼”“乱云飞渡仍从容”，夺取一个又一个胜利。

斗争具有长期性、复杂性、艰巨性。习近平总书记在庆祝中国共产党成立100周年大会上的重要讲话中指出：“今天，我们比历史上任何时期都更接近、更有信心和能力实现中华民族伟大复兴的目标，同时必须准备付出更为艰巨、更为艰苦的努力。”实现伟大梦想就要顽强拼搏、不懈奋斗。前进的道路不可能一马平川，我们面临的各种斗争不是短期的而是长期的，至少要伴随我们实现第二个百年奋斗目标全过程。必须增强“四个意识”、坚定“四个自信”、做到“两个维护”，坚定斗争意志，当严峻形势和斗争任务摆在面前时，骨头要硬，敢于出击，敢战能胜。

深刻认识新征程上面临的风险挑战，明确斗争主要任务

过去100年，中国共产党向人民、向历史交出了一份优异的答卷。现在，中国共产党团结带领中国人民又踏上了实现第二个百年奋斗目标新的赶考之路。摆在全党全国各族人民面前的使命更光荣、任务更艰巨、挑战更严峻、工作更伟大，必须发扬斗争精神，把握斗争规律特点，明确斗争主要任务。伟大斗争针对的

是党在实现历史使命过程中面临的各种风险挑战，特别是那些可能迟滞或中断中华民族伟大复兴进程的全局性风险。

必须进行捍卫中国共产党领导和我国社会主义制度的斗争。中国共产党领导是中国特色社会主义最本质的特征，是中国特色社会主义制度的最大优势，是党和国家的根本所在、命脉所在，是全国各族人民的利益所系、命运所系。应清醒认识到，各种敌对势力从来没有停止对我国实施西化、分化战略，从来没有停止对中国共产党领导和我国社会主义制度进行颠覆破坏活动，意识形态领域斗争复杂尖锐。我们必须在大是大非面前站稳立场，维护中国共产党领导和执政地位、维护中国特色社会主义制度。牢牢掌握意识形态工作的领导权、管理权、话语权，坚决反对一切削弱、歪曲、否定党的领导和我国社会主义制度的言行，坚定不移推进党风廉政建设和反腐败斗争，坚决清除一切损害党的先进性和纯洁性的因素，清除一切侵蚀党的健康肌体的病毒，确保党不变质、不变色、不变味。

必须进行维护国家主权、安全、发展利益的斗争。国家主权、安全、发展利益是安邦定国的重要基石，关乎全国各族人民根本利益。习近平总书记指出："世界是各国人民的世界，世界面临的困难和挑战需要各国人民同舟共济、携手应对，和平发展、合作共赢才是人间正道。当今世界，任何单边主义、保护主义、极端利己主义，都是根本行不通的！任何讹诈、封锁、极限施压的方式，都是根本行不通的！任何我行我素、唯我独尊的行径，任何搞霸权、霸道、霸凌的行径，都是根本行不通的！不仅根本行不通，最终必然是死路一条！”[①]新的征程上，要旗帜鲜明反对霸权主义和强权政治，严密防范和坚决打击各种渗透颠覆破坏活动，坚决反对一切分裂祖国、破坏民族团结和社会和谐稳定的图谋和行为，切实维护我国主权、安全、发展利益。

必须进行全面深化改革、清除顽瘴痼疾的斗争。随着改革进入攻坚期和深水区，遇到的阻力越来越大，面对的暗礁、潜流、漩涡越来越多。发展中不平衡、不协调、不可持续问题依然突出，重点领域关键环节改革任务依然艰巨，关系群众切身利益的问题依然较多，反腐败斗争依然需要付出巨大努力。必须以勇于自我革命的气魄、坚忍不拔的毅力全面深化改革，加强改革的系统性、整体性、协同性，敢于涉深水区、啃硬骨头，敢于面对深层次矛盾，下大力气调整深层次利益关系，坚决冲破思想观念束缚，坚决破除利益固化藩篱，坚决清除妨碍社会生产力发展的体制机制障碍。

必须进行防范化解各种风险挑战的斗争。当前，世界大变局加速深刻演变，全球动荡源和风险点增多，外部环境复杂严峻；我国在政治、意识形态、经济、科技、社会、党的建设等领域都

---

① 习近平：《在纪念中国人民志愿军抗美援朝出国作战70周年大会上的讲话》，人民出版社2020年版，第13页。

面临重大风险挑战。习近平总书记强调："我们前进的道路上有各种各样的'拦路虎'、'绊脚石'"[①]，"必须以越是艰险越向前的精神奋勇搏击、迎难而上"[②]。越是接近民族复兴越不会一帆风顺，越充满风险挑战乃至惊涛骇浪。新的征程上，增强忧患意识、防范风险挑战要一以贯之，绝不能犯战略性、颠覆性错误。我们要做好较长时间应对外部环境变化的思想准备和工作准备，不断提高谋划工作、推动发展的能力和水平，从最坏处着眼，做最充分的准备，朝好的方向努力，争取最好的结果。

发扬斗争精神，增强斗争本领，不断夺取伟大斗争新胜利

习近平总书记指出："斗争是一门艺术，要善于斗争。在各种重大斗争中，我们要坚持增强忧患意识和保持战略定力相统一、坚持战略判断和战术决断相统一、坚持斗争过程和斗争实效相统一。"[③]我们要弘扬伟大建党精神，强化斗争意识、鼓足斗争勇气、把握斗争规律、讲究斗争艺术、提高斗争本领，敢于担当，勇于

① 中共中央文献研究室编：《习近平关于全面从严治党论述摘编》，中央文献出版社 2016 年版，第 18 页。

② 习近平：《在纪念中国人民抗日战争暨世界反法西斯战争胜利 75 周年座谈会上的讲话》，人民出版社 2020 年版，第 12 页。

③ 《习近平谈治国理政》第三卷，外文出版社 2020 年版，第 227 页。

碰硬，不在困难面前低头，不在挑战面前退缩，坚决摒弃任何贪图享受、消极懈怠、回避矛盾的思想和行为，不断夺取伟大斗争新胜利。

发扬斗争精神、增强斗争本领。斗争精神、斗争本领不是与生俱来的，而是在长期奋斗中坚定理想信念、加强理论武装、经历千锤百炼得来的。理论上清醒，政治上才能坚定，斗争起来才有底气、才有力量。必须学懂弄通做实习近平新时代中国特色社会主义思想，掌握和运用马克思主义立场观点方法，夯实敢于斗争、善于斗争的思想根基。经受丰富的实践锻炼，坚持在重大斗争中磨砺斗争精神和斗争本领，在困难大、矛盾多的地方，在形势严峻、情况复杂的时候，练胆魄、磨意志、长才干。在大是大非面前敢于亮剑，在矛盾冲突面前敢于迎难而上，在危机困难面前敢于挺身而出，在失误过错面前敢于承担责任，在歪风邪气面前敢于坚决斗争。

坚持增强忧患意识和保持战略定力相统一。习近平总书记强调："历史发展有其规律，但人在其中不是完全消极被动的。"[①] 只要把握住历史发展规律和大势，抓住历史变革时机，顺势而为，奋发有为，我们就能更好前进。危和机总是同生并存的，克服了危即是机。今天，中华民族向世界展现的是一派欣欣向荣的

---

① 习近平：《在党史学习教育动员大会上的讲话》，人民出版社 2021 年版，第 13 页。

气象，正以不可阻挡的步伐迈向伟大复兴。这是中国共产党百年来领导中国人民进行伟大斗争取得的光辉成就，也是我们保持战略定力、应对和化解风险挑战的底气与实力。增强忧患意识、始终居安思危，是我们党团结带领人民夺取革命、建设、改革事业胜利的重要保证。我们既要看到成绩和机遇，更要看到短板和不足、困难和挑战，看到形势发展变化给我们带来的风险，以永不懈怠的精神状态和一往无前的奋斗姿态，下好先手棋，打好主动仗。

坚持战略判断和战术决断相统一。在新的征程上进行伟大斗争，必须牢牢抓住主要矛盾和矛盾的主要方面，把握斗争方向，洞察斗争要害。在战略上保持乐观，在战术上保持谨慎，注重总体谋划，把握战略重点，作出正确的战略判断，形成科学的战术决断。坚持有理有利有节，把握斗争火候，在原则问题上寸步不让，在策略问题上灵活机动。根据形势需要，准确把握斗争的时、度、效，善于及时调整斗争策略，该斗争时就坚决斗争，该出手时就果断出手，赢得伟大斗争胜利。

坚持斗争过程和斗争实效相统一。我们面临的斗争领域具有广泛性，斗争类型具有多样性，斗争形势具有紧迫性。要充分认识和把握斗争的必然性和规律性，迎难而上，在复杂严峻的斗争过程中经风雨、见世面、壮筋骨。斗争实效是评判斗争成败的根本标准。要及时对照斗争实效，总结斗争经验，吸取斗争教训，及时调整斗争策略，合理选择斗争方式，掌握斗争主动，争取新的斗争成果。要团结一切可以团结的力量，调动一切积极因素，在斗争中争取团结，在斗争中谋求合作，在斗争中争取共赢。

中国共产党成立 100 年来，始终发扬伟大建党精神，团结带领中国人民进行伟大斗争，跨越了数不尽的激流险滩，战胜了数不尽的艰难险阻。新的征程上，我们要坚持以习近平新时代中国特色社会主义思想为指导，继续发扬斗争精神，增强斗争本领，敢于斗争，善于斗争，逢山开道、遇水架桥，在进行伟大斗争中有效应对重大挑战、抵御重大风险、克服重大阻力、化解重大矛盾、解决重大问题，以“踏平坎坷成大道，斗罢艰险又出发”的顽强意志，不断夺取伟大斗争新胜利。

实现伟大梦想
就要顽强拼搏不懈奋斗 *

* 作者韩震，北京师范大学教授。

实现中华民族伟大复兴是近代以来中华民族最伟大的梦想。习近平总书记在庆祝中国共产党成立100周年大会上的重要讲话中指出：“实现伟大梦想就要顽强拼搏、不懈奋斗。”历经百年接续奋斗，我们党团结带领中国人民开辟了伟大道路、建立了伟大功业、铸就了伟大精神、积累了宝贵经验，创造了中华民族发展史、人类社会进步史上令人刮目相看的奇迹。面向未来，我们必须敢于斗争、敢于胜利，继续顽强拼搏、不懈奋斗，向着第二个百年奋斗目标、向着实现中华民族伟大复兴的中国梦迈进。

100年前，中国共产党的先驱们创建了中国共产党，形成了坚持真理、坚守理想，践行初心、担当使命，不怕牺牲、英勇斗争，对党忠诚、不负人民的伟大建党精神，这是中国共产党的精神之源。在伟大建党精神激励鼓舞下，不管形势如何变化，不管遇到什么样的惊涛骇浪，我们党都始终把握历史主动、锚定奋斗目标，沿着正确方向坚定前行，团结带领人民顽强拼搏、不懈奋斗。

100年来，我们党团结带领中国人民，创造了新民主主义革命的伟大成就，为实现中华民族伟大复兴创造了根本社会条件；创造了社会主义革命和建设的伟大成就，为实现中华民族伟大复兴奠定了根本政治前提和制度基础；创造了改革开放和社会主义现代化建设的伟大成就，为实现中华民族伟大复兴提供了充满新的活力的体制保证和快速发展的物质条件；创造了新时代中国特色社会主义的伟大成就，为实现中华民族伟大复兴提供了更为完善的制度保证、更为坚实的物质基础、更为主动的精神力量。100 年来，我们党团结带领中国人民，以“为有牺牲多壮志，敢教日月换新天”的大无畏气概，书写了中华民族几千年历史上最恢弘的史诗。

习近平总书记指出：“中华民族伟大复兴绝不是轻轻松松、顺顺当当就能实现的，我们越发展壮大，遇到的阻力和压力就会越大，面临的外部风险就会越多。这是我国由大向强发展进程中无法回避的挑战，是实现中华民族伟大复兴绕不过的门槛。”[①] 今天，实现中华民族伟大复兴进入了不可逆转的历史进程，我们比历史上任何时期都更接近、更有信心和能力实现中华民族伟大复兴的目标，同时必须准备付出更为艰巨、更为艰苦的努力。

当今世界正经历百年未有之大变局，中华民族伟大复兴正处于关键时期。新一轮科技革命和产业变革深入发展，国际力量对比深刻调整，和平与发展仍然是时代主题，人类命运共同体理念深入人心，同时国际环境日趋复杂，不稳定性不确定性明显增加，新冠肺炎疫情影响广泛深远，经济全球化遭遇逆流，世界进入动荡变革期，单边主义、保护主义、霸权主义对世界和平与发展构成威胁。我国继续发展具有多方面优势和条件，同时我国

① 学而时习：《“坚决打赢三大攻坚战”》，求是网 2021 年 7 月 24 日。

发展不平衡不充分问题仍然突出。当前和今后一个时期，我国发展仍然处于重要战略机遇期，机遇和挑战之大都前所未有，总体上机遇大于挑战。

新的征程上，我们要更加紧密地团结在以习近平同志为核心的党中央周围，增强忧患意识、始终居安思危，贯彻总体国家安全观，统筹发展和安全，统筹中华民族伟大复兴战略全局和世界百年未有之大变局，深刻认识我国社会主要矛盾变化带来的新特征新要求，深刻认识错综复杂的国际环境带来的新矛盾新挑战，敢于斗争，善于斗争，逢山开道、遇水架桥，勇于战胜一切风险挑战，确保如期实现既定目标。

逢山开道，遇水架桥，勇于战胜一切风险挑战 *

* 作者成长春，南通大学教授。

习近平总书记在庆祝中国共产党成立100周年大会上的重要讲话中指出："今天，我们比历史上任何时期都更接近、更有信心和能力实现中华民族伟大复兴的目标，同时必须准备付出更为艰巨、更为艰苦的努力。"新的征程上，我们必须深刻认识和准确把握外部环境的深刻变化和我国改革发展稳定面临的新情况新问题新挑战，敢于斗争，善于斗争，逢山开道、遇水架桥，勇于战胜一切风险挑战，确保实现既定奋斗目标。

我们党诞生于国家内忧外患、民族危难之时。100年来，我们党在斗争中求得生存、获得发展、赢得胜利，锤炼了不畏强敌、不惧风险、敢于斗争、勇于胜利的风骨和品质。党的十八大以来，中国特色社会主义进入新时代。在习近平新时代中国特色社会主义思想指引下，我们党团结带领人民披荆斩棘、攻坚克难，勇于进行具有许多新的历史特点的伟大斗争，成功应对前进道路上的各种风险挑战。以习近平同志为核心的党中央科学把握国际国内形势发生的深刻复杂变化，坚持底线思维，增强忧患意识，统筹发展和安全两件大事，把防范化解重大风险摆在更加突出位置，有效化解了经济、科技、社会、网络、外交等领域的风险挑战，在一系列重大问题上敢于斗争、善于斗争，有力维护了我国主权、安全、发展利益，赢得了战略主动。

习近平总书记指出："越是接近民族复兴越不会一帆风顺，

越充满风险挑战乃至惊涛骇浪。”① 当前，我国正处于一个大有可为的历史机遇期，发展形势总的是好的，大局是稳定的。但我们面临的风险也是多方面的，有外部风险，也有内部风险；有一般风险，也有重大风险。重大风险既包括国内的经济、政治、意识形态、社会风险以及来自自然界的风险，也包括国际经济、政治、军事风险等。我们面临的各种斗争不是短期的而是长期的，至少要伴随我们实现第二个百年奋斗目标全过程。新的征程上，要善于总结运用党在不同历史时期应对风险挑战的成功经验，发扬越是艰险越向前的斗争精神，敢于斗争、善于斗争，不断夺取具有许多新的历史特点的伟大斗争新胜利。

牢牢把握斗争方向。习近平总书记强调：“共产党人的斗争是有方向、有立场、有原则的，大方向就是坚持中国共产党领导和我国社会主义制度不动摇。”② 凡是危害中国共产党领导和我国社会主义制度的各种风险挑战，凡是危害我国主权、安全、发展利益的各种风险挑战，凡是危害我国核心利益和重大原则的各种风险挑战，凡是危害我国人民根本利益的各种风险挑战，凡是危害我国实现“两个一百年”奋斗目标、实现中华民族伟大复兴的各种风险挑战，只要来了，我们就必须进行坚决斗争，毫不动摇，毫不退缩，直至取得斗争胜利。

---

① 《习近平谈治国理政》第三卷，外文出版社 2020 年版，第 542 页。

② 《习近平谈治国理政》第三卷，外文出版社 2020 年版，第 226 页。

不断提高斗争本领。习近平总书记指出："斗争精神、斗争本领，不是与生俱来的。"只有经受严格的思想淬炼、政治历练、实践锻炼，在复杂严峻的斗争中经风雨、见世面、壮筋骨，才能真正锻造成为烈火真金。我们要学懂弄通做实习近平新时代中国特色社会主义思想，掌握马克思主义立场观点方法，夯实敢于斗争、善于斗争的思想根基。高度警惕前进道路上的各种风险挑战，既要高度警惕"黑天鹅"事件，也要防范"灰犀牛"事件；既要有防范风险的先手，也要有应对和化解风险挑战的高招；既要打好防范和抵御风险的有准备之战，也要打好化险为夷、转危为机的战略主动战。坚持在重大斗争中练胆魄、磨意志、长才干，在大是大非面前敢于亮剑，在矛盾冲突面前敢于迎难而上，在危机困难面前敢于挺身而出，在歪风邪气面前敢于坚决斗争。提高战略思维、历史思维、辩证思维、创新思维、法治思维、底线思维能力，善于从纷繁复杂的矛盾中把握规律，在辨析风险挑战中提高化解能力。

敢于斗争：百年大党攻坚克难的锐利武器*

* 作者系中央党校（国家行政学院）习近平新时代中国特色社会主义思想研究中心，执笔董振华。

习近平总书记指出："中国共产党是敢于斗争、敢于胜利的伟大政党。"[①] 回顾党的百年历史，中国共产党之所以能够历经磨难成功应对各种风险挑战，不断创造新的辉煌，很重要的一点，就是党团结和带领人民卓有成效地进行伟大斗争。当前，世界百年未有之大变局加速演进，改革发展稳定任务之重前所未有，矛盾风险挑战之多前所未有，我们要抓住建党 100 年这个重要节点，从具有许多新的历史特点的伟大斗争出发，总结运用党在不同历史时期成功应对风险挑战的丰富经验，做好较长时间应对外部环境变化的思想准备和工作准备，不断增强斗争意识、丰富斗争经验、提升斗争本领，不断提高治国理政能力和水平。

敢于斗争是马克思主义者的精神底色

马克思主义具有鲜明的实践品格，不仅致力于科学"解释世界"，而且致力于积极"改变世界"。马克思主义的这种实践性特点，从根本上决定了它与社会现实生活、与广大人民群众的社会实践以及与具体的时代条件紧密联系，决定了共产党人必须适应国内外形势新变化，顺应人民新期待，大胆探索，勇于开拓，不断进行伟大斗争，坚决破除一切妨碍创新发展的思想观念和体制

① 《习近平谈治国理政》第三卷，外文出版社 2020 年版，第 54 页。

机制弊端，在理论和实践相统一的基础上不断进行理论创新和实践创新，在理论创新和实践创新的互动中不断开辟伟大事业新局面。

唯物辩证法的本质是革命的和批判的，批判性的革命实践既是马克思主义与时俱进的内在动力，也是改造世界的强大武器。因为革命性和批判性不仅仅针对别的理论或别的事物，而且还指向自身，要求马克思主义理论自身也要接受现实的批判和实践的检验，保持开放性，不断与时俱进，随着实践的发展而不断发展。世界发展永无止境，解决问题和矛盾的斗争实践也永无止境。作为马克思主义政党，我们必须在自我革命的思想领域始终坚持真理、修正错误，在社会革命的实践领域始终勇于变革、勇于创新，永不僵化、永不停滞，不为任何风险所惧，不为任何干扰所惑，在深入研究新情况、不断解决新问题的实践中进行伟大斗争，开创事业新局面。

敢于斗争是我们党不断取得胜利的重要法宝

中国共产党百年的奋斗历史，就是一部“在斗争中诞生、在斗争中发展、在斗争中壮大”的恢弘斗争实践史。长期以来，敢于斗争作为中国共产党人鲜明的政治品格，早已成为中国共产党人的“生命要素”，是党领导革命、建设和改革不断取得胜利的重要法宝。

革命战争时期，正是因为敢于斗争、善于斗争，中国共产党带领人民取得了新民主主义革命的胜利。中国共产党成立之后，以毛泽东同志为主要代表的中国共产党人，把马克思主义基本原理同中国革命的具体实践相结合，奋力探索适合中国革命的道路，进行了空前的伟大斗争。毛泽东同志指出：“我们的任务，是领导一个几万万人口的大民族，进行空前的伟大斗争”①，而为了完成中国革命任务，就要“造就一大批人，这些人是革命的先锋队。这些人具有政治远见，这些人充满着斗争精神和牺牲精神”②。在革命过程中，中国共产党始终秉持“为有牺牲多壮志，敢教日月换新天”的英雄气概，团结带领中国人民浴血奋战 28 年，跨过无数荆棘与沟坎，取得一个又一个胜利，最终推翻三座大山，建立了新中国。

社会主义建设时期，正是因为敢于斗争、善于斗争，中国共产党带领人民取得了社会主义建设的伟大成就。新中国成立后，面对整个中国社会民生凋敝、百废待兴，面对西方敌对势力对新

① 中共中央文献研究室编：《毛泽东著作专题摘编》下卷，中央文献出版社 2003 年版，第 1914 页。
② 中共中央文献研究室编：《毛泽东著作专题摘编》下卷，中央文献出版社 2003 年版，第 2100 页。

生人民共和国的打压，毛泽东同志指出：“马克思主义必须在斗争中才能发展，不但过去是这样，现在是这样，将来也必然还是这样。”[①] 在新中国成立后的前30年的建设实践中，我们建立了社会主义基本制度，这为日后中国的富起来、强起来打下了坚实的根基。

改革开放时期，正是因为敢于斗争、善于斗争，中国共产党带领人民取得了改革开放的伟大成就。在实现党的中心工作转移过程中，邓小平同志指出：“革命是要搞阶级斗争，但革命不只是搞阶级斗争。生产力方面的革命也是革命，而且是很重要的革命，从历史的发展来讲是最根本的革命。”[②] 以邓小平同志为主要代表的中国共产党人，正确研判时代主题的变化和中国所面临的形势与挑战，作出了实行改革开放的伟大决策。以“改革是第二次革命”的斗争精神，以“摸着石头过河”“逢山开路、遇水架桥”的斗争勇气，开辟了中国特色社会主义这条新路，实现了让中国人民富起来的伟大飞跃。

经过长期努力，中国特色社会主义进入了新时代。这个新时代是决胜全面建成小康社会，进而全面建设社会主义现代化强国的时代，是全国各族人民不断创造美好生活、逐步实现共同富

① 中共中央文献研究室编：《毛泽东著作专题摘编》上卷，中央文献出版社2003年版，第209页。

② 《邓小平文选》第二卷，人民出版社1994年版，第311页。

裕的伟大时代。社会总是在矛盾的运动中前进的，随着国内外形势日趋复杂和风险挑战增多，必然会出现新的矛盾，而有矛盾就会有斗争，也必然会出现许多新的斗争实践。面对复杂局面，以习近平同志为核心的党中央带领全党全军全国各族人民，总揽战略全局，把握发展大势，开启了波澜壮阔的伟大奋斗，进行了新的伟大斗争实践，中国在改革发展稳定、内政外交国防、治党治国治军等方面取得了一系列具有重大现实意义和深远历史意义的成就，重要领域和关键环节改革取得突破性进展，全面建成小康社会取得伟大历史性成就，决战脱贫攻坚取得决定性胜利，开启全面建设社会主义现代化国家新征程。

进行伟大斗争是实现伟大梦想的必由之路

中华民族伟大复兴绝不是轻轻松松、敲锣打鼓就能实现的。当今世界正面临越来越多的全球性挑战，我们党领导的伟大斗争、伟大工程、伟大事业、伟大梦想正在如火如荼进行，改革发展稳定任务艰巨繁重，我们面临着难得的历史机遇，也面临着一系列重大风险考验。胜利实现我们党确定的目标任务，必须发扬斗争精神，增强斗争本领，进行伟大斗争。

坚持和完善党的领导，必须进行伟大斗争。中国特色社会主义最本质的特征是中国共产党领导，中国特色社会主义制度的最大优势是中国共产党领导。没有党的领导，民族复兴必然是空想。切实推进伟大斗争必须坚持和加强党的全面领导，同一切削弱、歪曲、否定党的领导的言行作坚决的斗争。切实推进伟大斗争必须完善党的领导，同一切精神懈怠、脱离群众、消极腐败等行为作斗争，始终保持党的先进性和纯洁性。

坚持和完善社会主义制度，必须进行伟大斗争。改革开放以来我国所取得的伟大成就充分证明，中国特色社会主义道路是正确的，是实现现代化的必由之路。我们必须增强“四个自信”，同一切歪曲、否定中国特色社会主义制度的言行作斗争，在大是大非问题上坚定不移、敢于碰硬，才能在维护国家核心利益上敢于针锋相对，不在困难面前低头，不在挑战面前退缩，不拿原则做交易。

完成改革发展稳定艰巨繁重任务，必须进行伟大斗争。随着中国特色社会主义进入新时代，完成改革发展稳定任务的艰巨性和复杂性前所未有，这就决定了我们必须进行伟大斗争，要更加自觉地投身改革创新时代潮流，敢于啃硬骨头，敢于涉险滩，不但要勇于冲破思想观念的障碍，而且要勇于突破利益固化的藩篱，敢于向积存多年的顽疾开刀，勇于变革、勇于创新，永不僵化、永不停滞。

应对一系列现实的重大风险考验，必须进行伟大斗争。“树欲静而风不止。”对待风险挑战，视而不见不是正确的态度，消极逃避也不是正确的方法，息事宁人更不会导致风险挑战的消失。我们唯有发扬斗争精神，勇于面对风险，积极应对挑战才是最正确的态度和选择。防范和化解重大风险和挑战，需要我们坚持马克思主义实践的观点。既要有充沛的意志、发扬斗争精神，又要努力做到知行合一，在攻坚克难中不断总结经验、检验真理，持之以恒、善作善成。防范化解重大风险，需要有顽强的斗争精神。领导干部要敢于担当、敢于斗争，保持斗争精神、增强斗争本领，年轻干部要到重大斗争中去加强历练，以“踏平坎坷成大道，斗罢艰险又出发”的顽强意志，应对好每一场重大风险挑战，切实把改革发展稳定各项工作做实做好。

捌

必须加强中华儿女大团结

在百年奋斗历程中，中国共产党始终把统一战线摆在重要位置，不断巩固和发展最广泛的统一战线，团结一切可以团结的力量、调动一切可以调动的积极因素，最大限度凝聚起共同奋斗的力量。爱国统一战线是中国共产党团结海内外全体中华儿女实现中华民族伟大复兴的重要法宝。

新的征程上，我们必须坚持大团结大联合，坚持一致性和多样性统一，加强思想政治引领，广泛凝聚共识，广聚天下英才，努力寻求最大公约数、画出最大同心圆，形成海内外全体中华儿女心往一处想、劲往一处使的生动局面，汇聚起实现民族复兴的磅礴力量！

——习近平总书记在庆祝中国共产党成立100周年大会上的讲话

为促进中华儿女大团结凝心聚力*

* 作者系中央统战部理论学习中心组。

习近平总书记在庆祝中国共产党成立100周年大会上的重要讲话中强调："以史为鉴、开创未来，必须加强中华儿女大团结。在百年奋斗历程中，中国共产党始终把统一战线摆在重要位置，不断巩固和发展最广泛的统一战线，团结一切可以团结的力量、调动一切可以调动的积极因素，最大限度凝聚起共同奋斗的力量。爱国统一战线是中国共产党团结海内外全体中华儿女实现中华民族伟大复兴的重要法宝。"在新的征程上，充分发挥统一战线优势作用，不断提高海内外全体中华儿女团结联合的质量，对全面建设社会主义现代化国家、实现中华民族伟大复兴具有重大历史和现实意义。

充分认识大团结大联合是统一战线的永恒主题

我们党从成立之初就提出了团结联合其他阶级阶层的战略思想，赋予了统一战线大团结大联合的重要使命。作为党的总路线总政策的重要组成部分，尽管统一战线在不同时期担负的历史任务有所不同，团结联合的范围对象有所变化，采取的政策策略也有所区别，但凝聚人心、汇聚力量的法宝作用始终没有改变。

第一次国内革命战争时期，我们党通过建立民主联合战线，实现了第一次国共合作，取得了东征、北伐的重大胜利。抗日战争时期，我们党倡导并建立了包括一切抗日的阶级阶层、政党团体和港澳台侨同胞在内的抗日民族统一战线，赢得了近代以来中国反抗外敌入侵的第一次完全胜利。解放战争时期，我们党建立了人民民主统一战线，通过实行土地改革、保护民族工商业的政策和措施，积极开展争取各民主党派和广大知识分子的工作，特别是加强军事统战，开辟“第二条战线”，有力地加速了解放战争的胜利并拉开了协商建国的序幕。新中国成立后，我们党运用统一战线，妥善协调和处理各方面关系，促进了人民代表大会制度、中国共产党领导的多党合作和政治协商制度、民族区域自治制度等政治制度的确立，完成了对资本主义工商业的社会主义改造，实现了从新民主主义到社会主义的伟大转变。进入改革开放新时期，我们党建立了爱国统一战线，形成了包括全体社会主义劳动者、社会主义事业的建设者、拥护社会主义的爱国者、拥护祖国统一和致力于中华民族伟大复兴的爱国者的联盟，统战工作由“体制内”延伸到“体制外”，由大陆范围内拓展到大陆范围外，为改革开放和社会主义现代化建设凝聚了强大力量。党的十八大以来，以习近平同志为核心的党中央站在治国理政的战略高度，召开了一系列重要会议，颁布了一系列重要法规文件，对统战工作作出一系列重大部署，科学回答了统一战线一系列重大理论和实践问题，形成了习近平总书记关于加强和改进统一战线工作的重要思想，成为习近平新时代中国特色社会主义思想的重要组成部分。我们党以实现中华民族伟大复兴为最大公约数，着力加强党对统战工作的集中统一领导，着力构建大统战工作格局，着力谋划和布局统一战线各领域各方面工作，为推进新时代中国特色社会主义伟大事业作出了重要贡献。党的十八大以来形成的统一战线是我们党历史上最广泛的联盟，《中国共产党统一战线工作条例》将这个联盟的成员概括为12个方面，总数达数亿人。

可以说，中国共产党百年奋斗的历史，就是把马克思主义基本原理同中国具体实际相结合，最大限度团结各方力量、从胜利走向胜利的历史；也是我们党运用统一战线，不断由小变大、由弱变强，实现自身不断发展壮大的历史。如今，统一战线呈现出团结、奋进、开拓、活跃的良好局面，政党关系、民族关系、宗教关系、阶层关系、海内外同胞关系更加和谐，中华儿女万众一心、团结奋斗迸发出来的磅礴力量已成为实现中华民族伟大复兴的强大动力。实践证明，统一战线过去是、现在是、将来始终是党的事业取得胜利的重要法宝，统战工作的本质要求是大团结大联合，通过谋求最大公约数、画出最大同心圆，为党和国家中心任务提供广泛力量支持。

深刻把握新时代统一战线，
做好团结工作必须遵循的重要原则

习近平总书记在庆祝中国共产党成立100周年大会上的重要

讲话中指出:“以史为鉴,可以知兴替。我们要用历史映照现实、远观未来。”百年来,统一战线在艰难曲折、与时俱进中不断发展壮大,充分彰显了中国共产党的高超政治智慧和统一战线的重要法宝作用。我们要善于从统一战线波澜壮阔发展历程中汲取智慧,善于从成功经验和规律性认识中把握做好新时代新阶段统战工作需要遵循的重要原则,从而使新时代统一战线不断增强凝聚力、扩大团结面。

一是必须毫不动摇坚持党的领导,始终沿着正确政治方向前进。把坚持党对统一战线的领导作为根本准则,这是从血与火的考验中得来的,是从成功经验和惨痛教训中总结出来的。什么时候党对统一战线的领导坚强有力,统战事业就成功;反之,就会遭受挫折甚至失败。在当代中国,中国共产党领导是中国特色社会主义最本质的特征,是统一战线健康发展的根本保证。在新的征程上,必须把党的领导贯穿统一战线各领域和统战工作全过程,把党的政策主张转化为统一战线成员的思想自觉和行动自觉。统一战线广大成员要不断增进对中国共产党的政治认同、思想认同、理论认同、情感认同,不断增强“四个意识”、坚定“四个自信”、做到“两个维护”,始终同以习近平同志为核心的党中央保持高度一致。

二是必须自觉服务党和国家工作大局,充分彰显统一战线法宝作用。围绕中心、服务大局是统一战线建立和发展的价值所在、使命所系，是统一战线履职尽责必须始终坚持的重要原则。在各个历史时期，党和国家工作重心转移到哪里，统战工作就跟进到哪里，力量就汇聚到哪里，作用就发挥到哪里，为实现党在各个历史时期目标任务广泛争取人心、凝聚力量。在新的征程上，统一战线广大成员要立足各自岗位，发挥优势专长，紧紧围绕经济社会发展中的重大问题调查研究、献计出力，围绕影响民族团结和社会稳定的重大问题协调关系、化解矛盾，围绕事关祖国统一和国家安全的重大问题正面发声、主动作为，汇聚起海内外中华儿女攻坚克难、共襄伟业的磅礴力量。

三是必须正确处理一致性和多样性关系，谋求最广泛的团结联合。统一战线是一致性和多样性关系的矛盾统一体，有同无异，没有必要建立统一战线；有异无同，建立不起统一战线。正确处理一致性和多样性关系，关键是坚持求同存异，从一致性和多样性两方面共同努力，并在实践中统一起来。在新的征程上，增强一致性，就是要把加强思想政治引领、广泛凝聚共识放在更突出的位置，把坚持和发展中国特色社会主义作为巩固共同思想政治基础的主轴，努力做好求同存异、聚同化异的工作，不断巩固共同思想政治基础，形成利益共同体、事业共同体、命运共同体。包容多样性，就是要充分发扬民主、尊重包容差异。对危害党的领导、危害我国社会主义政权、危害国家制度和法治、损害最广大人民根本利益的问题，必须坚决反对。除此之外，对其他各种多样性，要尽可能通过耐心细致的工作找到最大公约数。

四是必须坚持守正创新，不断提高统战工作的针对性和实效性。守正是坚持新时代统战工作正确政治方向的根本要求。坚持守正，就是要始终坚持党的领导，高举爱国主义、社会主义旗帜，坚持围绕中心、服务大局等重大原则。创新是开创新时代统战工作新局面的必由之路。随着经济体制深刻变革、社会结构深刻变动、利益格局深刻调整、思想观念深刻变化，统战工作的理念、机制和方式方法必须与时俱进，推动统战工作体现时代性、把握规律性、富于创造性。在新的征程上，必须毫不动摇坚持中国共产党领导这一根本领导制度，坚持中国共产党领导的多党合作和政治协商制度、民族区域自治制度等基本政治制度，坚持公有制为主体、多种所有制经济共同发展的基本经济制度等，深入贯彻落实《中国共产党统一战线工作条例》等法规文件，大力发扬统一战线的优良传统，着力固根基、扬优势、补短板、强弱项，不断拓宽团结联合的覆盖面和包容性，提高凝心聚力的精准性和实效性，提升统一战线治理能力现代化水平。

五是必须坚持和完善大统战工作格局，形成工作合力。构建大统战工作格局，是基于统一战线性质和特点的深刻把握，是发挥统一战线凝心聚力优势和作用的重要保证，是加强党对统战工作集中统一领导的必然要求。党的十八大以来，以习近平同志为核心的党中央围绕推动构建大统战工作格局作出一系列重大决策部署。党中央明确中央统战部统一领导国家民委、统一管理宗教工作和侨务工作，中央和地方都成立了统战工作领导小组，围绕研究部署、协调指导和督促检查做了大量工作。在新的征程上，必须坚持和完善大统战工作格局，发挥统战工作领导小组机制作用，促进统战工作领导小组与民族、宗教、侨务、民营经济、新的社会阶层人士等工作机制有机衔接，不断提升议事协调效能，充分调动党政、群团、社会组织等方方面面的资源力量，切实形成工作合力。

六是必须着力加强“两支队伍”建设，努力提升履职能力水平。统战干部队伍和党外代表人士队伍，是推动统一战线事业发展的重要力量。我们党对统战干部的要求历来是很高的，培养使用党外代表人士是我们党的一贯政策。在新的征程上，要引导统战干部不断提高政治判断力、政治领悟力、政治执行力，完善知识结构、改进工作作风，善于处理各种复杂敏感问题，努力建设一支政治坚定、业务精通、作风过硬的统战干部队伍；健全党外代表人士队伍建设制度，把一部分优秀人才留在党外，着力抓好发现、培养、使用、管理等工作，努力建设一支数量充足、结构合理、素质优良、作用突出的党外代表人士队伍。

切实加强和促进海内外中华儿女大团结

习近平总书记在庆祝中国共产党成立100周年大会上的重要

讲话中强调:“新的征程上,我们必须坚持大团结大联合,坚持一致性和多样性统一,加强思想政治引领,广泛凝聚共识,广聚天下英才,努力寻求最大公约数、画出最大同心圆,形成海内外全体中华儿女心往一处想、劲往一处使的生动局面,汇聚起实现民族复兴的磅礴力量!”我们要着眼统筹中华民族伟大复兴战略全局和世界百年未有之大变局,深刻认识我国改革发展稳定任务之重前所未有,矛盾风险挑战之多前所未有,多元思想文化交流交融交锋前所未有,统一战线内部结构复杂性前所未有,新时代做好凝心聚力工作、加强中华儿女大团结更加重要,明确工作重点、采取有力举措,扎实做好统一战线各领域工作,努力把更多的党外人士紧密团结在党的周围。

一要坚持和完善我国新型政党制度。中国共产党和各民主党派都是在探索救国救民道路中产生和发展起来的,实现民族独立、人民解放和国家富强、人民幸福是我国各政党的共同目标。我国新型政党制度是中国共产党、中国人民和各民主党派、无党派人士的伟大政治创造,具有政治参与、利益表达、社会整合、民主监督、维护稳定的重要功能。要坚持长期共存、互相监督、肝胆相照、荣辱与共的基本方针,支持民主党派按照中国特色社会主义参政党要求加强自身建设,更好履行参政议政、民主监督、参加中国共产党领导的政治协商等基本职能,持之以恒推进新型政党制度丰富理论内涵、健全制度体系、激发制度效能,使这一政党制度在全面建设社会主义现代化国家、实现中华民族伟大复兴的新征程中焕发更加旺盛的生机与活力。

二要以铸牢中华民族共同体意识为主线推进新时代民族团结进步事业。我们辽阔的疆域是各民族共同开拓的，悠久的历史是各民族共同书写的，灿烂的文化是各民族共同创造的，伟大的精神是各民族共同培育的。铸牢中华民族共同体意识是维护民族团结的基础性工程，是实现中华民族伟大复兴的必然要求。要继续大力支持民族地区经济社会发展，深入实施兴边富民行动，确保全面现代化进程中民族地区不落伍、一个民族不掉队。加强民族团结进步宣传教育，不断增强各族群众对伟大祖国、中华民族、中华文化、中国共产党、中国特色社会主义的认同，打牢民族团结的思想基础。推动各民族文化传承保护和创新交融，树立和突出各民族共享的中华文化符号和中华民族形象，全面推广国家通用语言文字，建设好中华民族共有精神家园。积极促进各民族交往交流交融，反对大汉族主义和地方民族主义，使 56 个民族像石榴籽一样紧紧抱在一起。

三要以坚持我国宗教中国化方向为重点做好宗教工作。宗教与所处社会相适应，是世界各宗教生存发展的客观规律，也是我国宗教健康发展的必然要求。要坚持党的宗教工作基本方针，全面贯彻党的宗教信仰自由政策，依法管理宗教事务，坚持独立自主自办原则，积极引导宗教与社会主义社会相适应。提高“导”

的能力，坚持保护合法、制止非法、遏制极端、抵御渗透、打击犯罪，确保宗教领域和谐稳定。以社会主义核心价值观为引领，加强宗教教义思想研究阐释，使中国宗教更好展现中国特色、中国风格。坚持政治上团结合作、信仰上互相尊重，支持宗教团体加强自身建设和人才培养，巩固和发展党同宗教界的爱国统一战线。

四要更好发挥民营经济人士和新的社会阶层人士积极作用。民营经济是社会主义市场经济的重要组成部分，民营经济人士是我们党长期执政必须团结和依靠的重要力量。要坚持"两个毫不动摇"，贯彻信任、团结、服务、引导、教育的方针，积极构建亲清政商关系，引导广大民营经济人士做爱国敬业、守法经营、创业创新、回报社会的典范，促进非公有制经济健康发展和非公有制经济人士健康成长。发挥工商联和商会优势作用，针对民营经济人士所思所想所忧所盼，及时宣讲政策、解疑释惑、反映问题、推动落实，为支持服务民营经济高质量发展营造良好环境。信任和尊重新的社会阶层人士，运用社会化、网络化的方法把他们有效组织起来，强化思想引领，凝聚政治共识，让他们在建设中国特色社会主义事业中发挥更大作用。

五要进一步加强港澳台和海外统战工作。随着我国日益走近世界舞台中央，港澳台和海外统战工作的重要性更加凸显。要全面准确贯彻"一国两制"、"港人治港"、"澳人治澳"、高度自治的方针，发展壮大爱国爱港、爱国爱澳力量，增强香港同胞、澳门同胞国家意识和爱国精神，维护国家主权、安全、发展利益，维护香港、澳门长期繁荣稳定。深入贯彻党中央对台工作大政方针，坚持一个中国原则和“九二共识”，广泛团结海内外台湾同胞，发展壮大台湾爱国统一力量，反对“台独”分裂活动，推进祖国和平统一进程。全面贯彻党的侨务政策，更好凝聚侨心、汇集侨智、发挥侨力、维护侨益，鼓励和引导他们讲好中国故事、传播中国声音，为我国发展营造良好国际环境。

汇聚起共襄伟业的强大力量*

* 作者金学锋，全国政协副秘书长。

在庆祝中国共产党成立100周年大会上，习近平总书记指出："以史为鉴、开创未来，必须加强中华儿女大团结。在百年奋斗历程中，中国共产党始终把统一战线摆在重要位置，不断巩固和发展最广泛的统一战线，团结一切可以团结的力量、调动一切可以调动的积极因素，最大限度凝聚起共同奋斗的力量。"人民政协是中国共产党把马克思列宁主义统一战线理论、政党理论、民主政治理论同中国实际相结合的伟大成果，是中国共产党领导各民主党派、无党派人士、人民团体和各族各界人士在政治制度上进行的伟大创造。我们要把深入学习贯彻习近平总书记在庆祝中国共产党成立100周年大会上的重要讲话精神同深入学习贯彻习近平总书记关于加强和改进人民政协工作的重要思想、关于加强和改进统一战线工作的重要思想结合起来，发挥人民政协作为统一战线组织的作用，广泛凝聚人心和力量，推动形成海内外中华儿女心往一处想、劲往一处使的强大合力。

人民政协凝心聚力、增进团结的宝贵经验

"无论我们走得多远，都不能忘记来时的路。"[①] 以史为鉴、开

① 中共中央党史和文献研究院、中央"不忘初心、牢记使命"主题教育领导小组办公室编：《习近平关于"不忘初心、牢记使命"论述摘编》，中央文献出版社、党建读物出版社2019年版，第247页。

创未来，必须以习近平总书记在庆祝中国共产党成立100周年大会上的重要讲话精神为指导，认真总结人民政协在中国共产党领导下投身建立新中国、建设新中国、探索改革路、实现中国梦伟大实践的宝贵经验，在新的征程上继续弘扬优良传统，加强大团结大联合，进一步做好统一战线工作。

坚持党的全面领导。没有中国共产党，就没有新中国，就没有中华民族伟大复兴。中国共产党始终坚持以科学理论为指导，坚持以人民为中心，坚守初心和使命，严密党的组织体系，不断推进自我革命，把各个政党和无党派人士紧密团结起来，带领全国各族人民为共同目标而奋斗。中国共产党领导是包括各民主党派、各团体、各民族、各阶层、各界人士在内的全体中国人民的共同选择，是中国特色社会主义最本质的特征，是人民政协更好发挥统一战线组织作用的根本保证。我们要增强“四个意识”、坚定“四个自信”、做到“两个维护”，始终把牢正确政治方向。

坚持大团结大联合。大团结大联合是统一战线的本质要求，是人民政协组织的重要特征。人民政协是作为统一战线组织而产生的，也始终是作为统一战线组织而存在和发展的。要坚持在热爱中华人民共和国、拥护中国共产党领导、拥护社会主义事业、共同致力于实现中华民族伟大复兴的政治基础上，团结一切可以团结的人，汇聚起奋进新时代、共筑中国梦的强大力量。

坚持一致性和多样性统一。统一战线体现了一致性和多样性的统一。只有一致性、没有多样性，或者只有多样性、没有一致性，都不能建立和发展统一战线。一致性是共同思想政治基础的一致，多样性是利益多元、思想多样的反映。要在尊重多样性中寻求一致性，做到增进一致而不强求一律、尊重差异而不扩大分歧、包容多样而不弱化主导，自觉抵制和反对一切违背、损害、削弱共同思想政治基础的言行，不断巩固已有共识、凝聚新的共识。

坚持发扬民主和增进团结相互贯通、建言资政和凝聚共识双向发力。协商民主是实现党的领导的重要方式，是党领导人民有效治理国家、保证人民当家作主的重要制度设计。要发挥好人民政协专门协商机构作用，把协商民主贯穿于履行职能全过程，把双向发力落实到开展工作各方面，组织各党派、各团体、各民族、各阶层、各界人士共商国是，在协商中促进广泛团结、推进多党合作、实践人民民主、有效凝聚共识。

发挥人民政协优势，努力争取更大光荣

统一战线是中国共产党夺取革命、建设、改革事业胜利的重要法宝，也是团结海内外全体中华儿女实现中华民族伟大复兴的重要法宝。新的征程上，人民政协作为中国共产党领导的政治组

织和民主形式，要充分发挥代表性强、联系面广、包容性大的优势，着眼壮大最广泛统一战线、践行全过程人民民主，为全面建设社会主义现代化国家、实现第二个百年奋斗目标添助力、增合力，努力争取更大光荣。

强化政治责任担当。当前，世界百年未有之大变局加速演进，我们面临的改革发展稳定任务之重、矛盾风险挑战之多前所未有，统一战线和人民政协凝心聚力的责任更重。宏伟的目标需要广泛的团结，广泛的团结创造光辉的业绩。实现中华民族伟大复兴必须凝聚中国力量，这就是各族人民大团结的力量。俗话说，“一个篱笆三个桩，一个好汉三个帮”“众人拾柴火焰高”。我们要胸怀“两个大局”，牢记“国之大者”，把责任扛在肩上、把事业放在心上，提高人民政协政治协商、民主监督、参政议政水平，更好凝聚共识，担负起把党中央决策部署和对人民政协工作要求落实下去、把海内外中华儿女智慧和力量凝聚起来的政治责任，增强开展统一战线工作的责任感使命感，把更多的人团结在党的周围。

夯实共同思想政治基础。共同思想政治基础是人民政协产生、存在和发展的前提。要把坚持和发展中国特色社会主义作为巩固共同思想政治基础的主轴，把服务实现第二个百年奋斗目标作为工作主线，加强思想政治引领，广泛凝聚共识。完善落实党对人民政协工作全面领导的制度，践行习近平新时代中国特色社会主义思想学习座谈会制度，健全人民政协专门协商机构制度，着力构建以科学理论为指导、以协商交流为特色、以自我提高为主旨、以增进认同为目标的学思践悟平台。通过制度运行、民主程序和协商履职实践，把党的主张转化为各党派团体和各族各界人士的自觉行动，在习近平新时代中国特色社会主义思想旗帜下携手前进，协助党和政府做好协调关系、理顺情绪、化解矛盾的工作，推动人民政协更好成为坚持和加强党对各项工作领导的重要阵地、用党的创新理论团结教育引导各族各界代表人士的重要平台、在共同思想政治基础上化解矛盾和凝聚共识的重要渠道。

努力促进合作共事。人民政协在组织构成上具有鲜明特色，党外代表人士在各级政协中占有较大比例，换届时委员不少于60%，常委不少于65%；各级政协领导班子中副主席不少于50%（不包括民族自治地方），政协各专门委员会主任、副主任及委员中的党外代表人士占有适当比例。要深刻认识和把握政协性质定位和组织构成特色，加强政协党的建设，强化政协党组织在政协工作中的政治领导力、思想引领力、群众组织力、社会号召力，强化党员委员做好党的统战工作和群众工作的职责担当，带头广交深交党外朋友，“以民主的作风团结人”，努力在政治引领、发扬民主、凝聚共识、合作共事、廉洁奉公等方面发挥先锋模范作用。深化党的统战理论方针政策学习教育，尊重和保障党外代表人士在政协发表意见的权利，充分调动党外代表人士履职尽责积极性主动性创造性，共同谱写政协团结合作新篇章。

深化凝聚共识、传播共识工作。统一战线是做人的工作，必须把握特点、探索规律。争取人心、凝聚共识，是深入细致开展统战工作的重要任务。要树立正确履职观，深刻认识到建言资政是履职成果、凝聚共识也是履职成果，甚至是更重要的成果。把凝聚共识融入政协视察考察、调查研究、协商议政、专项民主监督等各项活动中，在建言成果、思想收获上一体设计、一体落实。凝聚共识不是无区别的强求一律，而是有方向的启发引领；不是单向度的灌输说教，而是互动式的协商讨论；不是表面的附和敷衍，而是内心的深刻认同；不是快餐式的立竿见影，而是长期性的润物无声。要改进工作方法、完善工作机制，使政协凝聚共识、传播共识工作更具时代感、更接地气，始终保持旺盛生机活力。充分运用互联网、大数据等技术手段，面向社会积极传播共识。完善形成政协组织委员、委员引导界别群众的工作格局，鼓励支持委员深入基层、贴近实际，当好党的政策宣传员、思想政治引领者、界别群众贴心人，助推画好网上网下最大同心圆。

广泛汇聚共襄伟业正能量。发挥人民政协作为实行我国新型政党制度重要政治形式和组织形式的作用，落实现有制度和机制安排，为民主党派、无党派人士在人民政协更好发挥作用创造条件。铸牢中华民族共同体意识，召开少数民族界、宗教界主题协商座谈会和委员反映社情民意座谈会，促进民族团结、宗教和睦。充分发挥人民团体及其界别委员的作用，积极组织人民团体参与协商、视察、调研等活动，密切政协各专门委员会和人民团体的联系。完善谈心谈话、联系党外委员制度，组建参政议政人才库，搭建联动协商、专家协商会平台，研究建立邀请代表人士参加重要协商活动机制，加强同党外知识分子、非公有制经济人士、新的社会阶层人士的沟通联络。紧紧围绕推动“一国两制”行稳致远，强化港澳委员政治责任和使命担当，坚定支持全面落实“爱国者治港”原则，密切与港澳社团及界别人士联系。深化同台湾岛内有关党派团体、社会组织、各界人士交流交往。完善邀请海外侨胞代表列席政协全体会议、回国参加考察等机制。团结海内外中华儿女共促祖国统一大业，共襄民族复兴伟业。

为新征程凝聚侨界力量*

* 作者万立骏，中国侨联党组书记、主席。

习近平总书记在庆祝中国共产党成立100周年大会上的重要讲话高屋建瓴、思想深邃、内涵丰富，强调“以史为鉴、开创未来，必须加强中华儿女大团结”，在侨界引发热烈反响。追求共同目标需要汇聚共同力量，承担共同使命需要进行共同奋斗。我们要认真学习领会习近平总书记在庆祝中国共产党成立100周年大会上的重要讲话精神，坚定理想信念，凝聚奋斗意志，为加强中华儿女大团结作出新的更大贡献。

团结动员广大侨胞做中华民族伟大复兴的奋斗者。习近平总书记在庆祝中国共产党成立100周年大会上的重要讲话中指出：“一百年来，中国共产党团结带领中国人民进行的一切奋斗、一切牺牲、一切创造，归结起来就是一个主题：实现中华民族伟大复兴。”中国共产党团结带领中国人民，创造了新民主主义革命的伟大成就，创造了社会主义革命和建设的伟大成就，创造了改革开放和社会主义现代化建设的伟大成就，创造了新时代中国特色社会主义的伟大成就。在这一波澜壮阔的历史进程中，广大归侨侨眷和海外侨胞胸怀赤子之心，为中国革命、建设、改革作出了不可磨灭的贡献。我们要多用大家听得懂、听得进的话语，向广大归侨侨眷和海外侨胞深入宣传习近平总书记在庆祝中国共产党成立100周年大会上的重要讲话精神，引导大家深刻认识到只有社会主义才能救中国，只有社会主义才能发展中国，努力为中华民族伟大复兴作出积极贡献。

团结动员广大侨胞做爱国精神的传承者。精神是一个民族赖以长久生存的灵魂，唯有精神上达到一定的高度，这个民族才能在历史的洪流中屹立不倒、奋勇向前。100 年来，中国共产党弘扬伟大建党精神，在长期奋斗中构建起中国共产党人的精神谱系，锤炼出鲜明的政治品格。回望历史，广大侨胞传承爱国精神，情系桑梓、矢志报国、接续奋斗，与全体中国人民一起，共同书写了中华民族几千年历史上最恢宏的史诗。要加强侨界思想政治引领工作，以“追梦中华”主题宣传活动为载体，在侨界把党史学习教育不断引向深入，推动侨界群众认识到中国共产党是真正为中国人民谋幸福的党，了解中国共产党为什么能、马克思主义为什么行、中国特色社会主义为什么好。团结动员广大侨界群众发扬爱国精神，赓续精神血脉，不断为党和国家事业作出新的更大贡献。

团结动员广大侨胞做中华优秀文化的传播者。中华民族是世界上伟大的民族，有着 5000 多年源远流长的文明历史，为人类文明进步作出了不可磨灭的贡献。历史上，许多华侨华人以勤劳、勇敢、智慧、诚信的优秀品格，赢得众多国家人民对中国人和中华文明的尊重，播下了友好的种子。要以“亲情中华”等主题活动为载体，团结动员广大侨胞参与推动中国与世界各国多层次、宽领域的人文交流合作，向世界阐释推介更多具有中国特色、体现中国精神、蕴藏中国智慧的优秀文化，促进中国与世界各国民心相通。发挥广大侨胞精通语言、熟悉多种文化的独特优势，采用贴近不同区域、不同国家、不同群体受众的精准传播方式，广泛宣介中国主张、中国智慧、中国方案，不断扩大知华友华的国际舆论“朋友圈”。

团结动员广大侨胞做构建人类命运共同体的践行者。新冠肺炎疫情防控期间，海外侨胞通过捐款捐物、志愿服务等方式积极支援祖国的疫情防控工作，也积极参与住在国的疫情防控工作，分享中国抗疫经验，全人类团结合作、共克时艰的精神在侨胞身上得到充分体现。习近平总书记在庆祝中国共产党成立 100 周年大会上的重要讲话中强调：“推动构建人类命运共同体，推动共建‘一带一路’高质量发展，以中国的新发展为世界提供新机遇。”当前，世界各国相互联系、相互依存、相互影响更加密切，这为广大侨胞发展提供了难得机遇和广阔舞台。要以“创业中华”等主题活动为载体，团结动员广大侨胞充分发挥自身优势，为中国和世界各国在各领域交流合作牵线搭桥，积极参与共建“一带一路”。引导海外侨胞在自身事业不断发展壮大的同时，积极回馈社会，支持慈善事业，为构建人类命运共同体作出侨界贡献。

团结动员广大侨胞做祖国统一的促进者。祖国必须统一，也必然统一。这是两岸关系发展历程的历史定论，也是新时代中华民族伟大复兴的必然要求。习近平总书记在庆祝中国共产党成立 100 周年大会上的重要讲话中指出：“要坚持一个中国原则和

‘九二共识’，推进祖国和平统一进程。”包括两岸同胞在内的所有中华儿女，要和衷共济、团结向前，坚决粉碎任何“台独”图谋，共创民族复兴美好未来。长期以来，广大侨胞在维护一个中国原则、反对分裂，推动两岸关系和平发展，促进两岸交流交往等方面做了大量工作，发挥了积极作用。要团结动员广大侨胞发挥社会影响，加强与各界交流，广泛宣传“和平统一、一国两制”基本方针，进一步增添有助于实现祖国完全统一的正能量。

团结动员广大侨胞做中华儿女大团结的推动者。习近平总书记在庆祝中国共产党成立100周年大会上的重要讲话中向广大侨胞致以诚挚问候，强调“形成海内外全体中华儿女心往一处想、劲往一处使的生动局面，汇聚起实现民族复兴的磅礴力量”，充分体现了党中央对侨胞和侨联工作的重视关心、殷切期待。中国历史源远流长，中华文明历久弥新，中华儿女荣辱与共。要团结动员广大侨胞心往一处想、劲往一处使，把各方面智慧和力量凝聚起来，引导海外侨社之间加强交流、增进理解、深化合作，相互支持、相互帮助、相互欣赏。更好团结服务侨胞，共同推动建设和谐侨社，促进华人社会和谐发展，展现中华民族良好形象。新时代新征程，侨联组织要立足两个大局，胸怀“国之大者”，牢牢把握凝聚侨心侨力同圆共享中国梦的主题，进一步找准聚焦点、着力点，发挥优势，推动海内外中华儿女万众一心，为实现中华民族伟大复兴团结奋斗。

心往一处想，劲往一处使，发挥好统一战线重要法宝作用*

* 作者何虎生，中国人民大学马克思主义学院教授。

大团结大联合是统一战线的本质要求。习近平总书记在庆祝中国共产党成立100周年大会上的重要讲话中指出："爱国统一战线是中国共产党团结海内外全体中华儿女实现中华民族伟大复兴的重要法宝。"100年来，我们党不断巩固和发展最广泛的统一战线，最大限度凝聚起共同奋斗的力量。在新征程上加强中华儿女大团结，必须坚持党的领导，推动统战工作高质量发展，更好发挥统一战线的重要法宝作用。

坚持党的领导，不断巩固共同思想政治基础。统一战线是中国共产党领导的广泛政治联盟，党的领导是统一战线最鲜明的特征。党领导的统一战线经历了民主联合战线、抗日民族统一战线、人民民主统一战线、爱国统一战线等多个阶段，是党夺取革命、建设、改革事业胜利的重要法宝。历史充分证明，有了中国共产党，统一战线才有了团结凝聚的核心；有了中国共产党的领导，统一战线才能朝着正确政治方向阔步前进。当前，统一战线肩负的使命任务越来越艰巨，统战对象的构成越来越复杂，统战工作的国际影响越来越凸显。做好新形势下的统战工作，必须坚持党的领导，确保党始终总揽全局、协调各方，不断增强党在统一战线中的政治领导力、思想引领力、群众组织力、社会号召力，把各方面力量团结凝聚在以习近平同志为核心的党中央周围，进一步强化党在同心圆中居于圆心的地位作用，进一步巩固统一战线"众星捧月"的良好局面。

坚持大统战工作格局，推动统战工作高质量发展。新时代统一战线的社会基础更加广泛、工作领域更加宽广、工作内容更加丰富，要把数量庞大、构成多元的群体团结凝聚起来，仅仅依靠统战部门的力量是远远不够的。这就需要构建党委统一领导、统战部门牵头协调、有关方面各负其责的大统战工作格局，把党政、群团、社会组织等方方面面的资源力量充分调动起来，形成工作合力。既发挥统战部门了解情况、掌握政策、协调关系等职能作用，又充分发挥党政部门、人民团体、社会组织等方面的积极作用，营造全社会重视统战、参与统战的良好局面。进一步提升各项工作的制度化规范化程序化水平，把大统战工作格局落到实处，把大统战工作效应发挥出来，为坚持和完善中国特色社会主义制度、推进国家治理体系和治理能力现代化作出积极贡献。通过联谊交友、谈心交流等方式，做好党外知识分子工作这一基础性、战略性工作，多接触、多谈心、多帮助，讲尊重、讲平等、讲诚恳，把他们紧紧团结在党的周围。

坚持守正创新，正确处理一致性和多样性关系。在新征程上坚持中华儿女大团结，需要处理好一致性和多样性关系。统一战线体现了一致性和多样性的统一，一致性是其存在和发展的前提，多样性是其存在和发展的条件。一致性是共同思想政治基础的一致，多样性是利益多元、思想多样的反映。一致性是统一战线发挥优势的主要力量来源；多样性既是统一战线的重要资源，也会使统战工作面临问题挑战。要坚持一致性和多样性统一，做好求同存异、聚同化异的工作，在尊重多样性中寻求一致性，推动统一战线成员实现思想上的共同进步，不断扩大统一战线的团结面，画出最大同心圆。

汇聚起中华儿女大团结的磅礴力量*

* 作者系北京市习近平新时代中国特色社会主义思想研究中心，执笔孙信。

在庆祝中国共产党成立100周年大会上的重要讲话中，习近平总书记深情回顾了中国共产党团结带领中国人民创造的伟大成就，强调“以史为鉴、开创未来，必须加强中华儿女大团结”。爱国统一战线是中国共产党团结海内外全体中华儿女实现中华民族伟大复兴的重要法宝。新征程上，我们要继续运用好这一重要法宝，形成海内外全体中华儿女心往一处想、劲往一处使的生动局面，汇聚起实现中华民族伟大复兴的磅礴力量。

统一战线是党的事业取得胜利的重要法宝

统一战线因党而生、伴党而行，它与党的光辉历程和辉煌业绩紧密联系在一起，是我们党铸就不朽历史功勋的“传家宝”。在百年奋斗历程中，我们党始终把统一战线摆在重要位置，不断巩固和发展最广泛的统一战线，团结一切可以团结的力量、调动一切可以调动的积极因素，最大限度凝聚起共同奋斗的力量。

中国共产党诞生不久，就走上了创建统一战线之路。大革命时期，中国共产党通过建立民主联合战线，实行第一次国共合作，取得了北伐战争重大胜利，结束了军阀混战、四分五裂的局面，到1927年党的五大时，党员人数已由建党初期的50余人发展到近5.8万人，成为中国政治舞台上的一支重要力量。抗日战争时期，我们党倡导并建立包括一切抗日的阶级阶层、政党团体和港澳台侨同胞在内的抗日民族统一战线，同时与苏联、美国、英国等建立世界反法西斯统一战线，最终取得抗日战争伟大胜利，我们的党员发展到120多万人，抗日民主根据地扩大到近100万平方公里。解放战争时期，我们党建立了人民民主统一战线，积极开展爱国民主运动，赢得各民主党派和进步力量的拥护支持，使敌我力量发生根本性变化，最终取得人民解放战争的伟大胜利，党员人数发展到448.8万人。新中国成立前后，我们党运用统一战线，促进了人民代表大会制度、中国共产党领导的多党合作和政治协商制度、民族区域自治制度的确立，完成了对资本主义工商业的社会主义改造，为建立和巩固新生人民政权发挥了重要作用。

改革开放新时期，党领导的新时期爱国统一战线犹如满载改革和建设力量的巨轮，乘风破浪，奋力前行，形成了包括全体社会主义劳动者、社会主义事业建设者、拥护社会主义的爱国者和拥护祖国统一的爱国者组成的，包括台湾同胞、港澳同胞和海外侨胞在内的最广泛联盟，共同致力于改革开放和社会主义现代化建设，积极为经济和社会发展献计出力。从打破个体、私营经济“禁区”，促进非公有制经济对经济社会发展作出重要贡献，到“一国两制”伟大构想的提出和香港、澳门回归，共同谱写了新时期爱国统一战线的辉煌乐章。

党的十八大以来，以习近平同志为核心的党中央高度重视统战工作，习近平总书记就加强和改进统一战线工作做出一系列重要论述和重大部署，为新时代统战工作提供了根本遵循。新时代统一战线已经发展成为中国共产党领导的、以工农联盟为基础的，包括全体社会主义劳动者、社会主义事业的建设者、拥护社会主义的爱国者、拥护祖国统一和致力于中华民族伟大复兴的爱国者的广泛的爱国统一战线。新时代统一战线牢牢把握大团结大联合的主题，有力促进了政党关系、民族关系、宗教关系、阶层关系和海内外同胞关系更加和谐，巩固发展了团结、奋进、开拓、活跃的良好局面，为推动经济社会发展、维护社会和谐稳定、促进祖国统一进程作出了新的重要贡献。

加强中华儿女大团结
是新时代爱国统一战线的根本任务

百年辉煌看今朝，实现中华民族伟大复兴已经进入了不可逆转的历史进程，爱国统一战线依然是中国共产党团结海内外全体中华儿女实现中华民族伟大复兴的重要法宝。

实现中华民族伟大复兴是海内外中华儿女共同的梦想。习近平总书记指出："中国梦意味着中国人民和中华民族的价值体认和价值追求，意味着全面建成小康社会、实现中华民族伟大复兴，意味着每一个人都能在为中国梦的奋斗中实现自己的梦想，意味着中华民族团结奋斗的最大公约数，意味着中华民族为人类和平与发展作出更大贡献的真诚意愿。”[①] 中国梦是国家梦、民族梦，也是每个中华儿女的梦。把实现中华民族伟大复兴的中国梦作为团结海内外中华儿女的最大公约数，进一步拓展了中华儿女同心同德、为实现伟大梦想而奋斗的共同思想基础。只要海内外中华儿女紧密团结起来，万众一心，团结奋斗，实现梦想的力量就会无比强大，每个人为实现自己梦想的努力就拥有广阔的空间。

团结是中国人民、中华民族不断从胜利走向新的胜利的重要保证。团结统一的中华民族是海内外中华儿女共同的美好愿景。在几千年历史长河中，中国人民始终团结一心、同舟共济，建立了统一的多民族国家，发展了 56 个民族多元一体、交织交融的融洽民族关系，形成了守望相助的中华民族大家庭。各民族以中华民族优秀传统为纽带紧紧联系在一起，流淌着相同的血液，铭刻着鲜明的中华文化烙印，其中最为宝贵的就是几千年来对中华民族团结统一的不懈追求。自秦汉开创大一统格局后，团结统一就成为中华民族凝聚力向心力中最恒久的底色和中华民族共同体意识的最高价值追求，成为中华民族在各种危难时期最富有号召

① 《习近平谈治国理政》第一卷，外文出版社 2018 年版，第 161 页。

力的精神号角。习近平总书记指出：“实现中国梦必须凝聚中国力量。这就是中国各族人民大团结的力量。”[①] 团结是坚不可摧的钢铁，团结统一是海内外中华儿女最坚定的信念，是中国人民、中华民族不断从胜利走向新的胜利的重要保证。

应对前进道路上的风险挑战，需要强大力量支持。习近平总书记强调：“现在，我们党所处的历史方位、所面临的内外形势、所肩负的使命任务发生了重大变化。越是变化大，越是要把统一战线发展好、把统战工作开展好。”[②] 在具有许多新的历史特点的伟大斗争中，我们面临的挑战和问题严峻复杂，必须凝聚各方面力量共同奋斗。能用众力，则无敌于天下；能用众智，则无畏于圣人。越是处于改革攻坚期，我们越需要汇集众智、增强合力；越是处于发展关键期，我们越需要凝聚人心、众志成城。只有把民主党派、无党派人士、民族宗教界人士、新的社会阶层人士、港澳台海外爱国人士等各方面统一战线成员的力量都团结起来，巩固和发展最广泛的爱国统一战线，才能凝聚起全体人民的智慧和力量，激发出全社会创造活力和发展动力，为实现中华民族伟大复兴提供广泛力量支持，我们的事业才有更稳固的基础。

---

① 《习近平谈治国理政》第一卷，外文出版社 2018 年版，第 40 页。
② 《十八大以来重要文献选编》中卷，中央文献出版社 2016 年版，第 556 页。

为实现中华民族伟大复兴汇聚磅礴力量

当前，我们踏上了全面建设社会主义现代化国家的新征程。新征程上，必须坚持党对统一战线工作的集中统一领导，坚持大团结大联合主题，坚持一致性和多样性统一，加强思想政治引领，广泛凝聚共识，广聚天下英才，努力寻求最大公约数、画出最大同心圆，为实现中华民族伟大复兴提供强大动力。

坚持党对统一战线的领导。中国共产党领导的政治优势和中国特色社会主义制度优势，决定了在党的集中统一领导下、在中国特色社会主义政治制度的框架下，统一战线能够实现汇聚海内外中华儿女智慧和力量的最强大合力。党对统一战线的领导是政治领导，通过不断改善对统一战线的领导方式，寓党的领导于民主协商之中，充分发挥中国共产党领导的多党合作和政治协商制度的政治优势，坚持好发展好完善好新型政党制度，使广大统一战线成员更加普遍地认同党的主张，更加自觉地团结在党的周围，从而把党的正确主张化为广大统一战线成员的共识，进一步增强我们党在统一战线中的凝聚力、影响力和感召力。

坚持服务党和国家中心工作。统一战线是为党的总目标、总路线、总任务服务的，是党的总目标、总路线、总任务的重要组成部分，这是统一战线价值的根本所在。党对统一战线的要求是围绕中心、服务大局，确保党和国家工作重心推进到哪里，统一战线的智慧力量就凝聚到哪里。新征程上，统一战线要坚定地服从服务于全面建设社会主义现代化国家和实现中华民族伟大复兴，争取人心、凝聚力量、广纳群言、凝聚智慧。

坚持大团结大联合主题。人心是最大的政治，共识是奋进的动力。建立统一战线的目的，就是要团结一切可以团结的力量，最大限度凝聚起共同奋斗的力量。要铸牢中华民族共同体意识，促进各民族像石榴籽一样紧紧抱在一起，和睦相处、和衷共济、和谐发展。贯彻党的宗教工作基本方针，坚持我国宗教中国化方向，更好引导宗教与社会主义社会相适应。着力促进非公有制经济健康发展和非公有制经济人士健康成长，充分发挥新的社会阶层人士积极作用。通过增强各党派、各团体、各民族、各阶层以及各方面的团结，坚决维护国家统一和社会和谐稳定，不断壮大共同奋斗的力量。

坚持一致性和多样性统一。统一战线是一致性和多样性的统一体，只有一致性、没有多样性，或者只有多样性、没有一致性，都不能建立和发展统一战线，正所谓“非一不能成两，非两则不能一”。当前和今后一个历史时期，统一战线的一致性就是以中华民族伟大复兴为共同目标，这是统一战线的共同利益所在，是需要不断巩固的共识；同时充分发扬民主、尊重包容差异，增进一致而不强求一律、包容多样而不丧失主导，真正做到求同存异，这是我们党百年统战工作经验和规律的科学总结。求同存异的过程中，有的多样性无关宏旨，可以存而不论；有的多样性有利于改进工作、减少错误，要鼓励和支持；有的多样性涉及大是大非问题，必须旗帜鲜明亮明观点，积极主动加强引导。只要我们把政治底线这个圆心守住，包容的多样性半径越长，就能画出越大的同心圆。

玖

必须不断推进党的建设新的伟大工程

勇于自我革命是中国共产党区别于其他政党的显著标志。我们党历经千锤百炼而朝气蓬勃，一个很重要的原因就是我们始终坚持党要管党、全面从严治党，不断应对好自身在各个历史时期面临的风险考验，确保我们党在世界形势深刻变化的历史进程中始终走在时代前列，在应对国内外各种风险挑战的历史进程中始终成为全国人民的主心骨！

新的征程上，我们要牢记打铁必须自身硬的道理，增强全面从严治党永远在路上的政治自觉，以党的政治建设为统领，继续推进新时代党的建设新的伟大工程，不断严密党的组织体系，着力建设德才兼备的高素质干部队伍，坚定不移推进党风廉政建设和反腐败斗争，坚决清除一切损害党的先进性和纯洁性的因素，清除一切侵蚀党的健康肌体的病毒，确保党不变质、不变色、不变味，确保党在新时代坚持和发展中国特色社会主义的历史进程中始终成为坚强领导核心！

——习近平总书记在庆祝中国共产党成立 100 周年大会上的讲话

不断推进党的建设新的伟大工程*

* 作者系全国党的建设研究会。

在庆祝中国共产党成立100周年大会上，习近平总书记强调："以史为鉴、开创未来，必须不断推进党的建设新的伟大工程。"中国共产党成立100年来，团结带领中国人民不懈奋斗、砥砺前行，中华民族迎来了从站起来、富起来到强起来的伟大飞跃。在这一历史进程中，我们党坚持以党的自我革命引领伟大社会革命，坚持不懈加强自身建设，始终保持先进性和纯洁性，充分发挥坚强领导核心作用，党的创造力、凝聚力、战斗力不断增强。在庆祝党的百年华诞之际，深情回望党的建设卓著成就，深刻总结党的建设宝贵经验，对于不断推进党的建设新的伟大工程和党领导的伟大事业，具有重要意义。

百年来党的建设取得卓著成就

习近平总书记在庆祝中国共产党成立100周年大会上的重要讲话中指出："我们党历经千锤百炼而朝气蓬勃，一个很重要的原因就是我们始终坚持党要管党、全面从严治党，不断应对好自身在各个历史时期面临的风险考验，确保我们党在世界形势深刻变化的历史进程中始终走在时代前列，在应对国内外各种风险挑战的历史进程中始终成为全国人民的主心骨！"100年来，党的建设水平不断提高，取得的成就辉煌卓著、举世瞩目。

马克思主义中国化理论成果丰硕，全党马克思主义理论水平不断提高。中国共产党是在马克思主义指导下建立起来的，马克思主义始终是党的根本指导思想。我们党深刻认识到，必须把马克思主义基本原理同中国具体实际相结合，不断推进马克思主义中国化。100年来，我们党坚持解放思想和实事求是相统一、培元固本和守正创新相统一，不断开辟马克思主义新境界，创立了毛泽东思想、邓小平理论，形成了“三个代表”重要思想、科学发展观，创立了习近平新时代中国特色社会主义思想，为党和人民事业发展提供了科学理论指导。马克思主义中国化的这些重大成果，都被及时写入党章，成为我们党的指导思想，在中国革命、建设、改革的实践中发挥了科学指导作用。与此同时，我们党始终坚持用中国化的马克思主义武装全党，自觉把理论与实践结合起来，把改造客观世界与改造主观世界统一起来。通过整党整风、集中性教育、经常性学习等举措，着力提高党员干部理论修养和运用理论解决实际问题的能力。党的十八大以来，全党认真学习贯彻习近平总书记关于思想建党、理论强党的一系列重要论述，党的思想理论建设迈出重要步伐。

始终不渝坚定共产主义远大理想和中国特色社会主义共同理想，凝聚起为党的事业团结奋斗的强大精神力量。我们党是具有崇高理想和革命精神的马克思主义政党，自成立之日起就把实现共产主义作为最高理想和最终目标。每名共产党员在入党的时候，都宣誓为实现共产主义奋斗终身。无数共产党员胸怀崇高理想，出生入死、浴血奋战、苦干实干、无私奉献，许多人甚至献出了宝贵生命。井冈山的常青松柏、长征途中的雪山草地、延安窑洞不熄的油灯、大庆油田为国家献出的滚滚石油、西北大漠升腾起的第一朵"蘑菇云"、汶川抗震救灾和抗击新冠肺炎疫情第一线的一面面党旗……这一切都记载着崇高理想的光彩诗篇、唱响着优良传统的高亢赞歌、闪耀着革命精神的熠熠光芒。党的十八大以来，习近平总书记反复强调坚定理想信念，要求广大党员干部"筑牢信仰之基、补足精神之钙、把稳思想之舵"[①]"进一步发扬革命精神，始终保持艰苦奋斗的昂扬精神"[②]。通过深入开展"不忘初心、牢记使命"主题教育等党内集中教育，广大党员干部进一步坚定了共产主义远大理想和中国特色社会主义共同理想，为进行伟大斗争、建设伟大工程、推进伟大事业、实现伟大梦想提供了有力精神支撑。

高度重视从政治上建设党，保证全党服从中央，维护党中央权威和集中统一领导。旗帜鲜明讲政治，是中国共产党的鲜明特征和政治优势。我们党从成立之日起就高度重视从政治上建设党，把保证全党服从中央、维护党中央权威和集中统一领导作为

① 《习近平谈治国理政》第三卷，外文出版社 2020 年版，第 88 页。
② 习近平：《在党史学习教育动员大会上的讲话》，人民出版社 2021 年版，第 19 页。

党的政治建设的首要任务。党的十八大以来，在以习近平同志为核心的党中央领导下，党的政治建设得到全面加强，被纳入党的建设总体布局并摆在首位，明确了政治建设在党的建设中的统领地位。党内政治生活的政治性、时代性、原则性、战斗性显著增强，政治纪律和政治规矩更加严明，广大党员干部政治信仰更加坚定，政治意识、大局意识、核心意识、看齐意识不断强化，政治判断力、政治领悟力、政治执行力不断提高，做到“两个维护”更加自觉。可以说，加强党的政治建设是贯穿我们党百年奋斗历程的一条主线，决定着党的建设的方向和效果，使我们党始终保持马克思主义政党的政治本色。

探索并坚持实现中华民族伟大复兴的正确道路，党的领导水平和执政能力不断提高。中国共产党自成立之日起，就义无反顾肩负起实现中华民族伟大复兴的历史使命，成为中国人民的主心骨，发挥着坚强领导核心作用。100年来，我们党紧密结合中国国情，运用中国化的马克思主义，解决了中国革命、建设、改革中的一系列重大理论和现实问题。为取得新民主主义革命的胜利，开辟了农村包围城市、武装夺取政权的正确革命道路，带领中国人民推翻了三座大山，建立了新中国；在迅速医治战争创伤、恢复国民经济的基础上，制定了过渡时期总路线，确立了社会主义基本制度，社会主义建设在探索中取得伟大成就；在改革开放新时期，开辟了中国特色社会主义道路，制定了党在社会主义初级阶段的基本路线和一系列改革开放的重大方针政策，推动社会主义现代化建设不断取得新成就。中国特色社会主义进入新时代，我们党深刻认识到我国社会主要矛盾的转变，进一步明确提出新时代党的历史使命，擘画实现中华民族伟大复兴中国梦的战略目标，提出坚持和发展中国特色社会主义的总体布局、战略布局和基本方略，完善各领域的方针政策，引领社会主义现代化航船乘风破浪、扬帆远航。在领导中国革命、建设、改革的伟大实践中，党的领导水平和执政能力不断提高，领导方法和执政方式不断改进。与此同时，我们党突出强调坚持和加强党的全面领导，坚持科学执政、民主执政、依法执政，党的领导制度进一步完善，确保党始终成为中国特色社会主义事业的坚强领导核心。

牢记为中国人民谋幸福、为中华民族谋复兴的初心和使命，以优良作风赢得广大人民群众拥护和支持。中国共产党自成立之日起，就把为中国人民谋幸福、为中华民族谋复兴作为自己的初心和使命。100 年来，我们党矢志践行初心使命，坚持全心全意为人民服务，努力实现好、维护好、发展好最广大人民的根本利益。在长期为人民利益奋斗的实践中，我们党形成并发扬理论联系实际、密切联系群众、批评和自我批评等一系列优良作风，不断加强党的作风建设，同各种背离党的宗旨的不正之风作坚决斗争。党的十八大以来，以习近平同志为核心的党中央把解决“四风”等作风问题作为全面从严治党的切入点和突破口，以刀刃向内的自我革命精神整治各种不正之风，大力倡导和弘扬党的优良作风，党内形成了风清气正的政治生态。在脱贫攻坚的主战场、在抢险救灾的第一线、在抗击疫情的战斗中，广大党员干部冲锋在前、舍生忘死，展现了新时代中国共产党人的崭新精神风貌。

党员干部队伍不断发展壮大、素质不断提高，充分发挥了党的组织体系的强大功能和作用。党的力量来自组织。我们党自成立之日起，就把组织建设作为党的建设的重要基础。从革命战争年代提出并坚持“支部建在连上”、积极壮大党员队伍，到新中国成立后提出“为更高的共产党员的条件而斗争”、建设适应社会主义建设需要的干部队伍，再到改革开放新时期提出并坚持干部队伍革命化、年轻化、知识化、专业化方针，加强各领域基层党组织建设，党员干部队伍素质不断提高，为实现党的使命任务提供了坚强组织保证。党的十八大以来，习近平总书记提出新时代党的组织路线，为建设坚强有力的组织体系提供了根本遵循，同时提出新时期好干部标准，强调建设高素质专业化干部队伍；提出以提升组织力为重点，突出政治功能，推动基层党组织全面进步、全面过硬；提出把党员管住管好，使每名党员都成为一面鲜红的旗帜，在改革发展稳定中充分发挥先锋模范作用；等等。按照以习近平同志为核心的党中央的部署要求，党的组织建设全面加强，党的组织体系的强大优势充分彰显。从 1921 年建党时的 50 多名党员，到 1949 年新中国成立时的 448.8 万名党员，再到 2021 年 6 月 5 日的 9514.8 万名党员，党的队伍不断发展壮大。工人、农民、知识分子、军人以及新社会阶层中的大批优秀分子源源不断加入党组织，党员队伍结构不断优化。党性教育不断推进，党员素质普遍提高，涌现出一大批优秀共产党员和党的干部，成为全党、全国人民的学习榜样。

坚持和健全民主集中制，制度治党、依规治党水平不断提高。在革命战争年代，我们党强调坚持民主集中制原则，克服了极端民主化、自由主义、山头主义等错误倾向，纠正了不讲民主、独断专行的“家长制”作风。新中国成立后，我们党成功将民主集中制运用于国家政权建设，强调各级政权机关一律实行民主集中制，并将其作为国家的根本组织制度和领导制度写入宪法。改革开放后，我们党明确提出制度问题更带有根本性、全局性、稳定性、长期性，作出了《中共中央关于加强党的建设几个重大问题的决定》，制定出台了党员权利保障条例、地方和基层党组织选举制度、党内监督制度等一系列法规文件。党的十八大以来，以习近平同志为核心的党中央高度重视制度建设，制定出台了 210 多部中央党内法规，党的制度体系日益健全，党的制度建设迈出新的重要步伐。

继续推进新时代党的建设新的伟大工程

习近平总书记在庆祝中国共产党成立100周年大会上的重要讲话中指出："新的征程上，我们要牢记打铁必须自身硬的道理，增强全面从严治党永远在路上的政治自觉，以党的政治建设为统领，继续推进新时代党的建设新的伟大工程，不断严密党的组织体系，着力建设德才兼备的高素质干部队伍，坚定不移推进党风廉政建设和反腐败斗争，坚决清除一切损害党的先进性和纯洁性的因素，清除一切侵蚀党的健康肌体的病毒，确保党不变质、不变色、不变味，确保党在新时代坚持和发展中国特色社会主义的历史进程中始终成为坚强领导核心！"习近平总书记的重要论述，为继续推进新时代党的建设新的伟大工程提供了根本遵循。

坚持以马克思主义中国化最新成果为指导。100年来，我们党坚持不懈用党的创新理论成果武装全党，为推进党领导的伟大事业、加强党的自身建设提供理论指引和精神支撑，确保党的事业和党的建设始终沿着正确方向前进。在新时代，要坚持用习近平新时代中国特色社会主义思想武装头脑、指导实践、推动工作，不断提高全党的思想理论水平，充分发挥思想建党、理论强党的强大优势，保持全党思想上的团结统一，不断开创新时代党的建设新局面。

紧紧围绕党领导的伟大事业加强党的建设。围绕党领导的伟大事业加强党的建设，是百年来党的建设的一项基本原则，保证了党在不同历史时期使命任务的完成。在新时代，要紧紧围绕坚持和发展中国特色社会主义事业、实现中华民族伟大复兴中国梦来谋划、部署、推进党的建设，进一步提升党的组织力、凝聚力、号召力，把各方面力量汇聚起来，把全党和广大人民群众的积极性、主动性、创造性充分调动起来，不断夺取中国特色社会主义事业新胜利。

坚持党的根本宗旨。人民群众是我们党的力量之源。坚持全心全意为人民服务的根本宗旨，始终坚守人民立场，把人民对美好生活的向往作为奋斗目标，是我们党始终得到人民群众的拥护和支持、永远立于不败之地的重要前提。在新时代，要坚持以人民为中心的发展思想，把人民放在心中最高位置，带着“老百姓是天、老百姓是地”的深厚感情，在更高的起点上满足人民对美好生活的向往，始终保持党同人民群众的血肉联系，不断夯实党执政的群众基础。

把坚持和加强党的全面领导作为党的建设的根本原则。坚持和加强党的全面领导，是重大政治原则，也是党实现历史使命的必然要求。在新时代，要紧紧围绕坚持和加强党的全面领导加强党的建设，不断提高党的领导水平和执政能力，充分发挥党总揽全局、协调各方的作用，确保党的路线方针政策和党中央重大决策部署贯彻落实到位，确保党始终成为中国特色社会主义事业的坚强领导核心。

把党的政治建设作为党的根本性建设。党的政治建设处于党的建设的首要位置。必须始终把“两个维护”作为党的政治建设的首要任务，把制定和贯彻执行正确的政治路线作为党的政治建设的关键环节，把严明政治纪律和政治规矩作为党的政治建设的基本要求。在新时代，要切实加强党的政治建设，坚决维护习近平总书记党中央的核心、全党的核心地位，坚决维护党中央权威和集中统一领导，形成积极健康的党内政治生活、保证全党的团结统一，不断增强党的创造力、凝聚力、战斗力。

大力弘扬自我革命精神，坚持党要管党、全面从严治党。勇于自我革命，是我们党最鲜明的品格，也是我们党最大的优势。党的事业发展和党的建设没有止境，从严管党治党也没有止境。在新时代，要进一步推进伟大自我革命，把党要管党、全面从严治党体现到党的建设各个层级、各个领域，不断增强我们党自我净化、自我完善、自我革新、自我提高能力，有效解决党的建设中存在的突出问题，始终保持党的先进性和纯洁性。

坚持继承优良传统与改革创新相统一。党的优良传统是党的宝贵财富，是党的建设的丰富营养。改革创新是党的建设的活力之源，是党与时俱进的强大动力。在新时代，我们既要继承弘扬党的优良传统，守护好共产党人的精神家园；又要大力弘扬改革创新精神，不断推进党的建设理论创新、实践创新、制度创新，使党不断焕发新的生机活力，始终走在时代前列。

从建党的开天辟地，到新中国成立的改天换地，到改革开放的翻天覆地，再到党的十八大以来党和国家事业取得历史性成就、发生历史性变革，中国共产党写下了彪炳史册的壮丽篇章，展现了世界第一大党的光辉形象。在新的历史起点上，我们要总结好、传承好、发扬好党的建设的宝贵经验，坚决贯彻落实习近平总书记关于党的建设和组织工作的重要思想，守正创新、开拓进取，不断开创新时代党的建设新境界，把党的建设新的伟大工程继续推向前进。

继续推进新时代党的建设新的伟大工程*

* 作者系中央党校（国家行政学院）习近平新时代中国特色社会主义思想研究中心，执笔张超、张志明。

在庆祝中国共产党成立100周年大会上，习近平总书记强调："继续推进新时代党的建设新的伟大工程""确保党不变质、不变色、不变味，确保党在新时代坚持和发展中国特色社会主义的历史进程中始终成为坚强领导核心"。习近平总书记的重要论述为新时代全面加强党的领导和党的建设指明了方向。

一以贯之推进党的建设新的伟大工程

1939年，毛泽东同志在《〈共产党人〉发刊词》中把党的建设称为"伟大的工程"，作为我们党战胜敌人的重要法宝。把党的建设作为一项伟大工程来推进，是我们党的一大创举，是我们党领导人民进行伟大社会革命的重要法宝。

以毛泽东同志为主要代表的中国共产党人，把马克思列宁主义基本原理同中国革命具体实践结合起来，建设起团结统一、纪律严明、英勇善战的中国工人阶级的先锋队和中国人民和中华民族的先锋队，领导人民取得了新民主主义革命胜利。接着又在党的坚强领导下，确立社会主义基本制度，实现了中华民族有史以来最为广泛而深刻的社会变革，创造了社会主义革命和建设的伟大成就。

在改革开放和社会主义现代化建设新时期，我们把党的建设提高到新的伟大工程的高度。以邓小平同志为主要代表的中国共产党人，确立了把党建设成为领导社会主义现代化事业的坚强核心的目标，强调制度治党的重大意义，开创了党的建设新的伟大工程。以江泽民同志为主要代表的中国共产党人，总结世界社会主义发生严重曲折的深刻教训，全面推进党的思想建设、组织建设、作风建设和制度建设，把党的建设新的伟大工程成功推向了21世纪。以胡锦涛同志为主要代表的中国共产党人，全面分析新世纪我国发展呈现的一系列阶段性特征，着力提高党的建设科学化水平，推动党的建设新的伟大工程走向深入。

中国特色社会主义进入新时代，以习近平同志为核心的党中央面对世界百年未有之大变局，聚焦实现中华民族伟大复兴这一主题，强调要继续推进党的建设新的伟大工程，努力把党建设成为始终走在时代前列、人民衷心拥护、勇于自我革命、经得起各种风浪考验、朝气蓬勃的马克思主义执政党。按照这一要求，我们把全面加强党的领导作为新时代坚持和发展中国特色社会主义的根本保证，把全面从严治党纳入“四个全面”战略布局；全面推进党的政治建设、思想建设、组织建设、作风建设、纪律建设，把制度建设贯穿其中，深入推进反腐败斗争，不断提高党的建设质量，党的建设新的伟大工程呈现出崭新局面。

100 年来，我们党锲而不舍加强自身建设，“党的建设伟大工程”“党的建设新的伟大工程”和“新时代党的建设新的伟大工程”之间一脉相承、不断发展，确保我们党在世界形势深刻变化的历史进程中始终走在时代前列，在应对国内外各种风险挑战的历史进程中始终成为全国人民的主心骨，在新时代坚持和发展中国特色社会主义的历史进程中始终成为坚强领导核心。

继续推进新时代党的建设新的伟大工程意义重大

勇于自我革命，既是我们党区别于世界上其他政党的显著标志，也是我们党长盛不衰的重要原因。继续推进新时代党的建设新的伟大工程，是继承和发扬党的自我革命精神的必然要求，也是推进社会革命和加强党的自身建设的现实需要。

总结运用国内国际正反两方面经验作出的必然选择。历史表明，一个政党要行稳致远，就必须加强自身建设。在世界政党发展历史上，真正像中国共产党这样能够始终保持自我革命精神，以坚持真理、修正错误的执着追求，一次次拿起手术刀革除自身病症的执政党，少之又少。今天，实现中华民族伟大复兴进入了不可逆转的历史进程。越是在这种时候，我们越要保持自我革命精神，把过去我们党一以贯之推进党的建设伟大工程的经验总结好、传承好、发扬好，不断警示自己、提高自己、完善自己，做到守正创新、开拓进取。

深入推进伟大社会革命的客观要求。回望党的历史，正是因为坚持自我革命、加强自身建设，我们党才始终走在时代前列，党领导人民进行伟大社会革命才不断取得胜利。在新时代，我们党领导人民进行伟大社会革命，涵盖领域的广泛性、触及利益格局调整的深刻性、涉及矛盾和问题的尖锐性、突破体制机制障碍的艰巨性、进行伟大斗争形势的复杂性，都是前所未有的。要实现全面建成社会主义现代化强国的第二个百年奋斗目标，中国共产党人必须继续推进新时代党的建设新的伟大工程，不断增强党的创造力、凝聚力、战斗力，提高党的领导水平和执政水平，增强拒腐防变和抵御风险能力。

马克思主义政党建设和发展的内在需要。先进性和纯洁性是马克思主义政党的本质属性。这种先进性和纯洁性必须通过坚持不懈地加强自身建设，才能保持与发展。现在，世情国情党情深刻变化，党面临的长期执政考验、改革开放考验、市场经济考验、外部环境考验是长期的、复杂的，党面临的精神懈怠危险、能力不足危险、脱离群众危险、消极腐败危险是尖锐的、严峻的。我们党要始终保持先进性和纯洁性，必须敢于刀刃向内，敢于刮骨疗伤，敢于壮士断腕，不断增强自我净化、自我完善、自我革新、自我提高的能力，始终跟上时代、实践、人民的要求，确保党不变质、不变色、不变味。

不断开创推进新时代党的建设新的伟大工程新局面

继续推进新时代党的建设新的伟大工程，一方面要善于运用各个时期我们党加强自身建设所积累的成功经验，在历史的比较和对现实的把握中深化认识、提高水平；另一方面要结合新时代党所面临的中心任务，发扬彻底的自我革命精神，不断开创党的建设新局面。

增强全面从严治党永远在路上的政治自觉。中国共产党之所以能够历经千锤百炼而始终保持朝气蓬勃，一个很重要的原因就是我们始终坚持党要管党、全面从严治党。我们要牢记毛泽东同志提出的“我们决不当李自成”的深刻警示，牢记“两个务必”，牢记“生于忧患，死于安乐”的古训，着力解决好“其兴也勃焉，其亡也忽焉”的历史性课题，坚定不移推进全面从严治党，坚决清除一切损害党的先进性和纯洁性的因素，清除一切侵蚀党的健康肌体的病毒，使我们党越来越成熟、越来越强大、越来越有战斗力。

紧密结合党领导的伟大事业加强党的建设。坚持把推进党的建设伟大工程同推进党领导的伟大事业紧密结合起来，是百年来党的建设的一项基本原则，保证了党在不同历史时期使命任务的完成。新的征程上，要紧紧围绕坚持和发展中国特色社会主义、实现中华民族伟大复兴来谋划、部署、推进党的建设，全面提高党的建设科学化水平，全面提升党的建设质量，把全党全国各族人民的积极性、主动性、创造性充分调动起来，为不断夺取中国特色社会主义事业新胜利提供可靠的政治保障和组织保障。

坚持以政治建设为统领推进党的建设。政治建设在党的各项建设中处于统领地位。新的征程上，要切实加强党的政治建设，增强“四个意识”、坚定“四个自信”、做到“两个维护”，牢记“国之大者”。要坚持用习近平新时代中国特色社会主义思想武装头脑、指导实践、推动工作，发挥党的科学理论的实践伟力。要坚定不移贯彻落实新时代党的组织路线，不断严密党的组织体系，着力建设德才兼备的高素质干部队伍。要持之以恒正风肃纪，保持党同人民群众的血肉联系，广泛凝聚人民群众投身中国特色社会主义事业的智慧和力量。要以零容忍态度惩治腐败，完善党和国家监督体系，全方位扎紧制度笼子，通过不懈努力换来海晏河清、朗朗乾坤。

把我们党建设得更加坚强有力*

* 作者江金权，中央政策研究室主任。

习近平总书记在庆祝中国共产党成立100周年大会上的重要讲话中，鲜明提出了以史为鉴、开创未来“九个必须”的根本要求。“九个必须”以“必须坚持中国共产党坚强领导”打头，以“必须不断推进党的建设新的伟大工程”压底，两者前呼后应，深刻阐述了在新的起点上开创未来的根本保证。打铁必须自身硬，只有不断推进党的建设新的伟大工程，才能坚持中国共产党坚强领导。迈进新征程、奋进新时代，我们必须科学总结和运用100年来党的建设的丰富经验，认真研究新情况、解决新问题，在推进伟大社会革命的进程中不断推进党的伟大自我革命，努力开创新时代党的建设新的伟大工程新局面。

开创未来的根本保证

习近平总书记在庆祝中国共产党成立100周年大会上的重要讲话中指出：“中国共产党一经诞生，就把为中国人民谋幸福、为中华民族谋复兴确立为自己的初心使命。一百年来，中国共产党团结带领中国人民进行的一切奋斗、一切牺牲、一切创造，归结起来就是一个主题：实现中华民族伟大复兴。”这也告诉我们，我们党加强自身建设，目的是践行初心使命，是为了实现中华民族伟大复兴这个主题。在新的征程上，我们党要团结带领人民实现第二个百年奋斗目标、实现中华民族伟大复兴，就必须把自身建设得更加坚强有力。

这是历史的启示。我们党成立100年来，团结带领人民经过艰苦卓绝的斗争，实现了民族独立、人民解放，并有力有效推进国家富强、人民幸福，创造了经济快速发展和社会长期稳定“两大奇迹”，中华民族迎来了从站起来、富起来到强起来的伟大飞跃，实现中华民族伟大复兴进入了不可逆转的历史进程。我们党为何能够创造无与伦比的“中国奇迹”？为何能够成为中国革命、建设、改革事业的领导者，成为中国特色社会主义事业的坚强领导核心？百年大党为何风华正茂？习近平总书记在庆祝中国共产党成立100周年大会上的重要讲话中指出：“勇于自我革命是中国共产党区别于其他政党的显著标志。我们党历经千锤百炼而朝气蓬勃，一个很重要的原因就是我们始终坚持党要管党、全面从严治党，不断应对好自身在各个历史时期面临的风险考验，确保我们党在世界形势深刻变化的历史进程中始终走在时代前列，在应对国内外各种风险挑战的历史进程中始终成为全国人民的主心骨！”这就是秘诀所在，是我们党必须长期坚持的历史经验。

这是现实的需要。经过党的十八大以来的全面从严治党实践，党在革命性锻造中更加坚强。但必须清醒看到，党面临的执政环境是复杂的，影响党的先进性、弱化党的纯洁性的因素是复杂的，影响党的全面领导、弱化党的建设的因素也是复杂的，党内存在的思想不纯、政治不纯、组织不纯、作风不纯等突出问题尚未得到根本解决。必须清醒看到，党面临的执政考验、改革开放考验、市场经济考验、外部环境考验是长期的、复杂的，党面临的精神懈怠危险、能力不足危险、脱离群众危险、消极腐败危险始终存在。习近平总书记反复告诫我们：“决不能骄傲自满、止步不前，要继续谦虚谨慎、戒骄戒躁，继续艰苦奋斗、锐意进取。”① 以永远在路上的执着把全面从严治党引向深入，在领导改革开放和社会主义现代化建设伟大社会革命的同时，坚定不移推进党的伟大自我革命。

这是未来的呼唤。经过百年奋斗，实现中华民族伟大复兴进入了不可逆转的历史进程。但必须清醒看到，“行百里者半九十”，越是接近宏伟目标，面临的挑战和风险就越大。当前，世界正经历百年未有之大变局，世界进入动荡变革期，美国一些政客出于阻止中华民族伟大复兴的险恶目的，从经济、科技、军事、意识形态等方面对我国疯狂围堵、打压，可谓风高浪急。我国立足新发展阶段、贯彻新发展理念、构建新发展格局、实现高质量发展面临不少制约因素，经济发展、科技自立自强、社会治理、网络安全等正处于爬坡过坎的关键时期。前进道路上，我们还会面临各种“黑天鹅”“灰犀牛”事件。越是这样，就越离不

① 《习近平：在 2021 年春节团拜会上的讲话》，新华网 2021 年 2 月 10 日。

开中国共产党这个指引方向的指南针、凝心聚力的主心骨、社会稳定的压舱石，就越要坚持和加强党的全面领导，就越要加强党的建设，确保党在新时代坚持和发展中国特色社会主义的历史进程中始终成为坚强领导核心。

以自我革命精神推进新时代党的建设

党的建设是一个推进伟大自我革命的过程。在长期执政条件下，党如何克服内外消极因素影响、不断强身壮骨健体？习近平总书记强调："必须不断进行自我革命，同一切影响党的先进性、弱化党的纯洁性的问题作坚决斗争，实现自我净化、自我完善、自我革新、自我提高。"① 勇于自我革命要贯穿全面贯彻落实新时代党的建设总要求和总体布局的全过程、各方面。

坚持把党的政治建设摆在首位。党的政治建设是党的根本性建设，决定党的建设方向和效果。要把保证全党服从中央，坚持党中央权威和集中统一领导作为党的政治建设的首要任务，引导全党同志增强"四个意识"、坚定"四个自信"、做到"两个维护"，牢记"国之大者"，不断提高政治判断力、政治领悟力、政

① 中共中央党史和文献研究院、中央"不忘初心、牢记使命"主题教育领导小组办公室编：《习近平关于"不忘初心、牢记使命"论述摘编》，中央文献出版社、党建读物出版社 2019 年版，第 174 页。

治执行力，自觉维护党总揽全局、协调各方的领导核心作用。要严格遵守党的纪律特别是政治纪律，在政治立场、政治方向、政治原则、政治道路上同以习近平同志为核心的党中央保持高度一致。要严格遵守和执行《关于新形势下党内政治生活的若干准则》，认真执行民主集中制各项制度，弘扬共产党人价值观，加强党性修养，永葆共产党人政治本色。要坚决同各种损害党的全面领导、违反党的政治纪律和政治规矩的言行作斗争。

不断提高马克思主义理论水平。中国共产党为什么能，中国特色社会主义为什么好，归根到底是因为马克思主义行。党的思想建设要着重抓好继续推进马克思主义中国化时代化大众化、用科学理论武装全党这两大任务。习近平新时代中国特色社会主义思想，是当代中国马克思主义、21 世纪马克思主义。要重点抓好用这一科学思想武装头脑、指导实践、推动工作，教育引导全党同志全面准确掌握其理论体系、基本观点、科学内涵和实践要求，完整掌握其立场观点方法，用以改造主观世界和客观世界，提高运用这一科学思想分析解决实际问题的能力，更好地使这一科学思想成为全党的思想武器和行动指南。要坚决同各种影响马克思主义在意识形态领域的指导地位，违反党的基本理论、基本路线、基本方略的言行作斗争。

进一步严密党的组织体系。具有上下贯通、执行有力的严密组织体系，是我们党的一个突出特点和显著优势。要按照民主集中制原则，进一步健全包括党的中央组织、地方组织、基层组织在内的严密组织体系。全党坚决贯彻落实党中央制定的大政方针，自觉维护党中央定于一尊、一锤定音的权威；党的地方组织确保党中央的决策部署在本地区的贯彻落实，并把基层和党员的意见建议报送到党中央；党的基层组织负责把党中央和上级党委的决策部署贯彻落实到基层，并负责收集、反映党员和群众的意见建议。要通过严密的组织体系，让党中央“如身使臂，如臂使指”，使党的大政方针和党中央决策部署及时地、不折不扣地贯彻落实到基层，不断增强党组织的政治功能和组织功能。要坚决同各种破坏党的团结统一、有令不行有禁不止的言行作斗争。

建设高素质执政骨干队伍。人才是最宝贵的资源，治国理政要在得人。选人用人是关系党和人民事业的关键性、根本性问题，必须全面贯彻落实新时代党的组织路线和干部政策，坚持德才兼备、以德为先，坚持五湖四海、任人唯贤，坚持事业为上、以事择人、人岗相适，公道正派选人用人。反对任人唯亲，反对山头主义、“圈子”文化，建设忠诚干净担当的高素质专业化干部队伍，培养造就一茬茬堪当重任的接班人。同时，不断集聚爱国奉献、勇于创新创造的优秀人才，把国内外各方面各层次的优秀分子汇聚到党和人民的伟大事业中来。要坚持严格要求与有效激励相结合，充分激发和保护干部队伍干事创业的积极性主动性创造性，着力解决一些党员干部不作为、乱作为问题。

弘扬伟大建党精神。作风就是形象，精神就是力量。坚持真理、坚守理想，践行初心、担当使命，不怕牺牲、英勇斗争，对党忠诚、不负人民的伟大建党精神，是我们党的精神之源。在百年奋斗中，一代又一代共产党人弘扬伟大建党精神，顽强拼搏、不懈奋斗，形成了井冈山精神、苏区精神、长征精神、延安精神、抗战精神、抗美援朝精神、兵团精神、雷锋精神、焦裕禄精神、大庆精神、“两弹一星”精神、特区精神、女排精神、抗洪精神、抗击“非典”精神、抗震救灾精神、载人航天精神、劳模精神、劳动精神、工匠精神、科学家精神、抗疫精神、脱贫攻坚精神等伟大精神，构筑了中国共产党人的精神谱系，铸就了中华民族新的精神丰碑。伟大建党精神，集中体现了党的理想信念、根本宗旨，充分反映了党的优秀品格，是最宝贵的精神财富，是激励我们奋勇前进的强大精神动力。加强新时代党的作风建设，必须弘扬伟大建党精神，教育引导广大党员发扬理论联系实际、密切联系群众、批评和自我批评以及自力更生、艰苦奋斗等优良作风，发扬以改革创新为核心的时代精神，把我将无我、不负人民的要求转化为自觉行动，不断保持和展现共产党员的先进性。要坚决同各种违背伟大建党精神的消极现象、不正之风作斗争。

坚决清除一切侵蚀党的健康肌体的病毒。保持党的纯洁性是党的伟大自我革命的重要目的，是一个永恒课题。从严管党治党是我们党的一贯方针。党的十八大以来，以习近平同志为核心的党中央，以刀刃向内的勇气和执着顽强的韧劲，以猛药去疴的决心、刮骨疗毒的勇气，坚决惩治腐败，特别是查处了周永康、薄熙来、郭伯雄、徐才厚、孙政才、令计划等政治野心家、阴谋家，消除了党内重大隐患，保持了党的纯洁性，为党和国家事业取得历史性成就、发生历史性变革提供了重要保证。反腐败斗争永远在路上。在新时代新阶段，必须坚定不移推进党风廉政建设和反腐败斗争，坚决清除一切损害党的先进性和纯洁性的因素，清除一切侵蚀党的健康肌体的病毒，确保党不变质、不变色、不变味。

不断提高党的建设质量

习近平总书记在参加十三届全国人大四次会议青海代表团审议时指出："高质量发展是'十四五'乃至更长时期我国经济社会发展的主题。"党的十九大和十九届五中全会着眼于推进高质量发展，突出强调"提高党的建设质量"，为深入推进全面从严治党、加强和改进党的建设指明了目标任务和前进方向。我们要以更高标准、更实举措推进党的建设新的伟大工程，全面提高党的建设质量和科学化水平。

坚持严的主基调。新时代党的建设过程就是全面从严治党的过程。“严”才有高标准，“严”才有高质量。党的性质宗旨使命决定了必须全面从严治党。必须增强全面从严治党永远在路上的政治自觉，坚持抓思想教育从严、抓党内政治生活从严、抓干部管理从严、抓作风从严、抓执行纪律从严、抓反腐从严、抓基层党建工作从严、抓制度建设从严、抓管党治党责任从严，不断消除各种违背党的性质宗旨使命的因素，始终保持党的先进性和纯洁性，不断提高长期执政能力。

遵循马克思主义执政党建设规律。提高党的建设质量和科学化水平，说到底就是要深入把握和自觉运用马克思主义执政党建设规律，紧跟时代步伐、引领时代潮流。必须坚持解放思想、实事求是、守正创新，积极适应党所面临的国际国内形势和自身状况的新变化，适应科学技术的新发展，紧密结合党的建设实践深入把握和自觉运用党的建设规律，坚持改革创新，与时代同频共振，善于用改革的思路和办法解决前进中各种问题，使党的建设始终生机勃勃、富有实效，始终沿着正确轨道前进。必须牢固树立质量建党强党意识，以对党、对党的事业高度负责的态度，以质量为导向，注重内涵、讲求实效，认真细致、精益求精地做好党的建设每一项工作，坚决防止和克服形式主义，以高质量党建推动高质量发展。

坚持制度治党、依规治党。习近平总书记强调，要不断提高制度治党、依规治党水平。制度更具有根本性长远性，必须把思想教育与制度建设有机结合起来。要突出制度建设在党的建设总体布局中的地位，把制度建设贯穿党的建设全过程各方面，紧密结合新时代新阶段党的建设实践，进一步探索制度治党、依规治党的新路子，不断完善内容科学、程序严密、配套完备、运行有效的党内法规制度体系。

落实管党治党政治责任。习近平总书记指出："不明确责任，不落实责任，不追究责任，从严治党是做不到的。"[①] 必须建立健全党建工作责任制，把抓好党建是最大政绩的理念在全党树立起来，自上而下层层压实管党治党政治责任。要完善科学定责、具体明责、严格考责、压力传导的党建工作落实链条，坚决防止责任虚化、工作空转，推动各级党组织、各级党员干部主动担责、认真履责，切实形成党委一体抓党建，书记带头抓党建，各有关部门齐抓共管、一级抓一级、层层抓落实的工作格局。

---

① 习近平：《在党的群众路线教育实践活动总结大会上的讲话》，人民出版社2014年版，第15页。

勇于自我革命才能把党建设好建设强*

---

* 作者王永贵，南京师范大学马克思主义学院教授。

勇于自我革命，从严管党治党，是我们党最鲜明的品格。在庆祝中国共产党成立100周年大会上，习近平总书记着眼党和国家事业发展全局，对增强全面从严治党的政治自觉、继续推进新时代党的建设新的伟大工程提出明确要求。新的征程上，我们要牢记打铁必须自身硬的道理，在勇于自我革命中永葆党的先进性和纯洁性，让我们党永葆蓬勃朝气，始终走在时代前列。

当前，我们党团结带领中国人民踏上了实现第二个百年奋斗目标新的赶考之路，党的建设新的伟大工程也迈上了新征程。如何开创新局面？关键是要继续让我们党在自我革命中强体魄壮筋骨，永葆生机活力。勇于自我革命是中国共产党区别于其他政党的显著标志，是我们党在领导革命、建设、改革中形成的优良传统和最鲜明的品格。100年来，我们党之所以能永葆先进性和纯洁性，就在于我们党以自我革命的勇气，着力解决党自身存在的突出问题，敢于刀刃向内，敢于刮骨疗伤，敢于壮士断腕；我们党之所以能始终把不忘初心、牢记使命作为加强党的建设的永恒课题常抓不懈，就是因为我们党有着强烈的自我革命精神，对于可能变成大问题的小问题、可能沦为大塌方的小管涌严加防范、及时整治，用实实在在的举措解决各种违背初心和使命的问题、防范各种动摇党的根基的风险；我们党之所以能一以贯之加强党的建设，就是因为我们党襟怀坦荡，有抛开面子、揭短亮丑的自我革命勇气，一次次靠自己解决了自身建设中出现的各种问题。

党的十八大以来，全面从严治党取得重大成果，但我们绝不能有半点骄傲自满。在长期执政条件下，党员干部中容易出现承平日久、精神懈怠的心态。同时，党内存在的思想不纯、政治不纯、组织不纯、作风不纯等突出问题尚未得到根本解决，一些已经解决的问题还可能反弹，新问题不断出现，新时代党的建设新的伟大工程必须深入推进，党的自我革命任重而道远，决不能有停一停、歇一歇的想法。我们要勇于自我革命，坚决清除一切损害党的先进性和纯洁性的因素，清除一切侵蚀党的健康肌体的病毒，确保党不变质、不变色、不变味，确保党在新时代坚持和发展中国特色社会主义的历史进程中始终成为坚强领导核心。

当前，全面建成社会主义现代化强国的艰巨任务、实现中华民族伟大复兴的历史使命，对我们党提出了前所未有的新挑战新要求。我们要继续发扬彻底的自我革命精神，坚持全面从严治党永远在路上，保持赶考的清醒，继续推进新时代党的建设新的伟大工程，以新时代党的自我革命引领新的伟大社会革命。

坚持全面从严治党永远在路上，确保党不变质不变色不变味 *

* 作者贺璇，作者单位系四川大学公共管理学院。

习近平总书记在庆祝中国共产党成立100周年大会上强调："坚决清除一切损害党的先进性和纯洁性的因素，清除一切侵蚀党的健康肌体的病毒，确保党不变质、不变色、不变味。"百年千磨万击，百年淬火成钢。在新的赶考路上，我们要继续推进新时代党的建设新的伟大工程，确保我们党永远不变质、不变色、不变味。

政治方向要坚如磐石。政治方向是党生存发展第一位的问题，事关党的前途命运和事业兴衰成败。如果在方向问题上出现偏离，就会犯颠覆性错误。只有做到政治立场不移、政治方向不偏，才不会失去灵魂、迷失方向。新的征程上，党员干部要把坚持党性原则、坚持正确政治方向摆在首位，增强"四个意识"、坚定"四个自信"、做到"两个维护"，牢记"国之大者"，善于从政治上看问题，善于把握政治大局，不断提高政治判断力、政治领悟力、政治执行力，自觉在思想上政治上行动上同以习近平同志为核心的党中央保持高度一致。

理想信念要坚贞不渝。革命理想高于天。中国共产党是靠共同的革命理想凝聚起来的政治组织，信仰信念信心无论什么时候都极为重要，我们党之所以能够经受一次次挫折而又一次次奋起，归根到底是因为我们党有远大理想和崇高追求。对马克思主义和共产主义的信仰、对中国特色社会主义的信念、对实现中华民族伟大复兴中国梦的信心，是共产党人的安身立命之本，是共产党人经受住任何考验的精神支柱。新的征程上，我们要从党的百年奋斗历程中感悟信仰的力量，始终保持顽强意志，坚定必胜信念，做到在复杂形势面前不迷航、在艰巨斗争面前不退缩，勇敢战胜各种重大困难和严峻挑战，坚定不移朝着第二个百年奋斗目标奋勇前进。

组织体系要坚不可摧。党的力量来自组织。党的全面领导、党的全部工作要靠党的坚强组织体系来落实，组织严密是党的光荣传统和制胜法宝。我们党自成立之日起，就把组织建设作为党的建设的重要基础，为实现党的使命任务提供了坚强组织保证。只有加强党的组织体系建设，才能把党的组织优势巩固好、发展好、发挥好。新的征程上，必须全面贯彻落实新时代党的组织路线，建设上下贯通、执行有力的组织体系，着力建设德才兼备的高素质干部人才队伍，不断增强党的政治领导力、思想引领力、群众组织力、社会号召力，把党员组织起来、把人才凝聚起来、把群众动员起来。

正风肃纪要坚持不懈。党的作风是党的形象，是观察党群干群关系、人心向背的晴雨表。党的作风正，人民的心气顺，党和人民就能同甘共苦。中国共产党是靠革命理想和铁的纪律组织起来的马克思主义政党，纪律严明是党的光荣传统和独特优势；党的纪律是各级党组织和全体党员必须遵守的行为准则，是维护党的团结统一的根本保障。作风问题、纪律问题关乎人心向背，关乎党的生死存亡。新的征程上，我们要把严的主基调坚持下去，保持定力、守住重要节点、紧盯薄弱环节，坚持系统施治、标本兼治，保持抓铁有痕、踏石留印的韧劲，防止老问题复燃、新问题萌发、小问题坐大，把作风建设一抓到底，把纪律规矩挺在前面，使纪律真正成为带电的高压线。

反腐败斗争要坚定不移。中国共产党没有任何自己特殊的利益，从来不代表任何利益集团、任何权势团体、任何特权阶层的利益。清正廉洁是我们党的政治本色。我们党从诞生之日起，就把腐败视为大敌，与腐败水火不容。当前，反腐败斗争取得压倒性胜利并全面巩固，但腐败的存量尚未清底，增量仍有发生，腐蚀和反腐蚀斗争长期存在。新的征程上，我们要始终保持全面从严治党不能松懈的清醒，保持战略定力，坚定必胜信心，继续保持反腐败高压态势，一体推进不敢腐、不能腐、不想腐，坚决清除一切侵蚀党的健康肌体的病毒，坚决打赢反腐败斗争这场正义之战、持久之战，为走好新的赶考之路营造海晏河清的政治生态。

后 记

习近平总书记在庆祝中国共产党成立100周年大会上的重要讲话中，围绕以史为鉴、开创未来，鲜明提出“九个必须”的根本要求。这“九个必须”揭示了过去我们为什么能够成功、未来我们怎样才能继续成功的深刻道理，激励着全党在新征程上更加坚定、更加自觉地牢记初心使命、开创美好未来。

2021年8月，人民日报理论部组织国内权威专家学者深入解读“九个必须”，并在人民日报理论版陆续刊发了九个专版。为了便于广大党员干部和读者更加清晰、更加深入地学习掌握“九个必须”，做到知其然又知其所以然，我们与东方出版社合作，将专版文章和近期在《人民日报》刊发的相关主题文章结集出版。此外，本书还收录了一些学者在其他媒体发表的10篇文章，他们从不同角度深入解读了“九个必须”，在出版社的协助下获得了他们的授权，在此表示真诚的谢意。

人民日报理论部

给职场人的5堂逻辑思考课

成为解决问题的高手

[日] 深泽真太郎 著
牛森林 译

北京时代华文书局

图书在版编目（CIP）数据

给职场人的5堂逻辑思考课 /（日）深泽真太郎著 ；
牛森林译. -- 北京 ：北京时代华文书局，2020.1
ISBN 978-7-5699-3366-6

Ⅰ. ①给… Ⅱ. ①深… ②牛… Ⅲ. ①职业－应用心
理学 Ⅳ. ①C913.2

中国版本图书馆CIP数据核字(2019)第285088号

北京市版权著作权合同登记号 字：01-2019-7150

给职场人的5堂逻辑思考课

GEI ZHICHANGREN DE WUTANG LUOJISIKAO KE

著　　者 | [日]深泽真太郎
译　　者 | 牛森林
出 版 人 | 陈　涛
选题策划 | 薛纪雨
产品经理 | 夜　阑
责任编辑 | 徐敏峰
装帧设计 | 仙　境
责任印制 | 訾　旺
出版发行 | 北京时代华文书局http://www.bjsdsj.com.cn
北京市东城区安定门外大街136号皇城国际大厦A座8楼
邮编：100011　　电话：010-83670692　64267677
印　　刷 | 北京中科印刷有限公司
（如发现印装质量问题，请与印刷厂联系调换）
开　　本 | 880mm×1230mm　1/32
印　　张 | 7
字　　数 | 104千字
版　　次 | 2020年3月第1版
印　　次 | 2020年3月第1次印刷
书　　号 | ISBN 978-7-5699-3366-6
定　　价 | 48.00元

前 言

即使是被人批评“你动动脑子好吗”，也还是不知道该怎么做。

也许是因为不擅长逻辑思维，所以自己的讲话总是缺乏说服力。

觉得理性思考很麻烦，所以总是感性地做决定。

即使绞尽脑汁也是一筹莫展。

即使你存在以上问题，也不必自责，因为错不在您，而是因为从来没人系统地教您“思考的技巧”。

其实是有人能为您指点迷津的，那就是——能用数学思维思考的人。

“数学大神”往往能够在脑海里自然地进行思考，逻辑思维对他们来讲是小菜一碟，他们丝毫不以费力思考为苦，反而很擅长出谋划策。

也就是说，数学算得上是一门锻炼您思考能力的学问。

而且，鉴于我一直在宣传能够锻炼商务人士思考能力与数学能力的“商务数学”，所以可以说我正是上文所提及的“能用数学思维思考的人”中的一员。因此，我可以传授给您一些或许您从未听闻的思考技巧。

本书的内容将以讲故事的形式为您呈现，其中一共有两位主人公。

职场白领佐织与数学专业的研究生优斗之间进行的对话，也恰似作为读者的您与身为作者的我之间的交流。

优斗并非商务人士，但他在思考问题方面能力出众。各位有兴趣一探他的思考方式吗？相信各位在见识过优斗的思考方式之后，会学会“能用数学思维思考的人”在讨论、决策以及谋划时所用到的20个“思考技巧”。

故事即将上演，我们在本书的尾声部分再会吧。

深泽真太郎

目　录

chapter 5 “狡猾”是一项高级技能

主要出场人物介绍

常盘佐织

广告公司职员，29岁。

性格活泼，精力旺盛，但不善于思考，行事莽撞。

而且，最近的工作进入了瓶颈期。

浅野优斗

数学专业研究生毕业，23岁。

喜欢思考，乐于解决问题。

每天沉迷于数学专业的研究。

序　言

工作的时候你有认真地思考过吗?

佐织："这次的事，真是万分抱歉！"

这位正45度鞠躬道歉的女性是在大型广告公司工作的常盘佐织。

她正在某化妆品公司大阪分公司的一个会议室里，端坐在她面前的男士则是她的重要客户——宣传部长小野寺。

小野寺："木已成舟，道歉也无济于事了，快起来吧。"

闻言佐织便抬起了头，但小野寺的表情依然很难看。

小野寺生气的原因，是因为佐织犯的一个小错误，即准备工作出了问题，造成了未能如期提交促销活动网页的严重后果。

佐织："这都是因为我未能管理好这个项目，真是抱歉。"

学生时代的佐织精力充沛又活泼开朗，因此有许多同性和异性朋友，另外她经常收看电视节目，不知不觉中对光鲜艳丽的广告业产生了向往。怀揣着“或许还能偶遇明星”的“庸俗”动机，7年前以应届毕业生的身份入职了现在的广告公司。

但是，此时此刻，佐织的性格优势却毫无用武之地。

小野寺：“但是，因为发生了这种事，今后我们很难再相信贵公司了。这一点，您能理解吧？”

佐织：“嗯……”

小野寺：“常盘女士，我觉得您确实竭尽全力地做了，我也很欣赏您活力四射的性格。但是……”

佐织：“您请讲。”

佐织已经做好了心理准备，打算对小野寺的批评照单全收。

小野寺：“请问在做我们这个项目的时候，您有认真地思考过吗？如果您稍微思考过的话，就不会出现这种状况了。”

小野寺的话令佐织心头一颤。

因为这正是这些年来公司的同事和上司一直对她说的话，佐织也清楚这是目前自己身上存在的问题。

在新大阪站出发的“希望号”列车上的邂逅

下午6点，新大阪站的新干线候车大厅里响起了发车的铃声。

开往东京的“希望号”列车就要发车了，佐织刚刚处理好道歉的事，正心情低落。她从寒气弥漫的候车大厅走入“希望号”车厢，并寻找自己的座位。

佐织嘟囔着：“啊——受不了了！今天真是倒霉透顶了……咦？‘7D’在哪里呢？”

佐织找到自己的座位之后，来不及将两手提着的行李放下，就赶忙坐在座位上，长长地吐了口气，然后漫不经心地瞥了邻座的男士一眼。

佐织心想：咦？是个学生吧？但是，学的东西看起来好难呀……真不容易。

为什么佐织会觉得邻座的男士是个学生呢？一方面是由于他看起来一脸稚气，另一方面则是因为他正在读一本像是数学或者与物理相关的英语学术著作，手边还放着方格纸笔记本和钢笔。

列车驶出了车站，车内坐满了去往东京方向的乘客，看起来都像是公司职员。

佐织想起了刚刚小野寺说过的话，于是陷入了久违的自我反省之中。其间，佐织频频叹气，自己却未曾察觉。

“你有认真地思考过吗？”的确，迄今为止，我一直凭着十足的精力和风风火火的气势在工作，但现在不能再这样下去了吧？佐织这样想着。

忽然，佐织发现邻座的青年正时不时地朝自己看，青年察觉到佐织发现自己在看她之后，有点儿难为情地开口说话了。

青年：“那个，那个……”

佐织：“嗯？”

青年：“那个……您的行李压到我了。”

佐织：“啊？”

直到此刻，佐织才发觉自己从坐下之后手里还一直拿着行李，而且此时此刻她的行李恰好堆积在青年的手臂上。更为尴尬的是车内开着空调，自己却还穿着厚厚的大衣。对此，邻座的青年也觉得颇为怪异。

佐织："啊！对不起。"

佐织苦笑了一下，把行李和大衣放到了座位上方的行李架上，最后一身轻松地坐回了座位。

可能因为佐织总是大大咧咧的，这种"小疏忽"如同家常便饭一样，经常发生。

邻座的青年若无其事地继续阅读那本学术著作，时而在笔记本上写些什么，时而搁笔沉思。

这个青年身材修长，留着一头爽利的短发。细看之下，相貌颇为英俊，有点像最近热播剧里的男演员。

佐织心想：啊……这就是在思考吗？他在思考些什么呢？

邻座的青年又开始提笔写字，继而又搁笔，一副若有所思的样子。仔细观察的话，会发现他的嘴角噙着一丝微笑，似乎十分享受这一过程。

佐织心想：这种人的大脑是怎样的呢？至少和我的头脑构造是不一样的吧……

佐织一边在心里反复念叨这句话，一边紧盯着青年的侧脸，不经意间与青年四目相交了。

青年："请问有什么事吗？"

佐织："啊，没，没事，不好意思！"

青年一脸惊讶地望着佐织。

佐织也十分尴尬，为了打破目前的窘境，便滔滔不绝地开口搭话了。

佐织："那本书，感觉好难呀。难道是数学或者物理教科书吗？你看起来又这么年轻，是理科的学生吗？我大学虽是文学系的，但几乎没怎么学习过。而且我还加入了女子足球部，是个完完全全的运动型。"

优斗（即邻座青年）沉默不语。

佐织："哦，我叫常盘佐织，佐织写作片假名①。在东京的一家广告公司任职，好像已经是第7个年头了吧。"

---

① 本书中女主人公名字译作常盘佐织，日语原文为"常盘サオリ"，サオリ是日语片假名，可对应日语汉字"紗織"和"佐織"。

优斗："……"

优斗根本插不上话。但是，优斗的反应对于"自来熟"的佐织来说，是司空见惯的事，因此她毫不在意。

佐织："那接下来该你做自我介绍了！"

优斗："嗯……啊？"

佐织："就从你的名字开始吧！"

优斗："哦，我叫浅野优斗，是数学专业的研究生，然后……大学是在东京上的，今天因为有数学研究交流展示会所以来了大阪。"

佐织是典型的文科生，曾经最讨厌的课程便是数学课。对于佐织来说，研究数学的人简直是"让人无法理解的一类人"。

佐织："数学研究交流展示会……那是怎样的一个世界呀，我简直无法想象，到底会展示些什么内容呢？"

优斗："嗯……我展示的主题是图论，研究如何将最短路径问题应用于信息科学。另外，关于我的硕士毕业论文，研究的是组合最优化理论和算法……"

佐织：“好了好了，明白了明白了，停！”

优斗：“嗯？您知道组合最优化理论？”

佐织：“我怎么可能知道这种东西。”

看着目瞪口呆的优斗，佐织扑哧一声笑了出来。

佐织：“那个，我可以直接称呼你‘优斗’吗？”

优斗：“啊？啊！好的。”

佐织：“不好意思打扰你学习了，我想问一个比较奇怪的问题，可以吗？”

优斗：“请讲。”

佐织刚刚经历了一场“完全失败”的赔礼道歉，本来想在到达东京前的两小时车程内饿着肚子赌气睡觉，而现在却决定和这个叫优斗的青年继续交谈。

因为，此刻她脑海里浮现出了一个疑问。

佐织：“你刚刚一直在边读书边思考，是吧？”

优斗：“嗯……算是吧。”

佐织：“数学专业的研究生每天所做的就是思考问题和解决

问题吧？”

优斗：“嗯，是这样的。”

佐织：“学习数学有那么有趣吗？”

优斗：“嗯……也算很有趣吧。我一直以来都是那种遇到问题就想办法解决的人。”

佐织：“思考，不会很麻烦吗？”

优斗：“不会呀，而且还很有趣呢。”

此时车内响起了提醒前方到达京都站的广播。

佐织：“那个……你不要笑我呀。”

优斗：“笑您什么？”

佐织将要问优斗的问题，是迄今为止她从未向公司里的任何人询问过，不，可能平生从未问出口过的问题。

但是，此时此刻坐在她邻座的优斗仅是一个萍水相逢的陌生人，又只是个单纯的学生，而且可能后会无期，所以在优斗面前没必要害羞。

犹豫再三，佐织鼓起勇气向优斗提问了。

佐织：“那个……想要学会‘思考’的话，该怎么做呢？”

chapter 1

逻辑思维入门训练

01. 摒弃流于表面的思考

“思考”的起点是什么?

优斗：“什……什么？”

佐织：“哈哈，你有这种反应也不意外。我的问题是不是很傻？”

优斗：“没，没有。”

佐织：“因为我大学学的是文科，基本上从未与你这样的理科生深度交流过，所以想问一下。”

佐织最终选择向优斗开诚布公，向他坦言了自己的经历。

比如今天刚发生的烦心事；自己一直在逃避“独立思考”的这一秘密；从学生时代开始就凭借干劲儿和气势处理事情的习惯；以及现在自己的工作已经进入瓶颈期并且和同事逐渐产生差距的事实。

优斗：“原来如此呀。”

佐织是那种话匣子一旦打开就很难关上的人，优斗认真地听完了她的讲述，并且不断地随声附和。

佐织：“看，你还是笑话我了吧，真是的！”

优斗：“我不过是一个学生，可能也帮不上您什么忙，但是我觉得自己还挺幸运的。”

佐织：“幸运？何出此言？”

优斗：“因为可以和您这样的‘女神’聊天呀。”

高冷的优斗居然这么会说话，佐织很是意外，不禁转嗔为喜了。

佐织：“那我再重新问一遍，想要学会‘思考’，该怎么做呢？”

优斗：“您一直在工作，所以思考这种事对您来讲不是像家常便饭一样吗？”

佐织：“话虽如此，但总觉得自己本来是想好好思考来着，但到最后好像都流于表面了，似乎总也领会不到思考的精髓。所谓的‘思考’，首先应该做什么呢？”

听到佐织的最后一句话，优斗突然意识到了在佐织身上存在的一个最根本的问题。

请思考一分钟

优斗：“原来如此……佐织姐，我可以给您出道题吗？”

佐织：“嗯？”

优斗：“请您围绕‘数字’思考一分钟，不限内容。”

佐织：“啊？”

优斗：“现在不接受任何提问，一分钟时间，开始！”

佐织虽是一头雾水，但也没再多问，她按照优斗所言，开动脑筋思考了。虽然有“数字”这个命题，但应该思考什么，又该如何思考，佐织毫无头绪。

优斗：“时间到。”

佐织：“哎呀，这是怎么回事嘛，完全不懂。你究竟要我思考什么呢，是关于公司的数字？还是类似‘数字是什么’这种哲学性的问题呢？”

优斗一脸平静，耐心地听完了佐织一连串的抱怨。

优斗：“现在进入第二个问题，佐织姐喜欢的数字是几呢？请思考一分钟后作答。”

佐织：“什么？等，等一下……”

优斗：“不，计时开始。”

佐织内心急躁不安，但她最后决定听从优斗的要求，因为她隐隐约约地知道这个脑回路异于自己的数学高才生这么做一定大有深意。

优斗：“时间到。”

佐织："我受不了了，究竟是怎么回事嘛！"

优斗："佐织姐，我问您，在思考第二个问题的一分钟内，您想了些什么呢？"

佐织回顾了一下刚刚过去的一分钟。

佐织："因为有'喜欢的数字'这个主题，所以就围绕着这个问题进行了思考。虽然没怎么想过这种问题，但因为我的生日是9月9号，就想喜欢的数字大概是9吧。这么说起来，我在大学踢足球时穿的球服背后的号码也是9。啊，说到9这个数字，刚刚我脑海里好像闪现出了我的年龄，因为今年我刚好29岁。"

优斗："您觉得自己在回答哪个问题时好好思考了呢？"

佐织："那当然是第二个问题了，因为第二个问题有'喜欢的数字'这个主题嘛。"

优斗："而且您也在一分钟内给出了答案，也就是说您最终成功抵达终点的也是第二个问题。"

佐织："是呀，这能说明什么问题呢？"

佐织觉得理所当然的事

优斗："我有一些个人见解想和您分享一下。说到'思考'，我认为首先要设定一个具体的主题，然后才能开始思考，而且与此同时还要设定一个'终点'，也就是目标。"

佐织恍然大悟。

佐织："确实如此！"

优斗："举个例子来说，如果冷不丁地让我思考一下'除法'，我也是一头雾水，只能装装样子，无法深入地思考。但如果让我论述'除法的便利性'，我便能全面思考，滔滔不绝地作答。"

佐织："也就是说，你想告诉我为了能够'好好思考'，首先需要尽可能地把思考的对象具体化，是吧？"

任何一种行为都必须有"起点"和"终点"。通过上述的例子，优斗似乎想要告诉佐织思考这一行为也不例外，需要有始有终，而且必须在设置"起跑线"的时候设置好"终点线"的位置。

优斗："Bingo！不过恕我直言，这是很理所当然的。"

佐织："是啊，这个道理确实非常简单，不过我觉得它也非常重要。比如说我吧，在为广告主思考方案时……"

优斗："广告主是客户的意思吗？"

佐织："对，是客户的意思。比如在为客户思考方案时，就必须事先决定具体思考方案的哪个方面，是吧？是考虑其目标，还是框架，或者是考虑展示方式还是表述方式对吧。"

此时，列车刚好驶出京都站，开始开往名古屋。

距离终点站东京还有大概两个小时，而佐织和优斗的谈话才刚刚开始。

佐织："那么，所谓的'思考'，首先到底应该做什么呢？"

优斗："首先应该要做的，是确定'终点'，也就是确定目标。"

02. 高效能的“逆向思维”究竟是什么

上司的千叮万嘱

佐织：“说到‘终点’这个词，我突然想起一件事。”

优斗：“什么事呢？”

佐织：“是我现在上司的口头禅，他经常说‘要从终点开始思考’，‘要有逆向思维’。确实，我偶尔也会在一些商业杂志上看到这种字眼，但是这究竟是什么意思呢，我现在也不太明白。”

优斗：“那个……不明白的话直接问一下您那位上司不就好了吗？”

优斗确实是个涉世未深的学生，给出的意见简单直接。但佐织的脸色却变得有些凝重了。

佐织："我给你讲啊，社会人的世界没这么简单的。即便是你们学生，有疑问想请教的时候，也会遇到一两个能不回答就懒得回答的老师或者前辈呀。"

优斗："原来如此，是涉及人际关系的问题呀。"

佐织："话说回来，我上司说的那句'要从终点开始思考'，你明白是什么意思吗？"

优斗："不明白。"

这是意料之中的事，但是优斗没有放弃，他盯着车顶，陷入了沉思。没过几秒，他就又看向了佐织。

优斗："但是在数学里有类似的问题。"

启发“逆向思维”的游戏

佐织：“是吗，什么问题呢？”

优斗：“举个例子说吧，有这样一个游戏，我会问您三个关于计算的问题，请您一一作答。”

佐织：“等一下，我不是说过我的数学不好吗？”

优斗：“没关系的，只不过是两位数的计算题，很容易回答的。”

由于推脱不掉，佐织只好配合优斗的游戏，同时她也觉得这个游戏也许能提供一些启示以解决自己的疑惑。

优斗迅速在笔记本上写好了问题，然后指着问题向佐织介绍游戏规则。

游戏：请回答Q3的计算结果

Q1：9+○=

Q2：（Q1的结果）+□=

Q3：（Q2的结果）×◇=

优斗：“在Q1里我把已知数设定为您喜欢的数字9，题目中○、□、◇里的未知数您可以随便问我，最后您需要告诉我Q3的计算结果。”

佐织：“我明白了，从Q1开始按顺序作答就行了。那请问，○是几呢？”

优斗：“1。”

佐织：“啊？我确认一下，你不是在逗我玩吧？”

优斗：“不是的！总之，请您先回答问题吧。”

佐织：“好的，老师，9+1=10。”

对于佐织模仿小学生语气回答问题的行为，优斗很是无语。

优斗：“游戏继续。”

佐织：“第二题的□是几呢？”

优斗：“2。”

佐织：“好的，10+2=12。”

优斗：“好的，接下来由我告诉您◇是几，◇是0。”

佐织：“什么？”

佐织觉得很不可思议，怔怔地盯着优斗。

佐织：“12×0=0。”

优斗：“回答正确。”

佐织：“然后呢？”

优斗：“然后？”

佐织：“这说明了什么呢？”

优斗察觉到了佐织此刻正压抑怒火的心情，于是连忙言归正传：“刚刚佐织姐是按照Q1→Q2→Q3的顺序计算的，也就是说您在大脑里自动把Q1设置为了起点，把Q3设置为了终点，我说的没错吧？”

佐织：“嗯，是的。”

优斗：“然后您就遵从Q1→Q2→Q3的引导，按照○→□→◇

的顺序向我询问了空格里的数字。”

佐织：“是呀，这不是自然而然的事吗？”

优斗：“可我会倒着提问。”

佐织：“什么？倒着？”

优斗：“是的，倒着提问。我会最先询问◇是几？”

听到优斗的解释，佐织终于明白了他为什么“倒着”询问了。

优斗：“因为最后一步是乘法，如果◇是0的话，仅提问一次就能得出最终答案。Q1和Q2的计算，也就是说○和□里的数字根本不需要考虑。”

佐织：“对啊！”

优斗：“但是，您是按照○→□→◇的顺序提问的，所以无论如何您都要计算三次。”

佐织：“也就是说，你想告诉我不必拘泥于从起点到终点的思维定式，有时候从终点进行逆向思考往往会事半功倍，是吧？”

避免做无用功的思考方法

优斗："我在解答数学题的时候，会首先确定解题目标，然后从终点进行逆向思考。这种方法能帮我快速解决问题。"

佐织："原来如此呀，听你这么说我突然想到了一件事，我总是在准备公司会议资料上花费大量的时间。"

优斗："有这回事？"

佐织："不管是准备什么资料，我都是想到什么就赶忙准备什么。"

优斗："这种工作方式不可以吗？我觉得是明智之举呀。"

佐织："绞尽脑汁地思考之后，结果却发现又重新做了一份与已经做过的资料类似的东西。也就是说，做了两次相同的事情。"

优斗："原来如此。一方面这算是重复劳动，另一方面是浪费了宝贵的时间。"

佐织："首先要确定需要准备的资料的形式，也就是设定好目标，然后考虑需要做的工作，这种思路才对吧。最后再灵活运用曾经的格式和数据，将必要的工作量减少到最小值。这样似乎就无懈可击了！”

佐织：“那么问题来了，为什么要运用‘逆向思维’呢？”

优斗：“因为使用这种方法可以避免‘无用的思考’。”

03. 为什么拥有“逻辑思维”的人无比强大

“逻辑思维”是什么?

佐织与优斗忽然发现窗外已是一片琉璃世界，外面的风景与京都市区的繁华景象迥然不同。列车穿行在白雪皑皑的山间，正朝着东京进发。

佐织：“我的上司是个很爱思考的人，所以也总是这么要求我们。”

优斗：“这样啊，但是这样也是不对的吧？”

佐织：“不，这没什么错。但是对我这种完全凭感觉生存的人来说，上司的‘你自己再好好想想’这句口头禅简直是一种拷问！”

优斗：“是拷问吗……”

佐织：“这么说起来，我上周也被教训了。他说我‘你就不能考虑得再合乎逻辑些吗？’那还不是因为……啊……气死我了！”

乘务员走进了这节车厢，大概是为了安全起见进行巡视。佐织又重新拾起了话头。

佐织：“逻辑究竟是什么呀……真是受不了了。”

优斗：“是‘线’吧。”

佐织：“什么？”

对于优斗脱口而出的答案，佐织很是意外，不由得一时语塞。

优斗：“我认为逻辑思维就是有依据地进行思考，就像‘用线连接事物’一样。”

佐织：“什么意思？我完全不懂。”

优斗：“那……佐织姐再配合我玩个游戏吧。”

佐织：“又来？真是拿你没办法呀。”

佐织虽然满口的不情愿，但内心其实对接下来优斗要抛出的“谜面”还是有点儿期待的。

建立标价的逻辑体系

优斗：“现在开始说问题了，请您凭着自己的逻辑给1克铝标价。”

佐织：“1克铝的价格？这种东西我怎么会知道呀。”

优斗：“不是让您动用知识储备答题，是让您稍微动脑思考一下。”

佐织：“就算这样我也不……”

佐织在抱怨间忽然想明白了一件事：确实，回答知识性问题的话，谁都会答，而回答这种问题大概就需要“独立思考”了。

佐织：“10日元。”

优斗：“为什么呢？”

佐织：“当然凭我最引以为傲的直觉了，你有意见吗？”

优斗：“没，没意见。但是这能算是您思考后的答案吗？”

优斗说得很有道理，佐织无从反驳。

优斗：“那我说一下我的答案可以吗？”

佐织：“嗯，好啊，快说吧！”

优斗：“1日元。”

佐织：“为什么是1日元呢？”

优斗：“因为我用‘线’连接了一下等价关系。”

优斗再次提及了“线”这个关键词，这勾起了佐织的好奇心，于是佐织便连忙催促优斗继续讲下去。

从优斗的思考方式中学习“逻辑”的本质

优斗：“其实我也不知道1克铝的正确价格，也就是说我并没有这方面的知识储备，所以我选择了这种思路：是不是存在一种我熟悉价格的铝制品。”

佐织：“嗯？”

优斗：“佐织姐，您有想到什么东西吗？”

佐织：“优斗，我心里一团乱麻，你就别再问我了，快告诉我你的答案吧！”

优斗：“啊，好的。”

优斗在笔记本上用钢笔写写画画，佐织则目不转睛地注视着他。

优斗：“比如说1日元硬币是铝质的，并且重量为1克，价格自然是1日元。也就是说1克铝可以与1日元硬币用‘线’连接，而1日元硬币也可以用‘线’和1日元金额连接。”

佐织：“然后呢？”

优斗：“也就是说，在两者之间放置一枚1日元硬币的话，不就能把1克铝的实物与价格这两种概念连接起来了吗？”

佐织：“确实如此，原来你是想告诉我这个道理呀。”

优斗：“是的，这样的话就建立了1克铝与1日元之间的价格关系。”

佐织：“原来如此，刚刚我并没有借助你所说的‘线’，而是胡乱思考了一番。稍微抽象地讲，如果在现实生活中两种东西之间没有这种‘线’的话，我们可以在两者之间插入一个可以同时与两者用‘线’连接的媒介，通过将三者组合的方式思考问题。”

佐织顺口说出的“组合”这个词，使她想起了另一个概念。

你在运用三段论吗?

佐织：“这和三段论一样，就是那个如果A是B的规则。”

优斗：“是的。如果A是B，且B是C的话，组合上述关系可得

A是C。”

佐织：“果然如你所言，看起来就像有线在中间连接一样。”

优斗：“所以我觉得逻辑思维指的就是‘用线连接’的思维方式。”

佐织：“原来如此呀！”

优斗：“您在和我交谈的时候，应该立刻就注意到我是理科生了吧。我觉得您肯定是把我想象成了A，把数学教材想象成了B，把理科生想象成了C，然后把A、B、C用线串联起来，最后才得出了结论。”

佐织：“我确实是看到你在读貌似晦涩难懂的数学参考书才觉得你是理科生的。”

由此可见，“三段论”从字面上看似乎是什么高深莫测的理论，但它其实是我们每个人在日常生活中都会运用到的一种基本的思维方式。

优斗：“我是在大学课堂上学到的三段论，社会上的人也要学习这种理论吗？”

佐织：“是啊，我记得刚入职的时候在接受职员培训时学习过，课程的名称好像是逻辑思维培训。”

优斗：“这样啊，看来三段论真是成为社会人之后也会需要的思维方式呀。”

佐织：“广告公司主要是做策划，做策划就需要有创意，所以广告公司需要创意，大概就是这样。”

优斗：“原来如此。”

佐织：“其实这是我的上司总挂在嘴边的话。”

佐织不由得苦笑了一声。佐织感到颇受打击，自己是知道三段论的，而且还受过专门的培训，但是一旦实际需要时却一筹莫展。为了转换心情，佐织决定和优斗聊些闲话。

佐织：“咱们换一个话题吧，优斗有什么喜欢的话吗？”

优斗：“喜欢的话吗？”

佐织：“嗯嗯。最近我在电视里看到一种说法，说是想要了解一个人，最有效的方式就是问他最喜欢的一句话是什么，因为这是最能体现一个人价值观的一句话。”

优斗：“原来如此。”

优斗陷入了沉思，佐织则静静地等待他的答案。

优斗：“是‘思考百遍，答案自见’。”

佐织：“啊！我明明想换个话题来着，没想到又是‘思考’。”

优斗：“不好意思，但我确实最喜欢这句话。那个，佐织姐您最喜欢的一句话是什么？”

佐织：“反问得妙啊，不过你不要笑话我。”

优斗：“好，一定不会的。”

优斗洗耳恭听。

佐织：“Don’t think. Feel!（勿思勿想，用心感受！）这是我的座右铭哦。”

04. 万事皆有的三个依据

什么是归纳型思维?

优斗：“Don’t think. Feel！至理名言呀。”

佐织：“你说的绝对不是实话。”

很明显两个人最喜欢的话迥然不同，优斗不禁苦笑了一声，而佐织则白了一眼口是心非的优斗。

佐织：“算了，反正一直以来我都是凭感觉做决定的。比如去哪所大学读书，在哪个公司工作，以后恋爱可能也是如此……”

优斗：“这样啊。”

佐织："但是，再这样下去的话以后的路可能就走不通了。"

看到佐织担忧的表情，优斗默默地将视线转向了别处。

佐织："说到逻辑思维，你还有什么习惯性的思考方式吗？"

优斗："有。"

佐织："回答得真快呀，哈哈，那么究竟是什么呢？"

优斗："是归纳型思维。"

佐织："功能型？是指很好地发挥功能的思维方式吗？"

优斗："是归纳型，不是功能型。"[①]

优斗拿起手边的蓝色钢笔，在笔记本上写下了正确的词语。

佐织："这是什么意思呢？"

优斗："其实刚刚谈论的三段论是演绎型思维，与之相对的便是归纳型思维，指的是基于多个依据得出结论的思维方式。"

---

① 归纳型思维（帰納的に考えること）与功能型思维（機能的に考えること）两者在日语里发音相同。

佐织：“听起来好难啊。”

优斗：“并不难。比如说……假如佐织姐的一个朋友盛赞一家意大利餐厅的饭菜可口。”

佐织：“嗯，然后呢？”

优斗：“您会产生去一探究竟的想法吗？”

佐织：“不会吧，这不过是我那位朋友的个人偏好罢了。”

优斗：“那如果又有一个朋友盛赞那家餐厅呢，佐织姐会去吗？”

佐织：“容我想想。”

优斗：“如果又有一个朋友也向您盛赞那家餐厅的饭菜可口呢……”

佐织：“你是想累加到我说‘去’为止吗？”

佐织的回击颇有诙谐的意味，优斗不由地听乐了。

我对归纳型思维的印象是“多画线”

优斗：“但这就是归纳型思维呀。”

佐织：“什么？”

佐织仍是困惑不解，优斗看到佐织脸上似乎写着“请再说得通俗易懂一些”，便继续补充了一些描述。

优斗：“简单地说，归纳型思维是指基于多个依据进行推理从而得出结论的思维方式。我个人对它的认识是‘多画线的思维方法’。”

佐织：“‘多画线’？刚刚是‘用线连接’对吧，那现在这个‘多画线’是怎么回事呢？”

佐织忽然有了兴趣，像刚刚一样又催促起了优斗。优斗在笔记本上画了图（见下图），然后通过图向佐织解释。

图1：一个朋友称赞好吃 朋友：这家餐厅的菜特别好吃！ 小A：真的好吃吗？
图2：三个朋友称赞好吃 三个朋友：好吃！好吃！好吃！ 小A：可能好吃吧。
图3：六个朋友称赞好吃 六个朋友异口同声：好吃！ 小A：肯定好吃！

优斗：“比如，评价我们刚刚提到的那家意大利餐厅，我们将调查对象的最大值设定为6人。”

佐织：“好的，然后呢？”

优斗：“你觉得3幅图中，凭哪幅图可以推测出这家餐馆味道可口？”

佐织：“图3吧。”

优斗：“为什么呢？”

佐织：“因为图1只有一个人称赞‘好吃’，如果余下5人都给差评的话，自然就能想到‘这家店不好吃’，是吧？”

优斗：“原来如此。”

佐织：“图2虽然有3个人，但情况有些微妙。这完全取决于剩余3个人的评价，所以无从判断。”

优斗：“也就是说，能得出结论的情况和不能得出结论的情况的差别就在于连接依据与结论的‘线’的数量有多少。‘线’的数量越多，就越容易使人信服。”

佐织：“原来如此，看起来在你的印象中是这样的：‘线’的数量越少越不容易得出结论，‘线’的数量越多越容易得出结论。难怪你刚刚用了‘多画线’的说法。”

优斗：“但说到底这不过是我个人的感觉而已。”

佐织：“确实，这可能适用于会议或者提出方案的场合，因为在这些场合中，必须让自己的发言有理有据。如果一条线都没有，就算宣称‘就是怎样’，也不会有人信服的。”

优斗：“对，这就是归纳型思维方式。”

佐织：“说到这里我突然想起来一件事！上个月我就无凭无据地乱发言了，结果被上司斥责‘你好好想想再发言！’”

迄今为止，佐织一直都是不进行“多画线”的预先思考，鲁莽蛮干。说起来这倒是挺符合她风风火火的做派。

佐织：“我的上司和优秀的前辈们在介绍方案时总说‘三条依据’，其实就是说有三条连接结论与依据的线，是吧。”

优斗：“佐织姐，我也在书上看到过这种说法，但是‘三条依据’就足够了吗？作为学生来讲，我总觉得依据是多多益善的。”

佐织：“大体上三条就足够了吧，确实依据越多越具有说服力，但商务人士都很忙，所以为了在短时间内说服听众，比较实际的做法是选取三条最具说服力的依据。”

优斗：“原来如此，受教了。”

意外的重逢

这时，乘务员提醒要查票了。

佐织：“咦？我把车票放在哪里了？”

佐织在上衣的口袋里没有找见车票，于是又继续在放在上面行李架上的背包口袋里寻找。找了好一会儿终于找到了车票，在把车票交给乘务员的那一瞬间……

乘务员：“难道是……佐织？”

听到乘务员的话，佐织大吃一惊，开始仔细打量乘务员的面孔。

刚刚佐织一直在专心与优斗聊天，完全没有注意到乘务员是何许人，这会儿看到了他名牌上写着“上田”，再加上那似曾相识的面孔和声音，虽然他戴着帽子，但佐织还是十分确定面前这个人是旧相识。

佐织：“你是上田？不会吧，你真的是上田吗！”

上田：“是我呀，好久不见。”

优斗：“什么情况？”

佐织注意到一脸惊讶的优斗，于是便用全车厢都足以听见的嗓音高声向优斗介绍了这位她学生时代的男朋友。

chapter 2

从不会输的辩论技巧

01. 如何让“断舍离”变成万能技巧

02. 不要再被问到哑口无言

03. 你需要“舌战群儒”的辩论技巧

04. 用理性战胜辩论对手

01. 如何让“断舍离”变成万能技巧

“苦涩的回忆”

在分别介绍完上田和优斗之后，佐织开始跟上田说话。

佐织：“对哦，你好像说过想在铁路公司上班，是吧！”

上田：“啊，算是吧。”

佐织：“上田从事了自己喜欢的工作，好厉害呀！”

上田：“哪里哪里，我不过只是运气好罢了，比起这个……”

上田的视线转移到了佐织的脚边，不住地打量她。对于上田的这番打量，佐织生出了一种“怀念”的感觉。

佐织：“你看什么呀？怎么了？”

上田：“我在想你真是一点儿也没变呀。”

佐织：“嗯？”

上田：“比如立马脱掉鞋子。”

上田小声说道。

佐织穿不惯这种高跟鞋，于是便养成了坐下之后就立马脱掉鞋子的习惯。

佐织：“啊！因为脚很痛嘛，你们男生是不会懂这种痛苦的。”

上田：“看到你还和从前一样，我很开心。”

佐织：“嗯，我觉得你也没变。”

上田注意到了旁边优斗的视线，便回过神，想起来自己要查票。

上田：“您好，请出示一下车票。”

优斗：“给您。”

上田："谢谢。"

上田把车票还给优斗后，又将目光转到了佐织身上。

佐织："啊，不好意思，打扰你工作了吧。"

上田："那……下次再聊。"

上田小声说道，然后就回归工作了。佐织则呆呆地陷入了沉思，上田说的"下次"，大概只是一句客气话吧。

优斗："请问，这是时隔多久的重逢呢？"

佐织："嗯？哦，因为我们大学之后就再没见过，所以这应该是第7个年头了吧。居然会在这里再会，真是想不到啊。"

优斗静静地听佐织讲话。

佐织："上田很聪明的，学习成绩也很好。那时我们总拌嘴，不过我总是落败……"

优斗没有插话，只是静静地听着。

佐织："我都是凭着情绪和气势吵架的，上田则与我相反。怎么说呢，感觉就像是被'说服'了一样。"

忽然，佐织想起一件事，这件事意外地将二人的谈话引到了另外一个方向。

佐织：“优斗，可以请教你一个问题吗？”

优斗：“请讲。”

佐织：“‘整理’是什么意思呢？”

优斗：“嗯？‘整理’？”

佐织：“嗯嗯，‘整理’。”

看到优斗一脸吃惊的表情，佐织不由得苦笑了一声。

佐织：“哈哈，你脸上写着‘为什么会问这种问题呢’，不过你现在先不要质疑，我就想问问你是怎么看待‘整理’的。”

听完佐织的这番话，优斗突然把笔记本和钢笔递给了佐织。

整理是什么呢?

佐织：“喂，这是什么情况？”

优斗：“佐织姐，请您用纸笔整理一下我将要说的话可以吗？”

佐织：“具体该怎么做呢？”

优斗：“方法不限，总之要用自己的方式整理。”

佐织：“OK，我明白了。”

佐织虽然觉得很麻烦，但对优斗将要传授的内容还是满心期待的。

优斗：“现在开始。我们曾对100位女性的恋爱经历进行了问卷调查，其结果显示：有45位女性曾甩过男性，有38位女性曾被男性甩过。另外，不曾甩过男性的女性中有20%的人有被男性甩过的经历。”

佐织：“停一下！”

优斗：“怎么了？”

佐织：“优斗，你不会觉得我是被上田甩了吧？”

优斗：“不是的，您多虑了！”

佐织对优斗怒目而视。佐织本来想说“虽然就是这么回事”，但话到嘴边又赶忙咽了回去。为了避免优斗察觉佐织还佯装生气掩饰。

旁边的优斗也在为问问题时的考虑不周而不安。

佐织："算了，不和你计较了。我现在开始整理，你能再慢慢地说一遍吗？"

优斗："啊，好的。"

佐织边听优斗重复问题边奋笔疾书。

佐织："不管怎样，暂且算是完成了。我是分条罗列的，是不是有种一目了然的感觉？"

佐织的整理结果：

1. 共有100位女性；

2. 有45人曾甩过男性；

3. 有38人曾被甩过；

4. 不曾甩过男性的人中有20%的人曾被甩过。

优斗："多谢。"

优斗看了一下佐织分条罗列的图，继续说道。

优斗：“那么请问，有多少人甩过人也曾被人甩过呢？”

佐织：“哎？这种追加提问你事先没说啊！等等……因为不曾甩过男性的女性中有20%是被甩过的人……啊，受不了了！果然我不擅长这种事情。”

佐织故意气呼呼地鼓起脸颊，举双手以示投降。

优斗：“分条罗列确实是显得井井有条，也方便查看，但是我会选择这种整理方式。”

佐织：“……？”

优斗从佐织手里接回纸笔，开始刷刷地画起了表（见下表）。

优斗的整理结果				
			被甩过	
			YES	NO
			38人	62人（100−38）
甩过别人	YES	45人	27人（38−11）	18人（62−44）
	NO	55人（100−45）	11人（55×0.2）	44人（55−11）

↑ 不曾甩过男性的人的20%

优斗：“画好了，这是我整理的表格。”

佐织：“这是什么表？”

优斗：“是整理结果。”

佐织：“你是怎么做的？”

优斗：“我现在给你解释。”

这时，上田刚好检查完11号车厢的车票，开始朝12号车厢走去。而佐织满脑袋都是这个谜一样的表格，刚刚还萦绕在脑海里的“前任”已荡然无存。

佐织：“我觉得我现在亡羊补牢的话，还不晚。所以请问所谓的整理到底需要做些什么呢？”

优斗：“一言蔽之，就是制作表格。”

02. 不要再被问到哑口无言

逻辑性整理

优斗："我们这次的话题涉及了'甩'与'被甩'两个概念。"

佐织："嗯，确实如此。"

优斗："并且前者可以细分为有和没有这两种情况。也就是说，可以细分为被甩过和没被甩过这两种情况。"

佐织："同理，被甩也可以分为有和没有两种情况是吧。"

由于每个概念都能细分为两种情况，所以可以得出2+2=4种的结果，进一步组合这几种情况可得到2×2=4种的结果。综上所述，这个话题一共包含4+4=8种结果。

优斗："如上面的表格所示，不曾甩过男性的女性有100-45=55人。因为其中有20%的人曾被甩过……"

佐织："所以就是55人的20%，也就是11人是吧，因此旁边的空格里可填'55-11=44人'的结果是吧。"

优斗："没错。剩下的工作就是在保证表格内容具有一致性的前提下，做完形填空。也就是说，甩过别人也被别人甩过的女性共有27人。"

佐织："的确，这种整理方法井井有条。"

优斗："是的。这样整理的话，无论突然被问及什么问题都能对答如流，因为这张表格涵盖了这一问题所涉及的所有数字。"

事实正如优斗所言，但是佐织内心仍有疑惑，于是便毫不客气地继续询问下去。

为什么要“用表整理”呢?

佐织：“但是，你为什么没有考虑分条罗列，而是想到了用表格呢？”

优斗：“原因是……”

佐织：“嗯，我知道你的做法可能更合适，但是我这种人是想不到这种做法的呀。”

优斗：“原来如此……”

优斗想了一下该如何向佐织解释“表格优于分条罗列”的原因。

优斗：“如果需要整理的主题只有一个的话，采取佐织姐那样分条罗列的方法也未尝不可。比如请您回忆一下咖啡馆的菜单，诸如混合咖啡、美式、拿铁、摩卡什么的。”

佐织："嗯，正是分条罗列呀。"

优斗："但是如果涉及杯型的问题呢？混合咖啡的小杯、中杯和大杯；美式的小杯、中杯和大杯；拿铁的……这些情况还能选择分条罗列吗？"

佐织："嗯，这样的话就会做成类似表格的东西，大概是各种咖啡的小杯、中杯和大杯分别的售价之类的。"

优斗："正是这样。如您所言，如果整理的切入点有多个的话，制作成表格会更显得井井有条，也更容易一目了然。而且不必反复书写商品名和杯型，免去了许多无用功。"

有多个整理的切入点的情况如图所示：

分条罗列

浪费笔墨

不易看懂！

混合咖啡-S 280日元

混合咖啡-M 320日元

混合咖啡-L 360日元

美式-S 280日元

美式-M 320日元

美式-L 360日元

拿铁 S 300 日元

拿铁 M 340 日元

拿铁 L 380 日元

表格

惜字如金

一目了然！

菜单	S	M	L
混合咖啡	280 日元	320 日元	360 日元
美式	280 日元	320 日元	360 日元
拿铁	300 日元	340 日元	380 日元
……			

佐织：“原来如此呀！确实刚刚的那个问题也存在‘甩’与‘被甩’两个整理的切入点。”

在做整理的时候，整理的切入点未必只有一个。为了能够把任何事情都整理得井井有条，选择优斗所介绍的表格会更加合适。

优斗：“顺便一提，这辆高铁的座次表也能用表格的思路进行整理。比如1号车厢，有A～E和1～13这两个切入点，所以比起分条罗列用表格整理更能达到一目了然的效果。”

佐织：“的确！其实在网络上预约机票的时候也是通过这样的画面来选座的。”

“整理”工作做得好便能对答如流

优斗：“我有一些个人见解，不知道佐织姐有没有兴趣听。”

佐织：“嗯，请讲。”

优斗：“我觉得用表格整理能够准确地把握何处存在何物。”

佐织：“嗯？”

优斗：“比如橱窗里的收纳盒，在我看来就像按照表格整理好的状态一样。比如春夏装在这里，秋冬装在那里。”

佐织：“也就是能够准确地把握何处有何物的一种体现吧。”

佐织不由得想起了自家的橱窗，然后便在心里嘀咕：面对自家的橱窗，就算是说恭维话，也夸不出“真是整齐呀”这种话……

优斗：“如果不用表格整理好，一旦到了有需要的时候，就无法迅速找到。”

佐织：“这说的不就是我吗。类似‘咦？那件衬衫我放到哪里去了？’的事情，在我身上时常发生呀。”

优斗：“我偶尔也会遇到这种事。”

听到优斗这么说，佐织稍微松了口气。

佐织：“所以说如果脑袋里是一团乱麻的话，一旦需要什么东西，就没办法迅速找到。”

优斗：“是的，想要寻找什么东西的时候大脑就会陷入一片混乱。”

佐织：“所以如果没有整理清楚，稍微被问些深入的问题就会哑口无言。就像刚刚那个甩与被甩的问题一样，你突然追问一个问题，我就无话可说了。”

随后的2分钟内，两个人像是“温习”之前一路上的对话内容一样，陷入了一阵沉默中。

不会再让任何人批评自己“你好好整理一下”了

优斗：“那个……佐织姐。”

佐织：“嗯？”

优斗：“我能问您一件事吗？”

优斗看起来好像有点儿犹豫不决。

佐织：“嘻嘻，你是不是想问我为什么会问‘整理是什么’这种奇怪的问题？”

优斗：“是的。”

佐织扑哧一声笑了出来，然后如实回答了优斗的疑问。

佐织：“上学的时候，我总是被刚刚那个上田说教。”

优斗：“啊？”

佐织：“被他说‘和没理清自己观点的人吵架一点儿意义也没有’。”

优斗：“嗯？”

佐织：“也就是说，他想表达的是我说话毫无逻辑，所以我应该在大脑里先好好整理一下再和他讲话。”

优斗：“好吧。”

佐织：“我那时缺乏对任何质问进行反驳的能力，而且我凭感性说出的话全都被他驳倒了，所以和他吵架我总是落败。”

优斗默默无言，认真倾听佐织的讲述。

佐织：“我想起了这件事，所以才想问你‘整理是什么’。我现在终于明白了整理究竟是什么，也意识到了如果不整理好思路就不可能赢得辩论的事实。”

优斗：“嗯。”

佐织：“喂，你好歹多说几句话呀。”

优斗：“啊，好。那个……那个……”

看到优斗一脸困惑张口结舌的样子，佐织不禁扑哧一声笑了出来。

佐织：“为什么理不清自己思路的话就无法与别人进行辩论呢？”

优斗：“因为不能瞬间在自己的头脑里找寻到‘想要之物’。”

03. 你需要“舌战群儒”的辩论技巧

否定对方观点的技巧

车内响起了即将到达名古屋的广播。直到此刻，佐织才开始留意起播音员的声音，但似乎不是上田的嗓音。

佐织：“我还有不明白的地方。”

优斗：“不明白什么呢？”

佐织：“把头脑整理清楚的话，就能够应答如流了吗？”

优斗：“是的。”

佐织：“但是，单凭这一点不一定能稳操胜券吧？”

优斗："容我想想……可能确实如此。"

佐织想起了自己总被上司反驳的经历。

佐织："优斗你也会在数学研讨会上与人进行讨论吧？"

优斗："当然了，几乎每天都会与人讨论。"

佐织："在讨论时肯定会遇到想要否定对方观点的情况吧，类似'您的观点有待商榷'之类的说法，那这种时候有什么技巧性的方法吗？"

优斗："否定对方观点的技巧吗？这个问题好有趣啊。"

佐织一点儿也不觉得这个问题有趣，但还是不自觉地对优斗的见解充满了期待。

优斗："我觉得有两点，首先是举反例。"

佐织："反例？"

优斗自创的“猪肝炒韭菜问题”

优斗：“对，比如说……”

佐织：“比如什么？”

优斗：“假设有这么一个辩题，‘猪肝炒韭菜’和‘韭菜炒猪肝’哪个菜名更合适？”

佐织：“什么？”

面对这么奇怪的问题，佐织的表情只能用“瞠目结舌”来形容了。

优斗：“我刚刚说‘猪肝炒韭菜’和‘韭菜炒猪肝’……”

佐织：“明白了，明白了，然后呢？”

优斗：“我认为‘猪肝炒韭菜’更合适，现在请佐织姐进行反驳。”

佐织：“也就是说我需要否定你的观点，得出你的观点有误的结论是吧。”

优斗：“对，不必太严肃，就像玩游戏一样试试看。”

在优斗抛出的所有谜语和游戏中，这是佐织唯一一个觉得有趣的游戏，于是欣喜地应允了。

优斗：“游戏开始。我觉得‘猪肝炒韭菜’更合适。”

佐织：“为什么呢？”

优斗：“我觉得在‘猪肝炒韭菜’这道菜里猪肝是主角。”

佐织：“然后呢？”

优斗：“我认为因为猪肝是主角，所以应该放在配角韭菜之前，否则主角会闹别扭的。”

佐织：“哈哈哈，好有趣。”

优斗：“所以，猪肝在前，韭菜在后，也就是说‘猪肝炒韭菜’更合适。”

佐织：“原来如此，所以呢？”

佐织已经将否定优斗观点的“任务”抛到了九霄云外，优斗不由地苦笑了一声。

以“洋葱金枪鱼腩”为例进行思考

优斗：“佐织姐，您这样可不行啊。”

佐织：“哈哈，抱歉，都是因为你的观点太有趣了。但是我觉得你的观点存在两个破绽。”

优斗：“是什么呢？”

佐织：“首先是猪肝是主角这种说法，也会有人觉得韭菜是主角，这种说法完全是基于个人的主观判断吧。”

优斗：“是的，我也这么认为，因此想从哪个是主角这个点突破可能比较困难。”

现在来看，另外一个破绽成了关键点，两个人的争辩已经进入了白热化状态。

佐织：“那就是‘因为猪肝是主角，所以应该放在配角韭菜之前’这一点了。”

优斗：“那您打算怎么驳倒这个观点呢？”

佐织：“但是你‘主角在前’的观点很有道理呀，因此好难啊！”

佐织一筹莫展。

佐织：“不行了，我放弃了！如果是你，你会怎么反驳呢？”

优斗：“很简单，只要举出反例就行了。”

佐织：“这个你刚刚说过对吧，那么反例究竟是什么呢？”

优斗：“是洋葱金枪鱼腩。”

对于优斗意味不明的话，佐织再一次露出了“瞠目结舌”的表情。这一次，佐织完全石化了。

佐织：“这是什么暗号吗？”

优斗：“抱歉，怪我的表述有问题。是做寿司用的洋葱金枪鱼腩。”

佐织：“这个很好吃啊，洋葱金枪鱼腩寿司是我在寿司店必点的菜品。”

优斗：“就是那个洋葱金枪鱼腩，洋葱和金枪鱼腩哪个是主角呢？”

佐织脸色略变，似乎意识到了“主角”这个词的出现会把他俩的谈话推向高潮。

佐织：“我觉得洋葱金枪鱼腩的主角是……是金枪鱼腩吧，毕竟金枪鱼腩只有在寿司店才见得到呀。”

优斗：“对，我也这么认为，毕竟在菜市场也买不到。”

佐织：“但是，这说明了什么问题呢？”

优斗：“你还没想到吗？”

优斗似乎想让佐织自己想明白这个问题，因此故意闭口不言。就在下一秒，佐织脸色忽变。

猪肝炒韭菜和洋葱金枪鱼腩的逻辑一样吗？

主角	猪肝	金枪鱼腩
配角	韭菜	洋葱
名称=主角+配角	猪肝炒韭菜	金枪鱼腩洋葱

“反例”只需一个

佐织：“主角在后！”

优斗：“对，主角金枪鱼腩在配角洋葱之后，也就是说……”

佐织：“刚刚那个猪肝炒韭菜的观点就不攻自破了。”

通常情况下，一个观点必须有理论事实支撑。如此一来，只要找出一个不符合其理论的事实例子就能否定其正确性。

优斗：“我们刚刚谈及的洋葱金枪鱼腩就是一个与猪肝炒韭菜观点相悖的例子，所以……”

佐织：“所以这就是一个反例对吧。”

优斗：“对，反例的便利性就在于只需一个就能说明问题。”

佐织：“那这是什么意思？”

优斗转动脑筋思考了一下佐织的提问，想找出一个易懂的例子进行说明。

优斗：“比如‘任何一个10的倍数都能被5整除’这一观点，您觉得是正确的吗？”

佐织：“肯定是正确的呀。”

优斗：“对，毫无疑问是正确的。那‘任何一个3的倍数都能被5整除’呢？”

佐织：“是错误的。因为6也是3的倍数，但6不能被5整除。”

优斗：“这就是一个典型的反例，仅凭这一个反例就能驳倒‘任何一个3的倍数都能被5整除’这一观点。”

佐织：“原来如此，经你这么一说还真是！”

看到佐织恍然大悟的样子，优斗也欣慰地笑了。

优斗每天都埋头于数学专业的研究，迄今为止虽说曾教过初中生和高中生数学课，但从来没有过教商务人士的经历。

优斗："嗯……"

佐织："怎么了？"

优斗："没什么……"

佐织："什么呀？说来听听嘛。"

优斗："我想说佐织姐您还真是敏而好学不耻下问，连我这种学生的观点都能欣然接受。"

佐织："你这样认为吗？"

优斗通过与佐织的谈话逐渐意识到，继续交谈下去受益的其实是自己。

04. 用理性战胜辩论对手

“悖理法（归谬法）”是什么？

佐织：“刚刚你说有两个否定对方观点的技巧，另外一个是什么呢？”

优斗：“另外一个是‘悖理法’。”

佐织：“‘悖理法’？听起来很可爱的样子，有点儿像‘呀嘿’的发音。”

对于佐织丰富的想象力，优斗无言以对。

优斗：“不是的，悖理法是违背常理的意思，故名‘悖理’。”

佐织：“我怎么感觉自己的脑子不够用了，听起来好难呀。”

优斗：“并不难，很简单。”

佐织：“呼……”

优斗又开始在笔记本上写写画画。但优斗此刻的表情与列车刚出新大阪站时略有不同，他看起来带着些许笑意。

问题：讲真话的是C吗

前提：在A、B、C三个人中，只有一个人有对象，并且只有他讲了真话。

A的发言：有对象的不是B。

B的发言：有对象的不是C。

C的发言：有对象的是我。

优斗：“为了便于说明，请您思考一下这个问题给出答案。”

据理否定优斗的观点！

佐织：“又是以恋爱为题材呀，反正我现在也是单身，无所谓了。”

优斗：“啊？您别误会，我不是那个意思。”

佐织：“哈哈，开玩笑啦，然后呢？”

优斗：“基于已知条件，我认为实际上有对象的人是C。”

佐织：“嗯？是这样吗？”

优斗：“请您据理否定我的观点。”

佐织：“原来如此，是这样的问题呀。”

佐织明白了优斗的命题意图之后便开始思考了，但是还没到一分钟，她的注意力就开始涣散了，然后默默地举双手表示投降。

优斗：“佐织姐，您放弃得也太快了吧！”

佐织：“才不是呢！这叫人贵有自知之明！所以答案是什么呀？”

优斗：“这得使用悖理法解题。”

优斗不慌不忙地在笔记本上写下“悖理法”三个字后就开始正式讲解了。

优斗：“首先假定我的观点为真。”

佐织：“我们明明是要否定你的观点，现在却要假定它为真吗？”

优斗：“请先听完我的解释，因为一旦做出这种假设，那么就可以得出只有C在讲真话的结论。”

佐织：“嗯，是的。因为本来就是假定只有C有对象，所以C的发言肯定是真的了。”

优斗：“如此一来，B的发言呢？”

佐织：“B的发言？‘有对象的不是C’，那就是谎话。”

优斗：“对，那A的发言呢？”

佐织：“A的发言？‘有对象的不是B’，咦……这个也是真的呀，因为只有C有对象啊。”

优斗：“说得没错，但你有没有觉得哪里很奇怪？”

佐织：“奇怪？”

与前提条件相悖!

这个问题的大前提是“只有一个人讲的是真话”，从这个大前提来看的话，很明显现在产生了自相矛盾的情况。

佐织：“我明白了！现在就有两个人说的是真话！”

优斗：“对，这就与前提条件相矛盾了。为什么会产生这种矛盾呢？这是因为……”

佐织：“因为假定了你的观点是正确的。”

优斗：“真是一针见血啊！”

佐织：“原来如此！做出假设→得到与前提条件相悖的结论→觉得荒谬→查找原因→发现问题在于开始做出的假设→因此可以否定此假设，是这样的思路吧？哇，整个思路都用‘线’串联起来了。”

优斗：“完美！这种思路就叫悖理法。”

佐织第一次了解了悖理法，再加上优斗的赞美之词，不由得心花怒放。

佐织：“按照这个思路思考下去的话……那有对象的究竟是谁呢？”

优斗：“同样，如果假定有对象的是A的话，那么B讲的也是真话，又与前提条件矛盾了；假定有对象的是B的话就不会出现这种情况。”

佐织：“也就是说，有对象的是B是吧。”

优斗：“对。”

佐织：“OK！我明白了。刚刚提到的举反例和现在谈论的悖理法其实在工作中也大有用处。”

优斗：“是吗？比如呢？”

优斗即将告别学校进入社会，所以他对这个话题很感兴趣。

佐织：“比如在会议中或者与他人讨论时，对于同事或者后辈的观点，可以通过举出反例进行反驳。也可以假定他的观点是正确的，然后思考是否会产生荒谬的结论，以此来反驳其观点。”

优斗：“这么一想，我以前在研讨会的讨论环节也经常使用这两种方法。”

佐织："虽然只是偶尔在电视上见到，但政治家在国会的讨论期间不是也经常批判对方的观点吗？总感觉他们也使用了这种辩论方法。"

优斗："经您这么一说感觉还真是，这种逻辑思维果然是成为社会上的人之后也会用到的呀。"

佐织："是啊，确实掌握这些思维方式的话能够一改形式主义，进行有价值的讨论。"

在数学的世界里，想要证明一个命题为真非常困难，因为它不允许存在一个反例和矛盾之处。但是想要证明一个命题为假却易如反掌，因为找到一个反例或者矛盾之处即可。

这种思维方式不仅适用于学术领域，对于佐织这种职场人士来说也是一把利器。

佐织："嗯……"

优斗："佐织姐，您怎么了？"

佐织："什么怎么了？"

优斗："没什么，就是您看起来有点儿闷闷不乐的感觉。"

佐织："哈哈，没这回事啦。"

双方沉默了一会儿。

佐织："一直以来，工作上是这样，与上田之间也是这样……"

优斗不说话，静静地听着。

佐织："我既不能把东西整理得井井有条，也不懂得反驳别人观点的技巧……"

佐织："如果能早点儿知道这些知识，大概就能有理有据地与别人辩论了吧。"

佐织："事到如今，我总觉得自己的人生有点儿一直在吃亏的感觉。"

优斗默默无语，欣赏着窗外的风景。

列车刚好驶入名古屋站，乘客们鱼贯而入，本来还有几个空座的11号车厢一下子坐满了人，然后列车又朝着东京进发了。

优斗："怎么觉得车厢到处都是开易拉罐的声音啊。"

佐织："是啊，对于我们这些普通职员来说，在新干线上喝杯饮品的时间，简直是人生最幸福的时光。”

优斗：“是吗？”

佐织：“我也有点儿口渴了，你想喝点儿什么呢，我请客哦。”

看到推着小车走进车厢的售货员，佐织立马喜笑颜开了。

chapter 3

告别优柔寡断，半分钟做出决策

01. 为什么你会优柔寡断

想摆脱优柔寡断的作风

佐织："您好，请问都有哪些饮料呢？"

佐织询问着终于来到了他们身边的女售货员，这位女售货员的胸牌上写着"奥田"两个字。

奥田："有咖啡、红茶、绿茶和各种果汁，酒的话则有啤酒、日本酒、威士忌、烧酒和高杯酒。"

佐织："选什么好呢……优斗你想喝点儿什么？"

优斗："您真的要请客呀，这样好吗？"

佐织：“当然了，随便点。”

优斗：“那我要一杯热咖啡。”

“好的。”女售货员微微点了点头，然后自然而然地将目光投到了佐织身上。

佐织：“那个……嗯……选什么好呢？好难选啊。”

优斗：“佐织姐，您能喝酒吗？”

佐织：“不太能喝。虽然在工作不顺心的时候会稍微喝点儿……哎呀，这听起来怎么有点儿像喝闷酒啊。”

奥田：“女士，请问您需要什么饮料？”

佐织：“啊，抱歉，耽误您的工作了，那我也来一杯热咖啡吧。”

奥田边点头边说了声“好的”，然后递了两杯热咖啡给他们。

佐织一边看着正在数找零的奥田，一边开始思考一件事情。

佐织：“说起来我怎么这么优柔寡断呢。”

奥田：“找您400日元。”

佐织：“好的，谢谢您。很抱歉耽误您的时间了，我有点儿优柔寡断。”

奥田：“哪里哪里，没关系的。因为饮料会影响人的心情，所以会有点儿难以抉择。特别是女性乘客，有很多人苦恼于这个问题。”

佐织：“真的吗？”

奥田：“嗯，而且有时我也有些优柔寡断，这没什么的，您请慢用。”

接过找零，佐织习惯性地微笑回礼。

优斗：“佐织姐是优柔寡断的人吗？”

佐织：“嗯，这也是个老毛病了。我不善于快速做决定，你呢？”

优斗：“我嘛，我觉得自己并非优柔寡断的人，至少从没有人这么说过我。”

佐织的脑海里忽然浮现出一个想要询问优斗的问题，就是优斗在做决定的时候是如何思考的？

佐织：“优斗，你在因为选择过多而苦恼时，会怎样思考然后再做出选择呢？”

优斗：“苦恼的时候吗？”

佐织：“你这种理智客观的人，难道没有犹豫不决的时候吗？”

优斗：“确实没有，我的思考方式简单来说就是确定一个评价方法。”

佐织：“有点儿似懂非懂的感觉，有什么具体的例子吗？”

优斗：“有，那我就说一件发生在几个月前的事吧。”

优斗又开始在手边的笔记本上写写画画，佐织一边用余光看着优斗，一边喝了几口咖啡。

哪家店铺更优秀？

优斗：“在秋季学园祭[①]时，我们研讨会的成员筹划了一家

① 学园祭是在日本校园内举行的活动，在学园祭时可以进行演出、现场画像、办鬼屋、开设女仆咖啡厅、开设饭馆等活动。

炒面馆，但是在不远处也有一家由另一个研讨会的同学们开的炒面馆。为了便于区分，我把我们组开设的炒面馆记为A，对方的炒面馆记为B。两家炒面馆各自的营业额、员工数和营业时间如下所示。”

问题：优秀的店铺是A还是B?

	营业额	营业员数	营业时间
炒面店A	42000日元	5人	10小时
炒面店B	40000日元	8人	8小时

佐织：“嗯，然后呢？”

优斗：“接下来请佐织姐思考一下哪家店铺更为优秀？”

佐织：“好的，没问题。”

优斗：“我先说自己的意见。因为A店的营业额较多，所以我觉得A店更优秀。”

佐织立刻就想要反驳优斗，毕竟论工作经验，自然是佐织更胜一筹。而且就算对数字不敏感，但从这种表格里提取信息对于佐织来说也如同家常便饭一般。

佐织：“等一下，做生意可没有你想的那么简单。”

优斗：“此话怎讲？”

佐织：“不是还有另外一种评价方法吗？以较少的人数高效地获取营业额的店铺更优秀。”

优斗：“原来如此，也就是说通过计算营业员的人均营业额进行评价是吧。”

佐织：“对。”

优斗快速地心算，并把计算结果填进表格。

优斗：“顺便一问，最右侧的营业时间从商务的观点来看有评价的价值吗？”

佐织：“这个问题嘛……因为用这组数据可以计算出每小时的平均营业额，我觉得还是有利用价值的。”

优斗：“原来如此，也就是说通过计算每小时的平均营业额进行评价是吧。”

其实这场讨论的发展尽在优斗的掌握之中，那么优斗到底想通过这番讨论说明什么问题呢？

优斗：“佐织姐，我把咱们的谈话内容整理成了表格。”

佐织：“是吗，果然整理成表格之后既显得井井有条又方便查看。”

优斗：“话说回来，到底是A店优秀还是B店优秀呢？”

佐织：“嗯？”

佐织又仔细地看了一遍优斗整理的表格，按照人均营业额进行评价的话是A店比较优秀，按照每小时的平均营业额计算的话则是B店比较优秀。

佐织：“的确，只看一个方面的话A店是比较优秀，但换用其他的评价标准的话则变成了B店比较优秀。那么这种情况下该如何评价呢？”

很明显这是一个商务人士经常会考虑而且应该早就习以为常了的问题，但是尽管如此，佐织还是一筹莫展，这使得佐织颇受打击。

选择太多，人就会迷茫

优斗：“我觉得这恐怕和您刚刚因难以选定饮料而苦恼的事情是同一个道理。”

佐织：“那究竟是怎么回事呢？”

优斗也喝了一口咖啡，然后轻咳一声清了清嗓子。

优斗：“我冒昧地再问一遍，刚刚您在选择饮料的时候为什么那么苦恼呢？”

佐织：“那是因为今天发生了一件令人不快的事，所以从治愈心灵的层面来讲我想喝杯啤酒，但是与你谈话需要用脑，而我又想继续与你交谈，所以觉得提神醒脑的咖啡可能更合适……”

优斗：“也就是说，您做决定的判断标准有‘治愈系的饮料’和‘提神醒脑的饮料’两条是吧。”

佐织："你是想说如果基于两条截然不同的判断标准思考的话，无论怎么绞尽脑汁也难以抉择是吧。"

优斗："对。所以和先前讲过的一样，我在做选择的时候是要先确定唯一一个评价方法的，换言之，就是确定唯一一个选择准则。"

02. 如何在没有标准参照的情况下做出判断

简单思考

车内的电子屏幕上滚动着“列车正在经过三河安城站”的字样。佐织和优斗所在的车厢大多是出差回来的公司职员，因此车内浮动着淡淡的酒香。

佐织：“原来如此，选择准则不唯一的话，人自然就会迷茫。”

优斗：“没错。”

佐织：“比如就拿刚刚的例子来说吧，我们讨论的最终结果如果是按照人均营业额评价的话会得出A 店比较优秀的结论；按照每小时的平均营业额评价的话则会得出B店比较优秀的结论对吧。”

优斗：“对。无论选用哪条标准，都能立刻做出决定。”

佐织不禁感慨，自己以前考虑事情的时候想得太复杂了。

思及此，佐织脑海里不由得浮想联翩，“思考的方式简单点儿”这句上司经常挂在嘴边的话原来这么有道理。

佐织：“优斗，你说的我都懂，也十分赞同。但是我觉得会有无论如何也难以确定唯一一个判断标准的时候呀，对优柔寡断的人来说更是如此。”

优斗：“比如说？”

佐织：“举个例子来说，如果你身处左右为难的情景下的话你会怎么做呢？”

优斗：“具体是什么样的情景呢？”

佐织：“假如有两个女生同时向你表白，你必须在两者中间做出选择，你会怎么做呢？”

优斗脸羞得通红，佐织见他这样觉得十分有趣。

佐织：“两个女生都很可爱哦，而且最重要的是都非常喜欢你。这是大多数男性的梦想吧？”

优斗：“我，我不知道……”

佐织：“哈哈哈，那我们人见人爱的优斗会怎么选择呢？运用刚刚那个简单思考的方式，能够爽快地做出抉择吗？”

优斗：“这个……确实判断标准不可能只有一个……”

刹那间，刚刚还有点儿动摇的优斗表情忽变，目光直直地盯着前方，开始了深思。大概是已经进入了“思考模式”。

加权是什么？

优斗：“这种情况要导入加权。”

佐织：“我没听错吧？什么腌菜？虽然我能确定肯定不会是

腌菜什么的……[1]”

优斗：“不是腌菜哦。”

佐织：“这一点我也知道，肯定又是我不了解的东西。”

优斗又开始在笔记本上画表格了（见下文）。佐织一边用余光斜视着优斗，一边把略微变凉的咖啡一饮而尽。

从3个维度对A同学和B同学进行评价

	性格	离家远近	颜值	合计
A同学	2	7	6	15
B同学	8	3	4	15

优斗：“比如按照相对评价法给二人的颜值打分，满分为10分。假定A同学得6分，B同学得4分。同理，性格方面……”

佐织：“噗！离家远近也作为评判标准，真是符合你学生的身份，这一项很贴切啊。”

① 加权，日文为“重み付け”，与“付け漬け（腌菜）”同音。

优斗："从距离上来讲，她住在我们想见面的时候就能马上见到的地方难道不是很好吗？"

听到优斗天真无邪的纯真话语，佐织深切地感受到"年轻真好"。

佐织："原来如此。意思是B同学虽然性格很好，但离你家近的是A同学是吧。但是这样赋值的话，总分不都是15分了吗？"

优斗："对，所以需要进行加权运算。就我而言，这三条标准都很重要。但是一直拘泥于这些的话永远也不可能在A与B之间做出选择。"

佐织："我明白了，所以你先确定这三条标准各自的重要程度，然后强迫自己分出优劣是吧。"

优斗："对。对于这种情况，有一个非常方便的方法……"

佐织："量化是吧。"

加权评分评价法的用途

优斗："对我来讲，性格最重要，所以×3；其次是离家远近，×2；最不重要的是颜值，×1。如此这样，对数值一一赋予权重，然后再计算一下的话……"

优斗按照自己的评判标准，继续在纸上写写画画（见下表）。

①重要程度最高的是"性格"×3

②其次是"离家远近"×2

③最后是"颜值"×1

	性格 (×3)	离家远近 (×2)	颜值 (×1)	合计
A同学	6 (2×3)	14 (7×2)	6 (6×1)	26
B同学	24 （8×3）	6 （3×2）	4 （4×1）	34

佐织："A同学是26分，B同学是34分。也就是说基于这样的计算结果，你能得到选B同学做女朋友的结论是吧。"

优斗："是的。这种方法运用了以上三个评价标准，而且还反映出了每个评价标准不同的重要度，是一种综合性的评价，所以对于得出的结果，我个人也是比较认可的。"

佐织："优斗，我觉得这种思维方式可以运用到我的工作中。"

优斗："真的吗？"

其实，这种运算方法叫作加权评分评价法，在商务领域也有应用。

在商务领域，如果一直拘泥于定性的（未量化的状态）讨论的话，则永远也不能分出优劣高下。但是讨论经过定量化（把一般来说不能用数值表现的事物量化）处理的问题就大不一样了。

佐织：“现在看来，难以做出决定的情况大多是由于在没有数据的情况下进行讨论导致的。所以，在需要做决定的时候，要先将问题量化，然后再进行定量后的讨论。真是长知识了。”

佐织一边连连点头称是，一边继续话题。

佐织：“我突然想到一件事。”

优斗：“请讲。”

佐织：“我们在给广告主做方案的时候，会积极地说明我们公司的服务与别的公司的不同之处，但经常会出现费尽口舌也没解释明白的情况。”

优斗：“这样啊。”

佐织：“有了！可以按照刚刚的方法把服务的不同之处量化，然后再进行解释说明，这样既方便理解，也能像你所说的那样，让客户觉得可以信任我们。”

但是就在下一个瞬间，佐织忽然一脸坏笑。

佐织：“我想顺便问你一个问题。”

优斗：“什么？”

佐织：“迄今为止，你真的是这么选择女朋友的吗？”

优斗：“并不是，因为……因为我从没被女生表白过。”

佐织：“啊？”

佐织自知失言，调皮地吐了吐舌头。

在没有正确答案的世界中“决策”

优斗：“我也有一个问题想请教佐织姐，可以吗？”

佐织：“刚刚问了你一个很唐突的问题，作为赔礼，我肯定知无不言。”

优斗也将略微变凉的咖啡一饮而尽了。

优斗：“有一个问题我很感兴趣，就是在实际的工作中，比如刚刚那个例子，有A店和B店的相关数据，那么能根据这些数据判断出A店和B店哪个更优秀吗？也就是说，‘人均营业额’和‘每小时平均营业额’哪个数值更重要呢？”

佐织：“你是想说赋予哪个评价标准更多的权重是吧。”

优斗：“是的，机会难得，所以想请教一下您这位身在职场的前辈。”

确实，对于即将踏入职场的优斗来讲，职场上的前辈如何解决这类问题，是个很值得他关注的事情。

佐织：“无论如何都难以抉择的话该怎么办呢？”

优斗：“解决这个困惑的终极方法就是强行把选项量化。”

佐织：“答案恐怕会让你失望。”

优斗：“所以答案是什么呢？”

佐织：“简单地讲，就是需要具体问题具体分析，个人的工作效率和单位时间内的成果这两项指标在不同的工作中的重要性也不同。”

优斗：“这样啊……在工作中没有一个像数学公式一样放之

四海皆准的判断准则是吧。”

佐织：“对，没有。”

其实细想一下你就会发现这是不言而喻的事情，如果存在这种万能的公式或者方法论的话，任何人都能轻轻松松地做出决定了。

优斗：“所以大家才会说‘在商务世界里没有正确答案’这句话吧。”

佐织：“对，在你专研的数学领域，所有的问题都有正确答案，是吧？”

优斗：“嗯，学术与商务还是不一样的。”

佐织：“可能正是因为没有正确答案，所以拥有果敢的决断力才显得格外重要。”

03. 如何在别人的步步紧逼中完美还击

似曾相识

佐织："喝完了？那我去扔一下垃圾，顺便去一趟洗手间。"

佐织拿着两个空空的纸杯向列车连廊上的垃圾箱走去。就在佐织扔完垃圾去过洗手间准备回到座位上去的时候，正好听到一个40多岁的男士在连廊上打电话的声音。

男士："对对对，就是上次的事情，进展如何？"

这位男士上身穿着一件藏青色条纹夹克，下身穿着一条牛仔裤，脚上穿着一双价值不菲的皮鞋。

男士：“这样可不行啊，你考虑得也太简单了。我已经说过很多次了，你要逆向思考啊！别人向东走你也向东走可不行呀，越是这种时候越该往西走！”

这位说起话来颇有气势的男士应该是某家公司总经理吧，因为他那精明干练的身姿散发着“精英的气场”，并表现出“一掷千金的气魄”。

男士：“对，那就拜托你了。明天子夜1点之前整理好你的创意，要知道你的工作是思考而不是操作。就这样，再见。”

因为佐织一直不自觉地盯着他看的缘故，所以他察觉到了佐织的视线，并露出了疑惑的表情。佐织十分尴尬，她轻轻点头致意，然后迅速地离开了连廊。

佐织：“咦？似乎在哪里见过他……不，一定在哪里见过！那么他到底是谁呢？”

佐织一直回想着关于那位男士的事，心里一团乱麻，怔怔地回到了座位上。听到优斗说“你回来啦”，才回过神来。

还有其他“决策”的技巧吗?

优斗：“您怎么了？看起来这么严肃。”

佐织：“啊？没、没事。优斗，我们接着刚刚的话题聊吧。”

优斗：“嗯，您想聊什么呢？”

佐织已经学会告别优柔寡断的方法了，但是在决策方面，还有想要请教优斗的地方。

佐织：“还有别的有说服力的决策方法吗？”

优斗：“有说服力的决策方法吗？”

佐织：“对。我觉得我们谈论过的所有内容都很重要，但在实际工作中，必须向诸如上司或者下属这种‘第三者’解释自己的决策，而且还要尽全力得到他们的认可。”

优斗：“也就是说，决策这个行为不是你一个人的事，对吧。”

佐织：“对，不是自己一个人决定了就可以了。”

确实，工作是需要许多人协同推进的，所以，对于任何一项决策都要附加上合情合理的依据。

优斗：“这样啊，这可能会有点儿麻烦，职场人士果然很辛苦。”

佐织：“哈哈，确实是这样，我就知道你也会觉得在职场生存是很辛苦的。”

优斗：“嗯，突然希望一直是学生。”

佐织：“哎呀，我是不是戳破了一个年轻人理想的泡沫呀。”

说着说着，两个人都笑了起来。

优斗：“有说服力的决策方法是吧。”

佐织：“对。刚刚提到的加权是一种方法，我还想多掌握几种这样的方法。”

优斗："其他的方法也是有的。"

佐织："真的吗？"

你在使用"消去法"吗?

听到优斗的答复，佐织的心里不禁雀跃了起来。

佐织："有的话请务必传授于我！但是你也知道，我对于那种名称晦涩难懂的思维方式是一窍不通的。"

优斗："没关系，非常简单，就算是小学生也能听懂。"

佐织在咽下"你是在说我是小学生水平吗"这句辩驳的话之后，催促优斗赶快讲下去。

佐织："那具体是什么方法呢？"

优斗："是消去法。"

佐织："消去法？这是个非常简单的方法吗？"

正如优斗所言，消去法的确是小学生都能懂的概念。但是在佐织的脑海里，“消去法”还没有和“有说服力的决策方法”这一主题联系起来。

佐织：“你照旧给我出一道我会的题目吧。”

佐织竟然主动地向优斗要问题，优斗看到佐织这么积极上进，很是欣慰，微微点了点头说道：“好的。”然后便在笔记本上写下了问题（见下文）。

问题：A公司正在为应不应该在1年后推出新服务而苦恼，因为竞争对手B公司也可能推出相似的新服务。那么假如你是A公司的决策者，会如何思考并做出决定呢？

A公司（你）

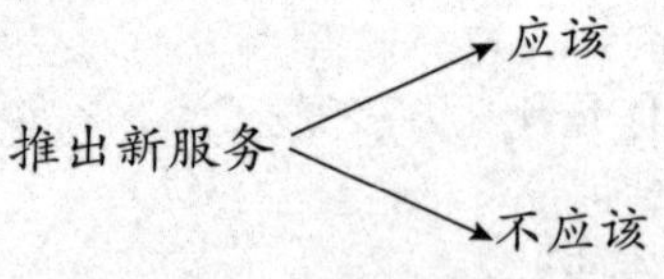

B公司（竞争对手）

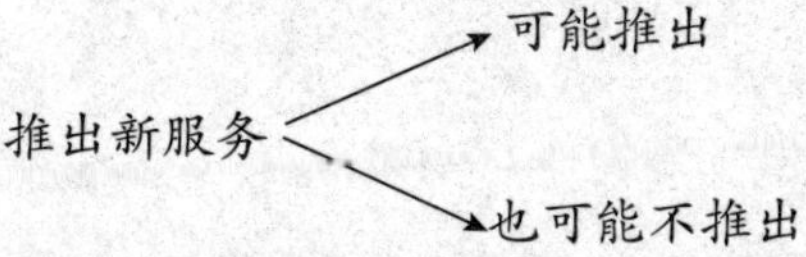

佐织："是否应该推出新服务的问题，真是到了必须进行决断的时候了，要做决策，自然也就需要依据对吧。"

优斗："对。"

佐织："优斗，我怎么觉得有一种在谈论企业战略的感觉呀，这不是数学问题吧？你是从哪里学到这方面的知识的呢？"

优斗："不，这是数学。"

佐织："什么？"

见到佐织有这种疑问，优斗便耐心地向佐织解释了一些事情：在数学中有个比较新兴的理论，叫作"游戏理论"，这个理论也能应用于企业战略。优斗的问题只不过是运用了这个理论中极其基本的核心思想。而游戏理论简单来说，就是一种以数学原理为指导，分析与战略决策相关行为的理论。

你会如何思考然后做出决定呢?

佐织："游戏理论与智能手机里的游戏不一样吧。"

优斗："对，不一样。至于为何冠以'游戏理论'这个名字，稍后您就会明白。"

现在已是晚上7点多了，列车从新大阪站出发至今已经行驶一个多小时了。

新干线稳载着佐织和优斗，朝着下一站——新横滨站进发。

04. 快速决断的秘诀

再次利用“表格”整理

优斗：“佐织姐，您先说一下自己的想法。”

佐织：“如果B公司推出新服务而A公司却不采取行动的话就会被占尽商机；如果B公司不推出新服务的话……”

优斗：“会怎样呢？”

佐织：“咦？这种情况下A公司更应该推出新服务吧？这是怎么回事？”

优斗会心一笑，把笔记本和钢笔递给了佐织。

优斗：“佐织姐，事情剪不断理还乱的时候应该怎么做呢？”

佐织：“我想起来了！应该整理！”

优斗：“对，您试着整理一下？”

佐织：“嗯，我试试。整理就是‘制作表格’是吧。”

佐织为了了解这个问题的结构，决心试着整理一下。佐织已经知道整理的有效手段就是制作表格，但……

佐织：“我虽然知道必须要整理清楚问题，但是我该画怎样的表格呢？”

优斗：“佐织姐，您还记得我刚刚提及的那个关于恋爱经历的问卷调查吗？”

佐织：“嗯，好像是甩与被甩……”

优斗：“对。那时我做了怎样的整理表格呢？您回想一下。”

佐织：“我想起来了！‘甩’这个概念可以细分出Yes和No两种情况，‘被甩’的概念也是如此。所以……”

优斗："是的，那么您现在考虑的企业战略问题该怎么办呢？"

佐织："我想到了，我想到了。"

佐织笑逐颜开，迅速地在笔记本上画出表格并且填好文字（见下表）。

问题：应该推出新服务吗？

		B公司（竞争对手）	
		推出	不推出
A公司（你）	推出	（第一种情况） 平局	（第二种情况） 胜出
	不推出	（第三种情况） 完败	（第四种情况） 平局

体验游戏理论

佐织："整理好了！"

优斗："那请您略作说明吧。"

佐织：“如果A公司与B公司都推出新服务的话，就能平分秋色，也就是‘平局’。”

优斗：“嗯。”

佐织：“同理，如果A公司推出新服务而B公司不采取任何行动的话，结果很明显，A公司胜出。”

优斗：“确实，剩下两种情况也是按照这种思路考虑的是吧。佐织姐，干得漂亮！”

听到优斗的赞美之词，佐织一脸得意，似乎在说“这还不是小菜一碟！”

佐织：“现在开始分析问题，我觉得A公司已经到了必须要做出是否推出新服务的决定的时候了。但是……”

优斗：“但是什么？”

佐织：“但是根据表格已经可以得出结论了呀，推出新服务的话最坏也是平局，如果不推出新服务最坏的结果就是惨败。不管怎么样，都不能选择后者。”

优斗：“佐织姐，您发现了吗？”

佐织：“发现什么？”

优斗：“您刚刚做的分析结果，正是运用消去法得到的。”

佐织：“啊？”

用消去法思考指的是如下这种思维模式

因为没有“不推出”这个选项，所以选择“推出”。这就是最简单的消去法。

于是，两个人的讨论角度转换到了一个全新的视点。

优斗：“佐织姐，一直以来您都是站在A公司的决策者的立场进行思考，现在请您转换一下立场，站在B公司的立场考虑一下。B公司应该做出怎样的选择呢？”

佐织：“这还用问吗，当然是和A公司一样选择‘推出’呀。”

优斗：“对。只要B公司的决策者不是个十足的笨蛋……不，只要略有头脑的话，就也会使用消去法，选择‘推出’。”

佐织：“等一下，这样一来……”

基于消去法思考可知结论为“第一种情况”

	是否推出	A公司的消去法	B公司的消去法	综合性的消去法
（第一种情况）平局	A公司推出 B公司也推出	√	√	√
（第二种情况）A公司胜，B公司败	A公司推出 B公司不推出	√	×	×
（第三种情况）A公司败，B公司胜	A公司不推出 B公司推出	×	√	√
（第四种情况）平局	A公司不推出 B公司也不推出	×	×	×

但是由于假定B公司也会推出新服务，所以仅仅依靠这一种服务恐怕不可能与其拉开太大的差距。

优斗：“佐织姐，在您整理出的4种情况中，实际上发生的是……”

佐织：“不论怎么想都会是第一种情况呀。”

优斗："对，所以很容易就能做出要推出新服务的决定。"

佐织："而且还具有说服第三者认可这项决定的理论依据。"

优斗："对，它的说服力在于……"

佐织："在于根据消去法，得出了'除此之外，别无选择'的结论。"

佐织暗自在脑海里用线串联起刚刚的讨论内容。其实在实际工作中，为了做出合理的决策，也会分析一些关于预期收益和开发费用方面的数据信息，只是有时候分析的结果不像前文提及的案例那样简单。但不可否认的是，游戏理论为"合乎逻辑并且有说服力的决策方法"提供了重要的启示。

联系到自己的工作……

佐织："这就和我所在的广告公司与竞争对手的关系一样。

比如，我们公司是否选择电视商业广告，竞争对手是否也选择电视商业广告这种情况。”

优斗：“的确如此。就像是在和‘苦思冥想’的对手在玩策略游戏一样。”

佐织：“和‘苦思冥想’的对手在玩策略游戏……是吗？”

佐织忽然热情高涨起来。

佐织：“也就是说，竞争对手只要稍有‘谋略’，就会与我们‘英雄所见略同’，然后必定会提出电视商业广告的方案。如此一来，我们就不能选择‘不提出电视商业广告的方案’的选项。换言之，根据消去法考虑，必须做出‘提出电视商业广告的方案’的决定。但是仅凭这一点是不可能使广告主满意的，所以必须提出‘电视商业广告+a’的方案，利用‘人无我有’的优势，或许可以赢得‘比赛’。”

优斗：“您指的是什么啊？”

佐织：“‘+a’的方案是指……比如说利用目标群体常用

的、费用效果比高的，并且能够与电视这种媒体相得益彰的SNS[①]来营造良好的口碑。”

优斗：“原来如此，广告行业是这样思考的呀。厉害！”

优斗：“顺便一提，您刚刚提到的利用SNS的策略，正是归纳性论述哦。使用三根线说明了SNS这个结论。”

佐织：“原来如此！确实是这样呀。”

佐织内心激动不已。因为自己逐渐掌握了如何基于逻辑思考、做出决定然后解释自己的决策依据的方法。同时也为自己的自信感到高兴。

佐织：“说到底，在众多促使自己做出决策的理由中，最具说服力的大概是‘除此之外，别无选择’这句话吧。”

优斗：“对，我也是这么认为的。在数学的讨论中，运用消去法来陈述观点的事例不胜枚举……”

佐织：“啊！我想起来了！”

优斗：“什么？”

① 包括社交网站和社交软件。

佐织：“我想起来了呀！”

面对突然以整个车厢可闻的音量大声喊叫的佐织，优斗惊得瞪大了眼睛，不知所措。佐织想起了刚刚在连廊上偶遇的那个通身散发着“精英气场”的男士是何许人也。

佐织：“关于‘我选择了那个的理由’，最具说服力的是什么？”

优斗：“是‘除此之外，别无选择’。”

有理有据，才能够做出决定

举个例子来讲，在企业研修的活动中，有能够迅速做出决定的一组，也有犹豫不决的一组。

为什么会有这种差别呢？原因就在于 “是否基于逻辑进行思考”。

前者基于逻辑进行了思考，所以做出的判断具有一定的依据，并且能够自信地做出决定。后者则相反，他们讨论的内容毫无逻辑依据，所以他们之间的讨论不过是浮于表面的争论，结果自然不能快速做出决定。

也就是说，能否基于逻辑进行思考甚至能够决定一个人的工作速度。

chapter 4

能够培养创造力的思考技巧

01. 创意是如何产生的

02. 快速拥有创新力的技巧

03. 不断创新，让自己无可取代

04. 让你的每一个方案都令人惊叹

01. 创意是如何产生的

忆起的“那个人”

佐织：“不好意思，我离开一会儿。”

佐织站起身，朝着连廊走去，逐个打量两侧乘客们的面貌。那位有着“精英气场”的男士刚刚出现在连廊里就意味着他的座位不在本车厢就在隔壁车厢。

幸运的是，佐织走到连廊上时，那个通身散发着“精英气场”的男士又在打电话。

佐织假装在排队上厕所，实则是在等那位男士通完电话后开口搭话。

佐织："您好……"

男士："有什么事吗？"

佐织："若是我眼拙认错人了的话还请海涵，请问您是加藤广明吗？"

佐织发挥了与生俱来的积极性，然而她面前的这位男士仍是一脸警惕之色。

佐织："我曾拜读过您的著作，觉得内容十分有趣，并从中受益颇多！"

加藤："啊，多谢。"

佐织："我也从事广告工作，但是，现在已经到了瓶颈期。"

加藤广明在广告界很有名，可谓无人不知无人不晓。

他常年在国内最大的广告公司担任创意总监，3年前开始做自由职业者，现在仍然参与顶级品牌的战略决策和商业广告的制作。

佐织："那个……请问我可以请教您一个问题吗？"

加藤："请讲。"

佐织："我在拜读了您的著作之后，在思维方式上受益良多。但是，唯有一处不甚明了，还请您赐教。"

加藤："只有一个问题的话，我可以为您解答一下，因为我时间有限，我答应这个请求主要是因为您看起来十分勤奋好学。"

佐织："真的吗？真是万分感谢！"

看到佐织笑容满面的样子，加藤的警惕之色淡了些。

想不出创意！

佐织："看到您设计的广告后，我经常感叹远不及您的创意，您究竟是如何想出那种前所未有的创意的呢？"

加藤："您是想问想出创意的技巧是吗？这是广告工作的基本功啊。"

佐织："是啊，可是我好像还没有掌握这项基本功。"

加藤：“这的确是有技巧的。”

佐织：“真的吗？”

加藤：“用一句话来讲，就是‘反其道而行之’。我在公司里经常说的一句话是‘质疑常识’，意思和刚刚那句是一样的。我这么讲，您能理解吗？”

佐织：“不好意思，我不太明白。”

佐织不经意间向窗外望了一眼，发现列车好像正在经过某个车站。大概是滨松附近的车站吧。

对于佐织来讲，“想不出创意”也是其烦恼之一。从事广告业需要有源源不断地创造出新事物的能力，但是佐织即便在公司会议上，也经常出现因想不出创意而导致讨论无法继续进行的情况。

加藤：“举个例子来说吧，您知道最近正在播出的一个歌舞组合的新曲宣传广告吗？”

佐织：“嗯嗯，经常在电视上看到！这个广告只有解说词，但没有播放要宣传的歌曲，取而代之的是跳舞的脚步声和呼吸声，真的好酷！”

加藤："那个广告，明明是为了宣传新曲，但为什么只播放了解说词、脚步声和呼吸声，您知道原因吗？"

佐织："确实，广告中只有舞者的身影，却没有更为重要的歌曲……"

加藤："但结果却是给观众带来了强烈的感官冲击，而这个广告也成了热门话题。"

佐织："嗯，确实如此。"

加藤："其实这个广告的创意就来自于我刚刚说的那个技巧。"

就在这时，加藤的电话又响了起来。

加藤："不好意思，我有点儿事，回聊……"

佐织："啊，冒昧打扰十分抱歉，多谢您的指教！"

加藤："要加油工作哦！"

加藤微微点头致意，转过身去接电话了。佐织深深地鞠了一躬，然后返回了座位，像被布置了许多暑假作业的小学生一样地心情沉重。

“反其道而行之”是什么意思呢?

优斗：“您回来啦。”

佐织：“嗯。”

优斗：“怎么了？您刚刚突然说‘我想起来了！’”

佐织是个天生的话匣子，不可能对刚刚发生的事情只字不提。优斗耐心地听完了佐织连珠炮一样的讲述，明白了事情的来龙去脉。

优斗：“我也知道那个广告，在15秒的广告中没有一个音符，只有舞蹈。”

佐织：“我所从事的广告行业，具有‘创意比赛’的性质，因此不是每年兢兢业业地做好同一件事就可以的。”

优斗：“原来如此，创意比赛这一点有几分像数学。”

佐织："我是一定要领会加藤先生所说的技巧的本质的！优斗，咱们一起想一下好吗？"

优斗："好啊，听起来很有趣啊。"

优斗合上了刚刚在看的数学专业书。

佐织："首先是加藤先生说的'反其道而行之'。"

优斗："嗯。"

佐织："这句话虽然并不陌生，但具体指什么呢？是不是类似于'你让我往东，我偏要往西'呢？"

优斗："比如说，是不是这样的呢？"

佐织："嗯？你已经想到什么具体的例子了吗！？"

优斗："嗯，我在思考数学问题的时候也有'反其道而行之'的习惯。所以，总觉得自己是明白加藤先生所说的话的。"

看起来优斗已经有了一些对"反其道而行之"的印象。

佐织："那请优斗教授一定要讲一下具体例子哦！"

优斗："我，我才不是什么教授呢。"

佐织："认真了呀？你要是不学着开玩笑的话，是不会受女孩子欢迎的哦。”

优斗：“不用您管啦！”

佐织看着这个“典型的乖乖学生”的侧脸，不由得苦笑了一声。

优斗：“那先从简单的算数问题开始。假如有A、B、C、D、E 5个人，并且需要从这5个人中选出4个人做接力选手，请问有几种选择方式？这个问题不涉及选手的出场顺序。”

佐织觉得很扫兴。比想象中的要简单，这是佐织对于这个问题的第一印象。

佐织：“这不很简单吗，只要选出4个人就行是吧？比如说可以是ABCD，也可以是BCDE……”

优斗：“对，所以一共有几种选择方式呢？”

佐织：“还有ACDE、ABDE、ABCE吧，好麻烦啊。”

优斗：“回答正确，一共有5种方式。但是您刚刚的回答方式充其量不过是‘正面攻击法’。其实稍微改变一下思考方式的话，1秒钟就能回答出这个问题的答案。”

佐织：“1秒钟？你又说大话呢。除非是提出问题的人，否则没人能在1秒钟之内全部数清。”

虽然佐织嘴里这么说，但其实早在心里考虑“如何能在1秒钟之内数清答案”这个问题了。确实如果靠这般一一列举就能解决问题的话就没必要特意提出来了，所以这应该是一个需要靠创意来解决的问题。

“反其道而行之”是这个意思

优斗：“如果是我的话，在解决这个问题时会往相反的方向思考。借用您的话就是‘你让我往东，我偏要往西’。”

佐织：“这究竟是什么意思呢？”

优斗：“在这个问题中，‘你让我往东’也就是选出4个人做接力选手，那‘我偏要往西’相当于什么呢？”

优斗好像在说“请佐织姐说出答案”一样，通过反问把“发言权”过渡给了佐织。

佐织：“其反面大概是选出一个不能成为接力选手的人吧？”

优斗：“正是如此。‘选出4个人做接力选手’这一行为的反面是‘选出1个人不能成为接力选手’。”

佐织：“原来如此！这样的话按照后者的思考方式会更简单，因为只要从5个候选人中选出1个人就好了，所以自然而然就能得出共有5种情况的结论。”

优斗：“对，这就是名副其实的‘你让我往东，我偏要往西’了。所以我们最终不是用刚刚提到的‘正面攻击法’而是用‘创意法’来求得正确答案的。”

如前文所述，在数学问题中，对于给定的问题，“反其道而行之”的思路，经常会成为解决问题的快捷键。

优斗想说的是这种思维方式有助于想出创意。

佐织：“所以这是一种有助于想出创意的思维方式吧？”

优斗：“对。所以我在想创意的时候都会另辟蹊径，与常人的思路‘背道而驰’。因为‘正面攻击法’算不上是创意。”

佐织：“总结成一句话大概就是‘创意即反其道而行之’吧。”

优斗：“这听起来有点儿像名言呀，好棒！”

优斗会心一笑，把佐织的名言记在了笔记本上。

佐织：“所以好的创意究竟是什么呢？”

优斗：“就是指另辟蹊径思考出来的结果。”

02. 快速拥有创新力的技巧

“质疑常识”的游戏

佐织：“我总觉得似乎已经明白了‘反其道而行之’的意思。那我们进入下一个话题可以吗？”

优斗：“好的。”

佐织：“刚刚加藤先生在说想出创意的技巧时，也用了‘质疑常识’这个说法。”

优斗：“质疑常识？”

佐织：“当然啦，字面意思我也明白。但是总觉得没有完全领会其中的深意，这到底是什么意思呢？”

优斗：“我明白了……”

优斗立刻陷入了沉思。优斗在头脑里同时思考着两件事情：一是使自己理解“质疑常识”的本质；二是思考如何解释才能使佐织也能明白这句话的含义。

优斗：“我觉得这句话可能是一种锻炼创造力的方法。”

佐织：“什么意思？”

优斗：“佐织姐，要不要玩一下‘质疑常识的游戏’呢？”

佐织：“那是什么？”

优斗：“是一种帮助佐织姐从常识的条条框框中解放出来的训练。不，您就把它当作是一种游戏吧。”

佐织：“要是抱着玩游戏的心态就能做到的话，我很愿意尝试哦。”

于是优斗迅速地在笔记本上写下了第一个问题。

优斗：“第一个问题，请思考一下测量我所画的这条绳子的大概长度的方法。”

佐织："测量绳子的长度，是测量这种弯曲状态下的长度吗？"

优斗："是的，测量笔直的绳子的长度易如反掌，但是这根绳子弯弯曲曲的，要怎么测量呢？"

第一个问题：如何测量弯曲绳子的大致长度?

问题：有一条弯弯曲曲的绳子，请思考在保持弯曲状态不变的前提下测量这条绳子长度的方法。

常识：因为绳子是弯弯曲曲的，所以无法测量其长度。→质疑常识。

佐织："嗯……"

优斗："佐织姐，您现在有没有在心里下意识地认定了什么事呢？"

下意识认定的事即是“常识”，质疑常识就是要抛弃这种下意识认定的事（注：此处“下意识认定的事”类似于我们日常所说的“思维定式”）。

佐织：“我想一下，因为绳子是弯曲的，所以不能一次性测量出长度。我应该下意识地认定了这样的事……”

优斗：“我的答案是这样的，因为绳子是弯弯曲曲的所以无法测量，但是反过来看的话，如果绳子是笔直的那么就能测量出长度。同理，不能一次性测出的长度可以细分成多次测量。也就是说，如果把这条弯弯曲曲的绳子想象成是由许多条笔直的短绳子组合而成的话，就能一下子测量出这条绳子的总长。”

佐织：“哦哦，原来如此。”

优斗：“其实这种思路也是数学中微积分的精髓，正是因为质疑常识，另辟蹊径，才创造了新的理论。”

佐织：“啊，头脑聪明的人就是厉害呀。”

优斗：“那现在开始第二个问题了哦，这次的主题是天气预报。”

质疑常识的游戏继续

优斗接着向佐织说了一个以“天气预报”为题材的题目。

问题：佐织比较关心明天的天气状况，现在有三位气象员，佐织决定相信其中一位气象员的预报。那么听哪位气象员的预报能够以最高的准确率知晓明天的天气状况呢？

三位气象员各自做了如下的陈述。

A：我预报的准确率为70%。

B：我预报的准确率为50%。

C：我预报的准确率仅为20%。

问题虽然简单，但如果不跳出常识的束缚便会很容易做出错误的判断。

佐织：“一般来说，会选A吧？”

优斗：“是啊。”

佐织：“但是，既然你把它当作问题来考我，应该有什么陷阱吧。”

优斗：“怎么说呢……请您好好思考一下再下结论。”

佐织：“投降了！我无论如何只能想到选A这个结论。”

佐织开始向优斗求助了。

优斗：“按照常识思考的话是A，但是我们要质疑这条常识。在这个问题中，您下意识认定的事情是什么呢？”

佐织：“下意识的……比如说预报准确率低的气象员不可信什么的？”

优斗：“对，要质疑这条常识！预报准确率低反过来讲就是失误率高。”

第二个问题：听谁的更机智呢?

佐织：“啊，我知道了。也就是说听C的预报，然后把与其预报内容相反的结果作为明天的天气状况来看，是最机智的做法，因为这样算起来准确率能高达80%。”

优斗：“完美！就是这样。”

佐织：“‘质疑常识，提出不同的想法’原来是这么回事啊。”

优斗：“对，还是有点儿难度的。”

说话间，佐织忽然意识到一个要点，这个要点来源于优斗一直以来不断重复的一句话。

佐织：“优斗，从刚刚开始你就不断地说‘反过来’是吧。”

优斗：“确实如此，仔细想想的话我确实经常说这句话呢。”

佐织：“你擅长于打破思维定式，在你打破思维定式时，‘反过来’这句话应该成了你的突破口。”

优斗：“我也觉得是这样的。佐织姐，现在要开始第三个问题了。”

这次优斗迅速地写在笔记本上的问题让人觉得不可思议。

03. 不断创新，让自己无可取代

奇妙的谜语——“36=10”

佐织：“这是什么？‘36=10’不是很奇怪吗？”

优斗：“是的。但是您之所以会觉得这个等式‘奇怪’，正是因为您的常识告诉您36和10只是数字而已，并且这两个数字完全不能画等号。”

佐织：“你是想说质疑那条常识就会产生不一样的想法是吧。”

优斗：“对。我觉得所谓‘质疑常识’，就是指这种戏剧性地转换视角的做法。”

佐织虽然明白了游戏的宗旨，但仍是毫无解决问题的头绪。

佐织：“是要使‘36=10’成立吗？我觉得不太行，无论如何我都觉得这两个仅仅是普通的数字而已。这样下去的话，不管花多长时间，我也不能建立起使‘36=10’成立的逻辑。”

第三个问题：请使等号“=”成立

优斗：“我就是想让您抛弃这种常识啊。”

佐织：“我明白了！是这样的吧？”

佐织笑容满面，信心十足地在“=”上画了条斜线。

优斗：“36≠10（36不等于10），您是这个意思呀……”

佐织：“对的吧？是正确答案吧？”

优斗：“佐织姐，很遗憾您回答错误。我提出的问题可是要使‘36=10’成立哦。”

佐织："这样啊。"

佐织忽然垂头丧气了起来。

优斗："但是佐织姐您刚刚给出的答案，确实是听到这个谜语之后大多数人都会想到的答案。"

佐织："噗，还是落入了你的圈套呀。"

优斗："我有一个猜想也不知对不对，佐织姐您是不是认为等号左边的36和等号右边的10是表示同一概念的两个数字呢？"

佐织："嗯？概念？这又是什么意思？"

佐织一脸迷茫地望着优斗。

优斗："比如说，如果36是表示人数的话，那10也一定表示的是人数这种想法。"

佐织："我可能真的是这么想的。"

优斗："这或许又是您下意识认定了的事，也就是说，可能这正是您需要打破的观念。36表示人数，10表示金额也未尝不可。"

佐织再次体会到了质疑常识的难处，但是优斗刚刚的建议却足以改变佐织一直以来僵化的思维。

解开“36=10”之谜！

佐织：“感觉自己的视野一下子开阔了许多，想要解开这个问题就不能把36和10当作单纯的数字来看，还要考虑其背后的单位，只有这样才能建立起使‘36=10’成立的逻辑关系是吧。”

优斗：“对，佐织姐快解开谜底了哦。”

佐织：“单位嘛……有人数、金钱、时间、距离、容积、百分比等等。”

优斗：“嗯，没错。”

佐织：“百分比？”

佐织一边若有所思地嘀咕，一边在笔记本上写写画画，停笔的下一个瞬间，佐织满脸笑意地看向了优斗。

佐织的答案：

36（度）=10（%）

360度=100%

36度=10%

佐织："看这个！怎么样？是正确答案吧？"

优斗："哇！佐织姐，干得漂亮！"

佐织："果然回答对了！圆一周的角度是360度，而且可以代指100%。所以36度刚好相当于10%！喂，我是不是很厉害？"

优斗："嗯！让我大吃一惊，真的好棒！"

自从谈话开始以来，佐织从未如此开心过。看到佐织欢天喜地的样子，优斗也由衷地开心起来。

优斗："佐织姐，其实这个谜语还有其他的正确答案。"

佐织："怎样的答案？"

优斗的回答：

36（千克/小时）=10（米/秒）

36（千克/小时）=36000（米/小时）

=600（米/分钟）

=10（米/秒）

优斗：“36（千克/小时）=10（米/秒），也就是说转换一下速度单位。”

佐织：“速度单位？”

优斗：“对，只要在36和10的旁边填入各自的单位即可。”

佐织：“这种解法对于我这种典型的文科生来讲很陌生，我是绝对想不到的。”

优斗：“玩这种游戏开心就好，而且正确答案也绝对不止一个。但是，万变不离其宗，都需要‘抛弃固有的想法’。”

在提出新的创意方面，没有绝对的方法论。但是优斗向佐织传授了一个有效的方法，即“怀疑常识”，也就是抛弃固有的想法。

佐织：“OK，感觉自己突然干劲十足，还有其他的问题吗？”

优斗：“当然有喽，那现在进入第四个问题。”

佐织：“锵锵——”

优斗：“嗯？您做什么呢？”

佐织：“给游戏配音效呀。”

优斗不由得扑哧一声笑了出来。佐织胸无城府，天真活泼，优斗发现自己渐渐地喜欢上和这样的佐织聊天了。

佐织：“质疑常识真是知易行难呀。”

优斗：“比起‘质疑’，更重要的是要学会‘抛弃’。”

04. 让你的每一个方案都令人惊叹

最后一个问题是“不需要计算的面积问题”

优斗：“第四个问题是这样的（见下图）。”

问题：大正方形的面积是小正方形的面积的几倍？

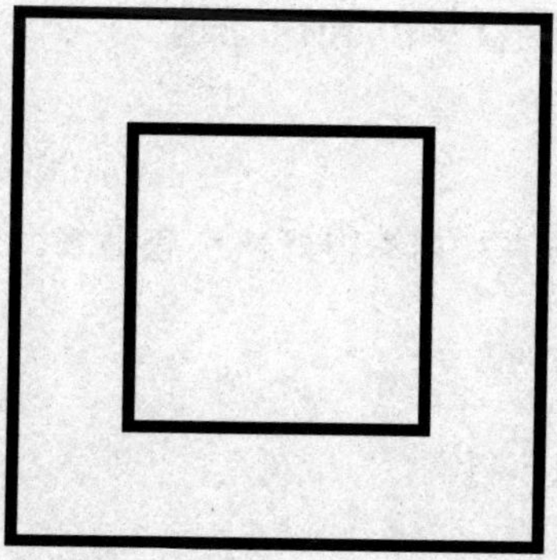

佐织："面积？突然变成了数学考试呀。"

优斗："啊，抱歉……"

佐织："没关系啦，话说你这个问题没有标明图形的边长呀。"

优斗："是的，因为不需要知道边长，只要知道大正方形的面积是小正方形的面积的几倍就好了。"

佐织开始争分夺秒地思考问题。

佐织："2倍。"

第四个问题：不用计算的面积问题

优斗："好厉害！回答得好快！您是怎么想出来的？"

佐织："瞎猜的。"

优斗："这可不行啊。"

佐织吐了吐舌头，好像在说“是吧，我也这么觉得”。

佐织：“解决这个问题需要质疑常识是吧。”

优斗：“对，请您先抛弃固有的想法再回答这个问题。”

佐织：“这个问题没必要按照图形现在的状态进行考虑吧，比如斜着看也可以吧。”

佐织一会儿把头偏向左边一会儿把头偏向右边，认真地端详这幅图。

优斗：“但是佐织姐您没必要动吧。”

佐织：“啊？”

优斗：“我的意思是您不必左右歪头，把图形调整到您认为合适的角度不是更好吗。”

佐织：“什么意思？”

优斗：“您是不是觉得这个图形一经画好就已经是固定不变的了？”

佐织：“是的。”

优斗：“抛弃这种固有的想法之后，会产生怎样的思路呢？”

下一秒，佐织的脑海里忽然浮现出一个主意。

佐织：“原来是这样呀。”

优斗：“就是这样。”

抛弃固有想法来看图形：

图形一画好就是固定不变的

↓

抛弃这种固有想法

转动图形到一个方便观察面积大小的位置

稍微转动小正方形

↓

再画出两条对角线的话，就能立刻看出大正方形的面积是小正方形面积的2倍大。

回忆起加藤广明的话

佐织似乎领会了优斗的提示。

佐织："可以试着稍微旋转一下里面的小正方形是吧。"

优斗："对，然后再画上2条对角线就更明显了。小正方形的面积相当于4个图中那种小三角形的面积，大正方形则相当于8个。"

佐织："原来如此，所以大正方形的面积是小正方形的面积的2倍呀。"

优斗："对，这也算是个小小的创意是吧。"

数学本质上虽然是一门锻炼逻辑思维的学问，但有时候也会变成这种培养创造力的训练方法。但不管怎么说，数学都是锻炼思维能力的最强工具。

佐织："这种解题思路对于你这种擅长数学的人来说可能是立刻就能想到的技巧，但对于我来讲却是一种十分新颖的方法。"

优斗："可能吧，但是我觉得这种全新的思路从根本上来讲还是源于'质疑常识'的原则。"

佐织："是啊，你出的题总是有共通之处。"

此时，列车正通过静冈站，两个人陷入了短暂的沉默之中。

优斗："可擦圆珠笔，也曾风靡一时是吧。"

佐织："嗯。"

优斗："其设计灵感也是源于质疑圆珠笔不可擦这条'常识'吧。"

佐织："确实是这样的。"

优斗："我说句题外话，现在在我们学生中有一个很受欢迎的'女团'。坦白讲总觉得她们和其他的女孩儿们别无二致，不过她们经常举办'握手会'①与粉丝们见面聊天。"

佐织："所以才会产生亲切感，然后滋生出想要支持她们的想法是吧？"

优斗："是的，明明不久前偶像还必须是那种倾国倾城，只可远观的存在呢。"

佐织："这可能也是一个源于'质疑常识'的想法吧。"

① 一种粉丝见面会的形式。粉丝可以和自己喜欢的偶像握手聊天。

佐织："这么说我倒想起来一件事，据说英国通过一种新颖的创意使得乱扔烟头的行为骤减了。"

优斗："嗯？"

优斗还没明白佐织缘何忽然提及这个案例。

佐织："烟头应该丢掉是一个常识吧，但是也正因为有这种常识的存在才会出现乱丢烟头的现象，所以通过质疑这条常识，产生了把烟灰缸设计成投票箱，用烟头充当投票券的创意。"

优斗："投票具体是怎样施行的呢？"

佐织："比如说每周发起一次类似于'你认为A和B谁是全国最优秀的足球运动员？'这样的投票活动，然后把这种兼具烟灰缸和投票箱功能的箱子放置在街道上让人们投票。"

优斗："原来如此！也就是说吸烟者可以把烟头投进自己想要支持的一方是吧。"

佐织："对，而且据说投票箱都装有透明的玻璃，可以直观地看到得票数的多少。这种投票像玩游戏一样有趣，更重要的是城市因此变得更整洁了。"

优斗："这真是一个新颖的想法。其实只是赋予了烟头一个'投票券'的身份而已是吧，果然智慧源于'质疑常识'。"

佐织点头称是。

佐织："对了，我所从事的广告业更是如此。对于一则广告而言，有趣性和新颖性都占有一定的比重。"

优斗："什么意思？"

佐织："这是工作上的事情，你不懂也没关系。我想正因为如此，加藤先生这样的人才会脱颖而出吧。"

优斗："你们真的好辛苦！"

佐织："没错，这是一个物资和信息都十分充盈的时代，所以无论是什么行业都追求新颖的创意。"

佐织想要总结一下刚刚的谈话内容，于是将视线从优斗身上移开，开始在心里默默思考。

佐织似乎有点儿明白了什么是新颖的创意，而且佐织对它的印象与加藤广明的那条并无音符的新曲宣传广告有关。

佐织："我觉得自己终于领会到加藤先生话中的深意了。"

优斗：“是什么呢？”

佐织：“新颖的创意其实是源于反其道而行之，这可以比喻为在大家都觉得应该向东行时你偏往西走的行为。”

优斗：“嗯。”

佐织：“但是说起来容易做起来难呀。我觉得想要做成这件困难的事，质疑常识，不，抛弃常识的非凡魄力肯定是必须要有的。”

优斗：“您刚刚的总结真是精辟易懂，我也是那么想的。”

听到优斗的称赞，佐织毫不掩饰内心的喜悦，笑靥如花地说：“多谢夸奖。”

还有1个小时就将抵达东京？

优斗：“佐织姐，还有1个小时就要到东京了。”

佐织：“真的耶，时间过得好快呀。对了，从现在开始咱们玩‘新颖游戏’吧？”

优斗：“那是什么游戏？”

佐织：“很简单哦，咱们两个轮流说出一种新颖的创意就好了。因为我从事的工作需要很多创意，所以这也能成为一种很好的练习方式。”

优斗决定配合佐织提出的这个像是“头脑风暴”一样的提议，看来在列车抵达东京之前的最后一段时光里，两个人将会欢乐无限。

佐织：“那就先从你开始吧。”

优斗：“从我开始吗？嗯……没有算式的数学作业。”

佐织：“够新颖，可是不行。因为虽然这个创意很符合你的风格，但对我来说却非常枯燥无聊，所以不行！再说一个令人发笑的吧。”

优斗：“啊，令人发笑的吗？”

佐织：“比如说，‘老人味香水’怎么样？”

优斗：“哇！确实很新颖。但是这种东西会有人用吗？”

佐织：“为了防止丈夫出轨，妻子们可以提前在自己丈夫的西装或者手帕上喷上老人味香水呀。老人味对于99%的人来说都是很讨厌的气味，但对于极少的1%的人来说却可能大有用处。”

优斗：“原来如此！说不定会很畅销呢，那我也说一个……”

两个人正在谈笑风生，忽然佐织觉察到列车正在紧急减速。“希望号”列车从未在这个地方减速过。佐织由于经常出差所以会频繁地乘坐新干线，因此对于今天的异常状况格外敏感。

佐织：“好奇怪呀，居然在这个地方减速。”

优斗：“出了什么问题吧？”

列车减速得非常明显，周围的乘客也开始察觉到了这一变化。

最终，列车停了下来。因为车停在山间，所以窗外一片漆黑。紧接着，车内的广播里传出了男乘务员的声音。

乘务员：“尊敬的旅客朋友们大家好，我们刚刚收到一则消息：在前面的区间内，由于大风天气的影响，架线上挂上了异物。为了保证安全行驶，列车需要暂停一段时间。在大家着急赶路的情况下做此决定，万分抱歉。”

优斗立刻听出了这是列车乘务员——佐织的前男友上田的声音。

优斗：“这是上田先生吧”

听到优斗的话，佐织微微一笑说：“是啊。”

佐织：“总的来讲，‘新颖的想法’到底是什么呢？”

优斗：“是一种99%的人都不会有的想法。”

反常识思维也很重要

数学虽是一种锻炼思考能力的宝贵工具，但其内容也并非全是关于逻辑思维的。

比起用线串联的思维方式，有时候像断了线的风筝一样自由飞翔的反常识思维也很有必要。

从某种意义上来讲，这与逻辑思维是针锋相对的。

研究数学的人每天思考的就是这种事情，但这也是研究数学的人为之神往的原因。

chapter 5

“狡猾”是一项高级技能

01. “聪明人”与“蠢人”之间的区别

“聪明人”的另一种说法

优斗：“安全检查可不能掉以轻心呀。”

佐织：“是啊，但是好烦哦，因为我不喜欢列车晚点。”

周围的人在谈论列车暂停的事，坐在过道对面的一位商务人士开始翻看手机了，大概是在浏览快讯吧。

佐织：“优斗，像你这种优秀的学生，身边肯定也有许多优秀的人吧。”

优斗：“好像是的，比如我的导师还有研究室里的小伙伴们都很优秀。怎么说呢……感觉他们都是很聪明的人。”

佐织：“这种人，用一句话来概括，是擅长什么的人呢？”

优斗：“用一句话概括，是吗？”

从新大阪站开始到现在，优斗一直在与佐织聊天，并且优斗发现佐织简单直接的提问对于自己来说是一个难得的锻炼“思考能力”的机会。

优斗：“嗯……”

佐织：“哦？这次你思考得很久，还挺少见的。”

优斗：“用一句话概括的话，聪明人就是‘能够想到狡猾之事的人’。”

佐织：“狡猾之事？这是什么意思？我完全不懂呀。”

优斗：“不懂吧，哈哈，就是……请容我想一想如何解释……”

优斗大概在思索一种能够使佐织听得明白的比喻，佐织则默默地等待着优斗开口解释。

“狡猾”究竟是什么意思?

优斗：“比方说，我只是打个比方而已。”

佐织：“比方说什么？”

优斗：“比如您是这趟新干线上的售货员。”

佐织想起不久前售卖给自己热咖啡的那位叫奥田的女售货员。

优斗：“如果新干线出现了现在这样的事故，佐织姐您会怎么想呢？”

佐织：“怎么想？我想一下……不管是出于什么原因，总之是给乘客添麻烦了，所以作为列车上的一名员工来讲，会觉得很抱歉。”

优斗：“除了抱歉之外呢？”

佐织：“嗯……希望列车能够尽快开动呀。说句真心话，因为我想快点儿到达东京然后早点儿回家。”

优斗：“哦……”

佐织尚不清楚优斗究竟想说什么。

佐织："我也不清楚自己会怎样，优斗，要是你的话你会怎么想呢？"

优斗："我会觉得是机遇。"

佐织："啊？"

优斗："当然，由于给乘客造成了不便，所以首先会觉得很抱歉。但是同时在心里也会隐隐觉得这是个机遇。因为是做车内售货服务的，所以自然是乘客在车内待的时间越久越好，因为这样一来，售货时间就会延长。"

佐织："这样啊。"

优斗："不好意思，可能我这个想法会显得比较可恶。"

优斗还是一个学生，可是做出的回答却比自己更像一个商业人士，对此，佐织颇为震撼。

佐织："确实可恶呀，但是我觉得这种想法在职场上肯定不会被否决的。当然肯定会有人竭尽全力解决事故，但从销售盈利的角度来看，列车到达东京站的所需时长哪怕延长一丁点儿也是有益于盈利的。”

优斗：“对，这种想法虽然略显狡猾，但我还是想赞赏一声‘好聪明啊’。”

佐织：“原来如此呀！”

佐织理解了优斗所说的“聪明的人都能狡猾地思考事情”的意思。世事纷繁复杂，不是什么事都只能靠正规方法解决的。对于商务人士来讲，在不违反规则的前提下灵活地思考是很重要的。

“车内售货”再度出现

就在此时，那位叫奥田的车内售货员再次走进了11号车厢。

佐织：“真是说曹操曹操到呀！”

优斗：“是呀。”

心直口快的佐织立刻便和奥田搭上话了。

佐织：“请问现在还不能发车吗？”

奥田："非常抱歉给您造成了不便，由于现在正在进行安全检查……"

佐织："这种时候会有焦躁不安的乘客吧，真是辛苦你了，但是这个时候含酒精饮料反而会比平时卖得多吧？"

听到佐织出乎意料的话语，奥田的神色缓和了些许。

奥田："哪里哪里，没有的事，还是乘客们比较辛苦。越是这种时候，我越应该恪尽职守，使大家心情愉悦。"

佐织心想：果然是专业的，即便心里想着"实际上还是列车停着我们比较赚钱"，嘴上也不照实说。

对于意料之中的客套话，佐织十分佩服。看着奥田离去的背影，佐织不由得反省了一下自己抱着恶作剧的心态提出这种问题的行为。

佐织："优斗，我要接着刚刚'狡猾'的话题说喽。"

优斗："啊，好的。"

佐织："聪明人等于能够思考狡猾之事的人，这一点我已经明白了，下一步是我想成为那种能够思考狡猾之事的人。"

优斗："从狡猾这个词我联想到了'盲点'这个词，这个词大概是说那种'明明看起来大家都在思考实际上无一人在思考'的感觉。"

佐织："嗯，我听懂了。"

盲点，顾名思义，是所有人都漏掉的要点，也就相当于被所有人都忽视的地方。

究竟如何才能寻找到盲点呢？

优斗："说到底，想要找到盲点，我觉得还是要依靠咱们刚刚谈到的'反过来看'和'质疑常识'的思考方式。"

佐织："是不是这个意思呢？聪明人是能够思考狡猾之事的人，而能够思考狡猾之事的人是那种善于灵活运用咱们刚刚一直在谈论的'反过来看''质疑常识'等思维方式的人。也就是说，聪明人是能够灵活运用咱们谈到的所有思维方式的人。"

优斗："对，正是如此。佐织姐，您刚刚说的那一段话就是完美的三段论哦。"

佐织意识到了优斗点明的三段论，不禁面露喜色。

这时，优斗又开始在笔记本上写写画画，似乎是要通过什么问题告诉佐织狡猾的精髓。

佐织：“差不多要进入下一个问题了吧？我很期待哦。”

优斗：“嗯，这可能是最后一个问题了。”

02. 学会“狡猾”地处事

挑战“秘书问题”这一难题

优斗：“让您久等了。”

佐织：“接下来是什么问题呢？”

优斗：“这是在数学世界里十分著名的‘秘书问题’。”

优斗所说的“秘书问题”，在数学领域中，是作为最优问题被研究的一个主题，通过对面试的最优录用方法这一事例对其中的概念进行说明。

佐织：“那到底是一个怎样的问题呢？”

优斗：“是一个很有趣的问题哦，要使用‘反过来看’和‘质疑常识’等思维方式来思考一些略微狡猾的事，不知不觉间就能体验到聪明人解决问题的方法。这是一个完美契合这一话题的问题。”

佐织：“听起来很有趣啊，感觉像是用你传授的所有思维方式进行一次综合演练一样。”

优斗：“嗯，是的。但是与之前的问题相比可能会有点儿难。”

优斗向佐织说明了这个难题，如下所示：

“秘书问题”：

录用1名社长秘书。

应聘者有A、B、C 3人。

公司的社长当然想要录用能力最高的那个人，但是，有几个条件。

1. 想要尽可能减少面试次数。

2. 面试必须逐个进行（不能3人同时面试）。

3. 必须在每次面试结束后当场决定是否录用（不可搁置）。

在这种条件下，请你想出一种方法，保证以最高的概率录用3人中能力最高的那一个。

佐织："这……简单来讲，面试必须逐个进行是吧。"

优斗："是的，而且在面试结束后，必须当场决定是否录用。"

佐织："我还是没明白这个问题的本质……"

优斗："我也觉得您没明白，我再稍微说明一下吧。作为一家公司的社长，当然想要录用3个人中能力最高的那个。"

佐织默然倾听，点头称是。

优斗："但是另一方面，这位社长非常忙碌，所以想要尽量减少面试次数。这么说吧，他几乎想要立刻录用3个人中最先来面试的那个然后宣布面试结束。"

佐织：“啊，原来是这样呀。也就是说想要尽量以较少的面试次数来录用能力最高的人是吧。”

优斗：“对。问题是，为了实现这一目的，按照怎样的规则进行面试，才能最大概率地保证录用的人能力最高呢？”

佐织：“原来如此呀，我明白这个问题的意思了。但是这个问题对我来说会不会太难了？”

优斗：“没关系，我会一如既往地协助您的。”

佐织：“那我能不能提一个请求？”

佐织忽然严肃起来，向优斗表明了她的请求。

佐织：“在咱们的讨论接近答案之前，请尽量多给我一些时间。”

优斗：“也就是说？”

佐织：“我想试着独立解决问题。”

优斗：“好吧。”

就在这时，车内响起了乘务员上田播报车内广播的声音。

“由于已经确认好了安全情况，本次列车即将恢复行驶。”

佐织：“能够聆听你的教诲的时间已经进入倒计时了呀。”

佐织嘴上这么说着，同时把视线转到了书写着问题的笔记本上。

挑战“秘书问题”！

列车缓缓开动，并一点点地加速。

佐织开始向对她来说最难的秘书问题发起挑战。

佐织：“总之要用到你一直以来教给我的所有的思维方式是吧。”

优斗：“对，首先我们假定能力最高的人是A，其次是B……”

佐织：“最逊色的人是C是吧。”

优斗：“对。当然啦，这3个人的能力只有实际见到本人才能了解。”

佐织："是啊，如果最先见到的是C，因为这个人能力平平，所以会苦恼是不是要立刻录用。"

优斗："但是如果不录用的话，现在这种情况下，还不能确定能否在2次面试之内遇见能力比C高的人。"

佐织："对！这才是问题的关键。"

优斗为了快点接近答案，决定引导佐织进行思考。

优斗："佐织姐，就这个问题而言，3个人的面试顺序究竟有几种呢？"

佐织："顺序？列出3个人的面试顺序的话……是'3×2×1=6种'，对吧。"

优斗："回答正确，我现在把这6种情况全部以表格的形式写出来。"

佐织："到现在为止我还算都明白。"

优斗："佐织姐，若是想省力的话，那么需要举行几次面试呢？"

共有6种面试的顺序：

	第一个面试的人	第二个面试的人	第三个面试的人
第一种情况	A	B	C
第二种情况	A	C	B
第三种情况	B	A	C
第四种情况	B	C	A
第五种情况	C	A	B
第六种情况	C	B	A

佐织：“当然是一次啦。”

优斗：“这样的话，录用能力最高的A的情况有几种呢？”

佐织：“也就是说，无条件录用第一个来参加面试的人是吧。”

佐织看了一会儿笔记本，在优斗所画表格的右边写上了这个问题的答案。

佐织：“6种情况中1和2是符合的，也就是说有2种。”

优斗：“采用这种方法的话，录用A的概率是多少呢？”

佐织："因为是6种情况中的2种，所以概率是三分之一？"

优斗："回答正确。"

但是佐织仍有不明白的地方，于是便接着询问优斗。

佐织："但是呢，这么面试的话，因为必须当场决定录用与否，所以无论是录取第二个人还是第三个人概率不都是三分之一吗？"

优斗："佐织姐，好厉害啊。没错，就是您说的那样。"

佐织："这么说来……稍等，我整理一下。"

佐织一边粗略地在笔记本上画表，一边在自己的头脑中做整理。

佐织："反过来看，如果有一种方法能够以高于三分之一的概率录用A的话，那这种方法就是正确答案了对吧。"

优斗："对，就是这样。"

佐织："这么一来就能确定已经不需要考虑单纯的'录用第几个人'这种方法了，这也就是消去法是吧。"

好像在等着佐织说出这句话一样，优斗决定给予佐织最后的提示。之后便依佐织所愿，不再提供任何帮助。

优斗：“佐织姐，迄今为止一切顺利，后面请以‘质疑常识’为关键词进行思考。接下来就需要佐织姐您一个人努力了。”

听到优斗这么说，佐织忽然发现自己正在渐入解决问题的佳境。

对于佐织来说，这个“秘书问题”对自己是否有用已经不重要了，重要的是想要锻炼一下自己的思考能力，想要独立解决问题。仅仅是这种心情，就使佐织开始了前所未有的“自己好好思考”这种事。

03. 你要学会独当一面

来吧，向着解决“秘书问题”进发！

佐织：“真的还有其他的方法吗？因为候选者有3个人，除了采取‘录用第几个人’的方法之外就没有其他方法了吧？”

优斗：“虽然我刚刚说过不会协助您了，但是如果您需要帮助的话……”

佐织在心里想：首先设身处地地考虑一下社长的心情，可能的话只想面试第一个人，但是却不知道第一个人是不是能力最高的。

优斗："那个……"

佐织继续心里的活动：那该怎么办呢？有没有什么能够成为突破口的思维方法呢？难道是"质疑常识"吗？

优斗："您打算一直沉默不语吗？"

佐织没有理会优斗，继续在心里想：质疑常识……面试第一个人的常识是什么呢？是必须当场决定是否录用吧，还有可能是想要录用第一个人然后结束面试……

优斗："嗯……"

佐织陷于思考中无法自拔：参加面试的人的常识是什么呢？一定在想希望会被录用吧。

优斗："真是认真呀！"

佐织不理会优斗，继续苦思：比如说，在这个节点偏偏反其道而行的话会怎样呢？

优斗："喂？"

优斗一直盯着陷入沉思的佐织，佐织却全然不知，她目不转睛地盯着画在笔记本上的表格。

佐织：“原来是这样啊！我明白啦！”

优斗：“那个，佐织姐，您的声音有点儿太大了。”

佐织：“啊，抱歉，思考得有点儿忘我了。优斗，这个问题其实是这么回事吧。”

佐织拿着笔记本开始向优斗说明自己的想法。

佐织：“对于第一个参加面试的人来讲，其结果有录用和不录用两种。如果否定以往的参加面试的人自然是希望被录用的这个常识，那么结论应该是什么呢？我刚刚试着思考了一下这个问题。”

优斗：“嗯。”

佐织：“也就是思考了一下作为略微狡猾的社长会怎么想。”

优斗：“嗯。”

佐织：“第一个参加面试的人没有被录用的可能。也就是说，无论第一个参加面试的人是A、B、C中的哪一个，都不予以录用！”

此时此刻，优斗已经确信了一件事—— 佐织正行走在通往这个问题的正确答案的路上。

佐织："然后第二个参加面试的人就成了关键。如果第二个人的能力高于第一个人的话，可以直接决定录用此人，因为至少可以确定他的能力优于第一个人，而且他也极有可能是3个人中能力最高的！"

优斗："嗯。"

佐织："如果他的能力不及第一个人的话，也不录用他。这么一来就不得不面试第三个人了，而且必然要录用第三个人。"

优斗："原来如此。顺便问一句，通过这个方法，真的可以保证录用A的概率大于三分之一吗？"

佐织好像正等着优斗这么提问一样，胸有成竹地抛出了自己的回答。

佐织："采用这种方法的话，在6种情况中有第3、4、5三种情况是录用了A的，也就是说概率是二分之一。"

优斗："好厉害！这个答案真完美。"

佐织：“真的吗？这是正确答案？我做到了！”

优斗：“佐织姐，您的声音太……”

优斗一脸苦笑地向周围的乘客低头表示歉意。

优斗：“佐织姐您真的很厉害，完美地解决了这个问题。”

佐织：“是吧？我要是稍微认真一点儿就没有我解决不了的问题！哈哈，开玩笑啦。但是我刚刚确实仅凭我们谈论过的思考技巧就解决了一个问题。”

优斗为了引导佐织能够自己整理出从这个问题中得到的启示，决定继续谈论下去。

优斗：“顺便问您一句，我觉得解决这个问题的关键在于狡猾，但是狡猾之处在哪里呢？”

佐织：“在于无条件地不录用第一个人。这种做法与其说是狡猾，其实都有点儿卑鄙了。难道会有人明知道不会被录用还去参加面试吗？”

优斗：“对。但是站在面试方的立场来讲，您想到的方法的确是正确的。当然，这种潜规则对来参加面试的第一个人是秘而不宜的。”

佐织：“好狡猾，但是又好聪明。能想到这种方法的人就算是聪明人了吧。”

这时，周围的乘客开始收拾行李了，因为列车好像即将要到达新横滨站了。

佐织：“在到达东京之前解决了这个问题，真好呀。”

优斗：“现在看来，列车晚点也未必是件坏事呀。”

佐织：“等一下，这也太狡猾了吧？”

优斗：“为了发现盲点，这种程度的狡猾还是无可厚非的。”

04. 让擅于思考成为你的武器

在商务中也是“虽然狡猾但很聪明”的想法会胜出

佐织：“聪明人的确都在做这种事。”

优斗：“嗯？”

看着新横滨站的大厅，佐织开始断断续续地讲起话来。

佐织：“接着刚刚的话题说，善于经商的人，确实都是这么想这么做的啊。”

优斗：“这样吗？我很感兴趣，比如说都有怎样的事呢？”

佐织：“比如报纸的订阅宣传广告，只订阅网络版的话每月需支付2000日元，而订阅网络版和纸质版的组合套餐的话每月需支付4000日元。这么定价的话那大多数人都会选择前者。”

优斗：“但是，报社自然是最想卖出4000日元的套餐吧？”

佐织：“对，所以他们这么定价。”

佐织莞尔一笑，继续讲了下去。

佐织：“完整的定价是这样的，只订阅网络版的话费用是2000日元，只订阅纸质版的话费用是4000日元，而网络版和纸质版的组合套餐则是4000日元。”

优斗：“原来如此！这样的话花费4000日元订阅网络版和纸质版的组合套餐才最有‘赚到了’的感觉！”

佐织：“对，他们偏偏提供一个你绝对不会选择的选项。”

优斗：“这么说来，在这本关于行为经济学的书里也有类似的内容。这种方法也经常用于饭店的菜单之中，为了促使顾客们点特定菜品，事先准备好高价的菜单什么的……”

佐织点了点头，等待着优斗的下文。

优斗：“原来是这样啊！这种想法其实是在质疑选项‘当然

是被选中的好’这条常识所产生的结果呀。”

佐织：“对，这也是一个创意呀，而且是那种略显狡猾但很聪明的创意。”

列车发车了，缓缓地驶离了新横滨站的大厅，现在车内只剩三分之二的乘客了。

这时，优斗抛出了一个“狡猾但很聪明”的例子。

优斗：“我的妹妹现在正在关西的一所大学里读书。”

佐织：“这样啊。”

优斗：“那所大学最近只受理网上的申请。”

佐织：“只接受网上申请的学校很少见呀，也就是说没有纸质的申请书是吗？”

优斗点了点头，继续讲下去。

优斗：“一直以来的常识都是认为申请书是纸质的，但这个学校的做法则直接否定了这条常识。结果据说现在这个大学的申请人数在日本已经达到了第一位。”

佐织：“成效显著啊，因为现在的高中生都是伴随着网络成长起来的一代，所以网上申请才备受好评吧。”

优斗：“对，而且比起纸质版更容易操作。另外，大学方面的宣传也很机智，说是这样比较环保。怎么说呢，反正我认为这也是一个略显狡猾但很聪明的案例。”

佐织：“确实如你所言，很多所谓的聪明人其实就是那种在做一些略显狡猾的事的人。我觉得如果能灵活运用你今天传授的精髓，谁都能做到这种程度的狡猾吧。”

佐织透过过道另一侧的车窗欣赏着外面流动的风景，同时在脑海里回想着同优斗的对话。

“思考”能够成为商务的武器

佐织：“总觉得比起作为新员工时进行的研修，今天和你的谈话更让我长知识。”

优斗：“佐织姐这样觉得吗？”

佐织：“嗯，我觉得本质是一样的，但是从你这种懂得在实际生活中灵活运用各种思维方式的人的口中听到这些话，不会像在教科书上看到的那样晦涩难懂，而是一点就通。”

优斗：“那太好了，我个人的确是十分喜欢思考的，所以自然而然地就进行了思考，这也是得益于学习数学的缘故。”

佐织：“看来想要学习什么的话，听那个领域的专家讲话才是最佳捷径吧！”

闻言优斗连忙摇头，大概是想说“我才不是什么专家呢”！

佐织：“好想将你今天教给我的‘反例’和‘悖理法’用在明天的会议上，可是为了能够高谈阔论，必须先在头脑中整理好思路，这也很费脑……”

优斗：“对了，佐织姐现在已经不那么优柔寡断了吧？”

佐织：“嗯，虽然一直以来我都是典型的‘不能决断的人’，但从此以后我会果断地做出决定，并且高效率地工作。”

优斗：“还有呢？”

佐织：“还有从明天开始，我会抛弃常识，用创新的思维工作！”

佐织自然没有察觉到优斗把“佐织姐，您好棒”这句赞美之词又咽了回去。

佐织：“坦白讲，我还是觉得自己思考好麻烦呀。”

优斗：“嗯？”

佐织：“我觉得我不能在工作中灵活运用这些思维方式。”

优斗：“您一定可以的，不，您不是已经在用了吗？刚刚的那个，秘书问题，您已经成功回答了啊。”

优斗的出路是什么？

列车到达了品川站，佐织透过车窗眺望大厅，看到了边接电话边走路的加藤广明。

佐织回想起了与自己所仰慕的人的仓促交谈。

优斗："马上就要到东京了啊。"

佐织："这两个半小时好开心啊，不，应该是三个小时。"

优斗："我也很开心。"

佐织："列车刚驶出新大阪站我就和你搭讪，真是个明智的选择。现在看来，我抱着行李穿着大衣傻傻地落座还成了你我谈话的契机呢。"

优斗："是的，能与您交谈我觉得很幸运。"

佐织坦率地问出了一个自己很在意的问题。

佐织："那个，优斗啊，你现在是研究生，毕业了之后打算做什么呢？是要成为数学家吗？"

优斗："这个嘛……"

佐织："嗯？"

优斗："是继续搞研究还是参加工作，我现在也很苦恼。其实听了健谈又活泼的您的一席话，我开始对工作感兴趣了，也觉得受益匪浅。"

佐织："好会说话呀你，不过最后一句欠妥，受益匪浅的是我。”

优斗：“怎么说呢，我突然觉得早点踏入社会也未必是坏事。”

佐织缄口不语，默默地递给优斗一张名片。

佐织：“以后，约个时间再会吧，作为谢礼，到时候我请客哦。”

优斗：“真的吗？那我确定工作后一定去叨扰佐织姐！”

佐织：“好啊，等你来哦。”

优斗：“那个……这就算是约会了吧。”

优斗满面通红，看着优斗一脸害羞的样子佐织不由地笑出了声。

佐织：“约会？哈哈，只要你不嫌弃我这个老阿姨就好。”

优斗：“我不嫌弃的！”

佐织：“优斗啊，这种时候你应该说‘你才不是老阿姨呢’。”

优斗：“啊，不好意思，我不太会说话。”

两个人的笑声在车内回荡，这时，车内响起了乘务员上田的广播声。

上田：“列车即将到达终点站——东京站，请各位乘客在下车时带好您的随身物品。此外，受大风天气的影响，架线上挂上了异物，因此进行了安全检查，为您带来了不便……”

在这趟列车上，佐织还遇到了阔别七年的前任。听着上田的播音，佐织回想起了些许学生时代的时光。如果有可能，佐织心里还是很想和上田再多说几句话的。

什么是解决问题?

我对解决问题的定义是这样的：

灵活运用“逻辑思维”与“创新思维”，找到问题的最佳解决办法。

“思考”这种行为，追根究底也不过是运用这两种思维方式而已。

另外，只遵循逻辑思维不行，同样，一味地追求标新立异也不妥。我们需要通过在两种思维方式中找到一个平衡点来解决问题，比如本章中提及的“秘书问题”。

此时此刻，您也肯定有急需解决的问题。

请您效仿本书中的佐织，通过灵活运用“逻辑思维”与“创新思维”来解决您的问题。我相信您一定能找到问题的突破点。

—尾声—

不再逃避的人生

不再逃避的人生

佐织的决心

佐织："横山科长，您现在方便吗？"

次日，佐织出现在了东京的某个办公室里，她向上司横山科长汇报昨天的事情。

佐织："昨天我去大阪向小野寺部长表达了歉意。"

横山："然后呢？对方什么反应？"

佐织："我觉得他算是接受了我的道歉，但是对于今后的合作则比较消极。"

横山："这也能够理解。"

横山一言不发地看着佐织，脸上写着"你打算怎么做呢？"这句话。

佐织："小野寺部长对我们公司，不，对我的信任已经跌至了谷底。"

横山："嗯……"

佐织："但是，反过来看，他对我的信任已经不能再减少了。"

横山："什么意思？"

佐织："按照常识来看，对方不可能与曾有过重大失误的我继续合作。但是，我想质疑一下这条常识。我觉得肯定有一种方案是只有曾犯过重大失误的我才能提出的，虽然现在我毫无头绪，但是只要认真思考一番的话我一定能想到的。"

横山扑哧一声笑出声来，当然这笑声绝不是在嘲笑佐织。

佐织："我想过后再去一次大阪同小野寺部长见面。"

横山："哦？"

佐织：“一直以来我都是靠着干劲儿和气势工作的，虽然这样也解决了不少问题，但是不得不承认，这样很肤浅。这次我深切地感受到，这种方式有很大的局限性。”

横山：“是吗？”

佐织：“嗯，所以我想好好思考一下，思考一下广告这份工作、广告主、咱们公司以及自己，我想试着用头脑工作。”

横山：“常盘呀，你怎么了？今天好像换了个人一样。”

佐织：“没，没什么。”

横山：“这样啊，那，加油吧。”

佐织：“嗯，好的！”

横山：“如果你真的准备再去拜访小野寺部长的话……”

佐织：“嗯？”

横山：“去的时候也叫上我，既然要较量，那就绝对不能输！”

听了横山的话，佐织下定决心要“复仇”。

我要改变

在一个周日的午餐时间，佐织出现在了东京站附近的一家意大利餐厅里，餐桌的对面坐着一位男士。

上田：“那个时候我真的很震惊，毕竟都七年没见了。”

佐织：“而且因为我对你的印象还停留在学生时代，所以看到你穿着制服的样子觉得很新鲜。”

上田：“我原以为你已经换了电话号码，试着打了一下居然打通了。”

在那次偶然重逢的几天后，上田给佐织打了个电话，提出了再会的邀请。

上田：“那个时候咱们都还年轻，总是吵吵闹闹的。”

佐织：“嗯，我还记得你曾说过‘你真是既愚蠢又有千百样不好’这种话，真的是太过分了！”

上田：“对不起……”

这时，两个人已经吃完饭了，悠闲地品尝着餐后的咖啡。

上田：“佐织，你真是一点儿也没变啊。”

佐织：“什么意思？”

上田：“还是那么活力十足活泼开朗，和你聊天总能心情愉悦。”

佐织：“哦……”

上田：“那个，方便的话下次约顿晚餐怎么样？青山有家很不错的店……”

佐织突然变得严肃起来，放下了手里的咖啡杯。

佐织：“对，我是一点儿也没变。”

上田：“嗯？”

佐织：“从学生时代到现在我一点儿也没变，但是这样可不行。”

上田：“什么意思？”

佐织：“我很喜欢现在的工作，想变得更加优秀，但是一直像现在这样就不行了，我必须要改变自己。”

上田：“改变？”

看着佐织认真到令人震惊的表情，上田一时不知道该说些什么。

佐织：“要是曾经的我，肯定会很乐意与上田共进晚餐，因为不管怎么说，Don’t think. Feel!（勿思勿想，用心感受）可是我的座右铭呀。”

上田：“嗯……”

佐织：“但是，这样的话肯定是不行的。”

上田隐隐猜到了佐织现在的所思所想和想要说的话。

佐织：“我很开心你能邀请我，但我要好好考虑一下。”

上田明白其实佐织已经婉拒了自己，不由得叹了口气，但脸上还是露出了暖暖的微笑。

上田：“哦，好的。”

佐织：“嗯。”

上田：“我撤回刚刚说过的话。”

佐织：“什么话？”

上田：“总觉得你还是改变了一些。”

佐织走出餐厅与上田道别，然后各自向相反的方向走去。

这时，佐织开始认真地考虑一件事：想要变得被人说“简直是判若两人”。

让佐织产生这种想法的契机来源于一个叫浅野优斗的青年。

如果真的能够再见面，好想让他看看自己全新的模样。怀着这样的愿望，佐织开始朝前走去。

佐织的高跟鞋碰触地面的声音，显得比往日更为坚定有力一些，噔噔的声音，回荡在东京的街道上……

终　章

致每一位想要改变的读者

认真思考。

这是每个人都必不可少的行为。

常盘佐织是幸运的，她邂逅了优斗，从而得以窥见擅长数学的人的“思维方式”。虽然仅仅是一星半点，但也改变了她的人生。

现在轮到您了。

我希望读完这本书之后，您能牢固地掌握思考的基本方法，像佐织一样有所改变。